贵州省瓮安县地方志丛书

瓮安县统计志

WENG'ANXIAN TONGJI ZHI

瓮安县统计志编纂委员会 编

方志出版社
Pubishing House of Local Records

图书在版编目（CIP）数据

瓮安县统计志 / 瓮安县统计志编纂委员会编 . -- 北京：方志出版社，2019.11

ISBN 978 -7 -5144 -3942 -7

Ⅰ . ①瓮 … Ⅱ . ①瓮 … Ⅲ . ①统计 — 工作概况 — 瓮安县 Ⅳ . ① C829.29

中国版本图书馆 CIP 数据核字（2020）第 003241 号

瓮安县统计志

编　　者：瓮安县统计志编纂委员会
责任编辑：张　昊

出 版 人：冀祥德
出 版 者：方志出版社
地址　北京市朝阳区潘家园东里 9 号（国家方志馆 4 层）
邮编　100021
网址　http://www.fzph.org
发　　行：方志出版社图书经销中心
电话（010）67110500
经　　销：各地新华书店
装帧设计：成都益舟文化传播有限公司
电话（028）61323177
印　　刷：四川和乐印务有限责任公司

开　　本：889×1194　1/16
印　　张：23
字　　数：388 千字
版　　次：2019 年 11 月第 1 版　2019 年 11 月第 1 次印刷
印　　数：0001 ～ 1000 册

ISBN 978 -7 -5144 -3942 -7　　定价：268.00 元

《瓮安县统计志》编纂委员会

顾　问	杨胜武	周兴富	卢万华		
主　任	张淞华				
副主任	余乐金	许克祥	周建平		
成　员	李仕莲	王芳坦	夏开美	肖仁开	余　静
	陈　伟	张开强			

《瓮安县统计志》编辑部

主　　编	张淞华				
执行主编	童德莹				
副 主 编	余乐金	许克祥	周建平		
编　　辑	李仕莲	王芳坦	夏开美	肖仁开	余　静
	陈　伟	张开强	何永丽	陈开平	
资料提供	梁光平	肖兴江	李　群	杨　霞	向宇仙
	邓　芸	杨　梅	邓　毅	黄　群	杨　明
	袁小芬	庞　燕	杨　琼	孙晓贤	汪元洪
	张　雪	周玉华			
摄　　影	张开强	何永丽	黄　群		

瓮安县统计局 2016 年党政领导班子合影

瓮安县行政区划现状图

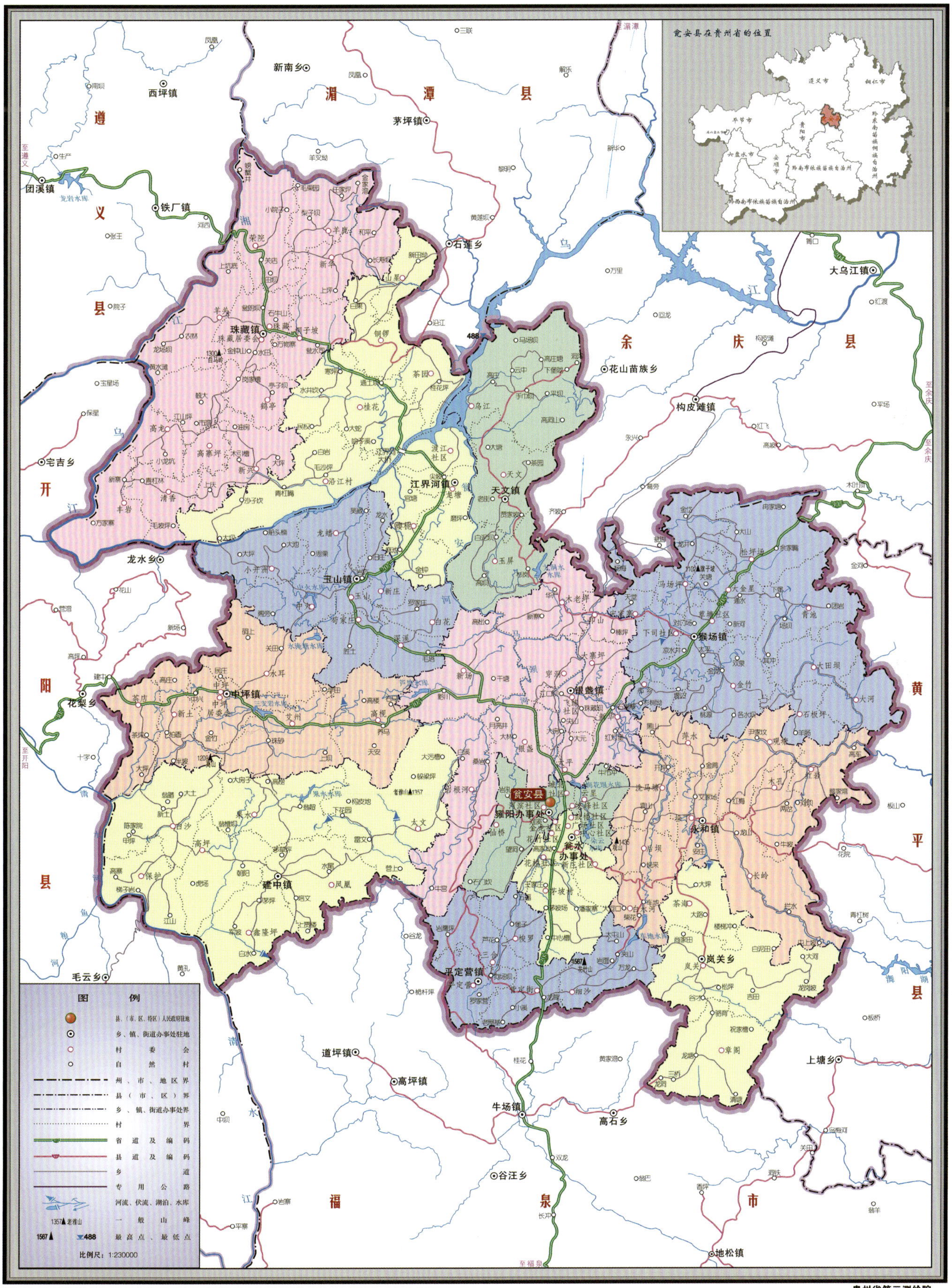

贵州省第三测绘院
二〇一三年七月

省政府副秘书长、省统计局党组书记、局长任湘生（前排中）率队到永和镇对统计基层基础工作进行调研（2016 年 3 月 8 日摄）

省政府副秘书长、省统计局党组书记、局长任湘生（左四），州政府副州长张全毅（左三），州统计局党组书记、局长吴定伟（右二）到贵州金正大生态工程有限公司调研固定资产投资及公司运行情况，县委副书记、县长黄桂林（右四），县委常委、常务副县长张宗良（右一）随同调研（2016年3月8日摄）

贵州调查总队党组书记、总队长钟赛梅（右二）到瓮安调查队检查工作（2016 年 6 月 14 日摄）

贵州调查总队党组书记、总队长钟赛梅（右二）到瓮安入户指导劳动力调查（2016年6月13日摄）

州委常委、州政府常务副州长、瓮安县委书记、贵州瓮安经济开发区党工委书记蒋映生到统计局调研统计工作（2013 年 8 月 21 日摄）

州委常委、州政府常务副州长、瓮安县委书记、贵州瓮安经济开发区党工委书记蒋映生到统计局调研时在干部会上作讲话（2013 年 8 月 21 日摄）

省统计局党组成员、纪检组长卓玛才让（左一）到瓮安调研党风廉政建设及统计基层基础工作（2015年3月19日摄）

贵州调查总队党组成员、副总队长唐晓川（中）到瓮安调查队指导调研（2013年7月15日摄）

贵州调查总队党组成员、纪检组长杨忠先（中）到瓮安调查队指导工作（2008 年 8 月 24 日摄）

贵州调查总队总统计师王渝（右二）到瓮安调查队检查“三农”普查工作 （2016 年 11 月 5 日摄）

黔南调查队党组书记、队长张智（右二）到瓮安调查队检查指导工作（2013 年 1 月 17 日摄）

贵州调查总队机关党委书记魏龙斌（右二）到瓮安指导群众路线教育暨民主生活会（2014 年 8 月 18 日摄）

贵州调查总队党组成员、副总队长刘文华（右二）到瓮安调查队调研指导工作（2014年4月24日摄）

贵州调查总队党组成员、副总队长唐晓川（左三）到瓮安调查队检查指导工作（2013年7月15日摄）

贵州调查总队党组成员、纪检组长廖金昌（左一）到瓮安调查队检查指导工作（2016 年 8 月 3 日摄）

贵州调查总队副调研员杨伯云（左一）、黔南调查队副队长石青明（左二）到瓮安指导劳动力调查工作（2015 年 10 月 26 日摄）

省统计局农村处处长胡刚（左四）率队到瓮安相关企业检查指导农村外出务工人员及在乡创业调查工作（2013 年 1 月 28 日摄）

黔南调查队党组书记、队长赵顶平（右二）到瓮安指导劳动力调查工作（2015 年 8 月 31 日摄）

州统计局党组成员、副局长张飚（左一），州统计局党组成员、纪检组长江屹（右一）向竞赛获奖的瓮安等统计局授奖牌并合影（2016 年 8 月摄）

州统计局党组成员、副局长梅仕忠（左一）率州检查组到瓮安县统计局检查指导工作（2016 年 1 月 26 日摄）

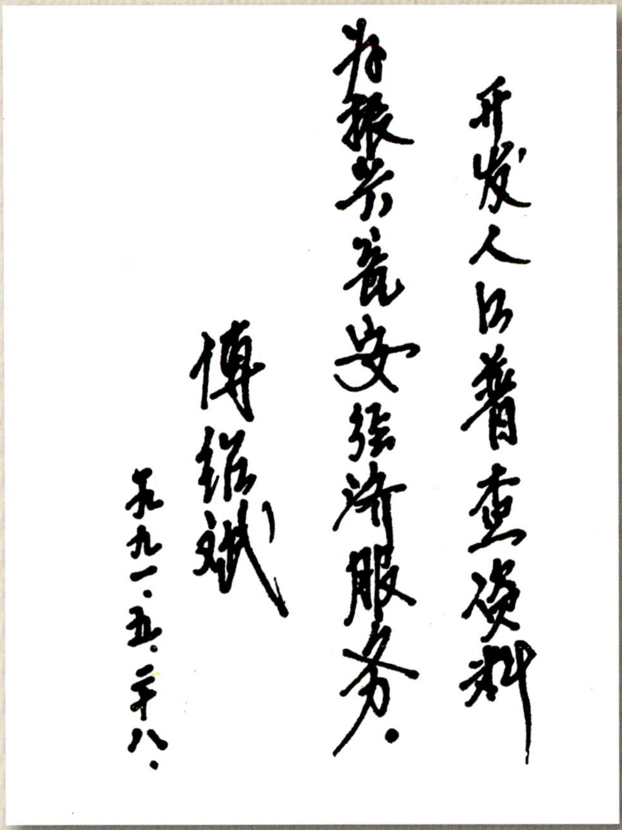

时任瓮安县委书记的傅绍斌为《瓮安县第四次人口普查资料分析汇编》题词

县政府副县长、农业普查领导小组组长张永祥（前排中）与第一次全国农业普查全体办公室人员合影（1996 年 12 月摄）

县党的群众路线教育实践活动第三督导组组长、县人大常委会副主任李丰祥（左一）在统计局党的群众路线教育实践活动动员大会上作讲话（2014 年 2 月摄）

县委常委、常务副县长张宗良（前排右一）陪同省统计局干部到猴场镇调研（2016 年 7 月摄）

县委常委、副县长、瓮安县第五次人口普查领导小组组长姚中贞（前排左四）与领导小组成员合影（2001 年 4 月 27 日摄）

县统计局党组书记、局长张淞华（右五）向省政府副秘书长、省统计局党组书记、局长任湘生（右一）汇报瓮安基层统计机构改革和运行情况（2016 年 3 月 8 日摄）

瓮安县贫困乡镇抽样调查启动会（2011 年 9 月 22 日摄）

全县固定资产投资统计制度改革试点工作培训会议（2015 年 1 月 15 日摄）

1966 年黔南州统计工作赴省学员学习合影（后排左二为瓮安罗远玉）（1966 年 7 月摄）

贵州调查总队一、三支部到瓮安开展建党 95 周年暨红军长征胜利 80 周年活动（2016 年 6 月 13 日摄）

1983 年全省统计干部赴深圳大学学习留影（后排右三为县统计局局长罗远玉）（1983 年 5 月摄）

县农调队队长兰胜宇参加省农调队全体会议并合影（1984 年 9 月 25 日摄）

1984 年 8 月至 2004 年 7 月在县农调队工作过的全体人员留影（2004 年 7 月摄）

县统计局首届电视讲座学员合影（1984 年 5 月 1 日摄）

瓮安县农村住户调查会议全体人员合影（前排右三为县统计局局长罗远玉）（1985 年 12 月摄）

县农调队队长兰胜宇参加全国农调基础工作南方片区检查会并合影（1992 年 3 月摄）

县统计局代管的瓮安物价点干部孙晓贤（后排左一）到桂林参加滇黔桂三省区城调分析研究会合影（1986 年 6 月摄）

召开全州农业统计干部培训会议（1986 年 7 月 22 日摄）

参加全州农业统计干部培训会议的瓮安县七区一镇秘书和县统计局干部合影（1986 年 7 月摄）

县统计局干部周建平（三排左二）参加全州农业统计年报培训会议并合影（1988 年 11 月摄）

瓮安县 23 个乡镇统计员参加全州农业统计干部培训并合影（1992 年 8 月摄）

瓮安县召开全国工业普查动员培训会议（1995 年 12 月摄）

第一次农业普查 D 组人员合影（1997 年 4 月摄）

第五次全国人口普查瓮安县全体编码人员合影（2001 年 4 月摄）

2001 年 9 月，瓮安县第五次人口普查办公室获贵州省第五次人口普查先进集体奖杯

2009 年 12 月，瓮安第二次全国经济普查办公室获第二次全国经济普查先进集体奖牌

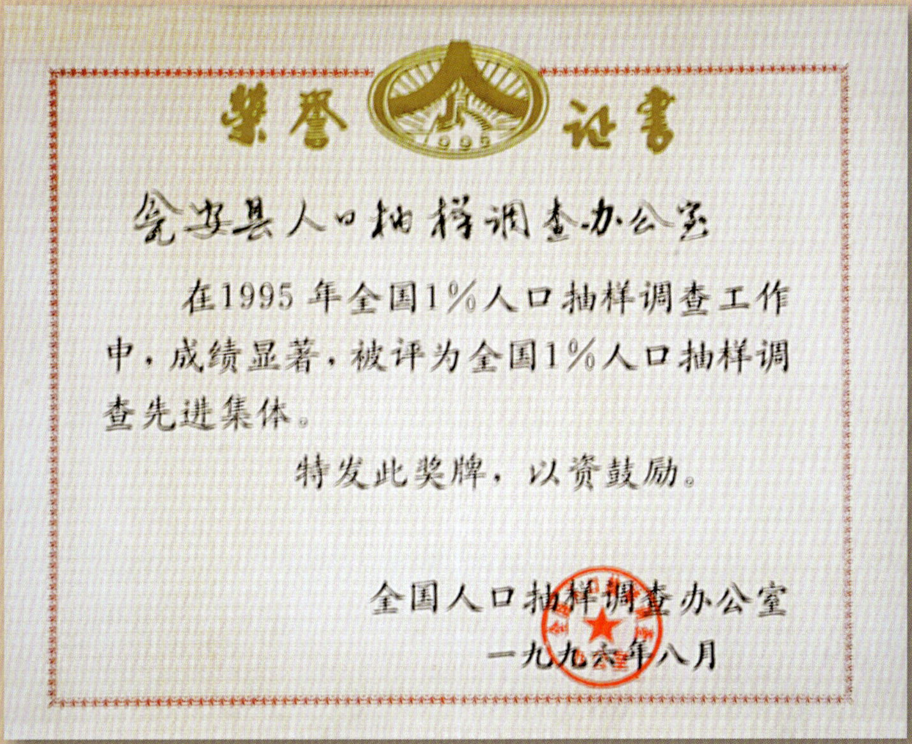

荣誉证书

瓮安县人口抽样调查办公室

在1995年全国1%人口抽样调查工作中，成绩显著，被评为全国1%人口抽样调查先进集体。

特发此奖牌，以资鼓励。

全国人口抽样调查办公室

一九九六年八月

1996年8月，瓮安县人口抽样调查办公室获全国人口抽样调查先进集体荣誉证书

首次全国第三产业普查

荣誉证书

瓮安县第三产业普查办公室在首次全国第三产业普查中成绩优异，被评为国家级综合部门第三产业普查先进单位。

特发此证

证书编号：

一九九四年十二月

1994年12月，瓮安县第三产业普查办公室获首次全国第三产业普查先进单位荣誉证书

1997 年 8 月，瓮安县第一次全国基本单位普查办公室获第一次全国基本单位普查先进集体奖牌

1998 年 10 月，瓮安县第一次全国农业普查办公室获第一次全国农业普查先进集体奖牌

2001年2月，县统计局获1997—2000年度全省统计系统先进集体奖牌

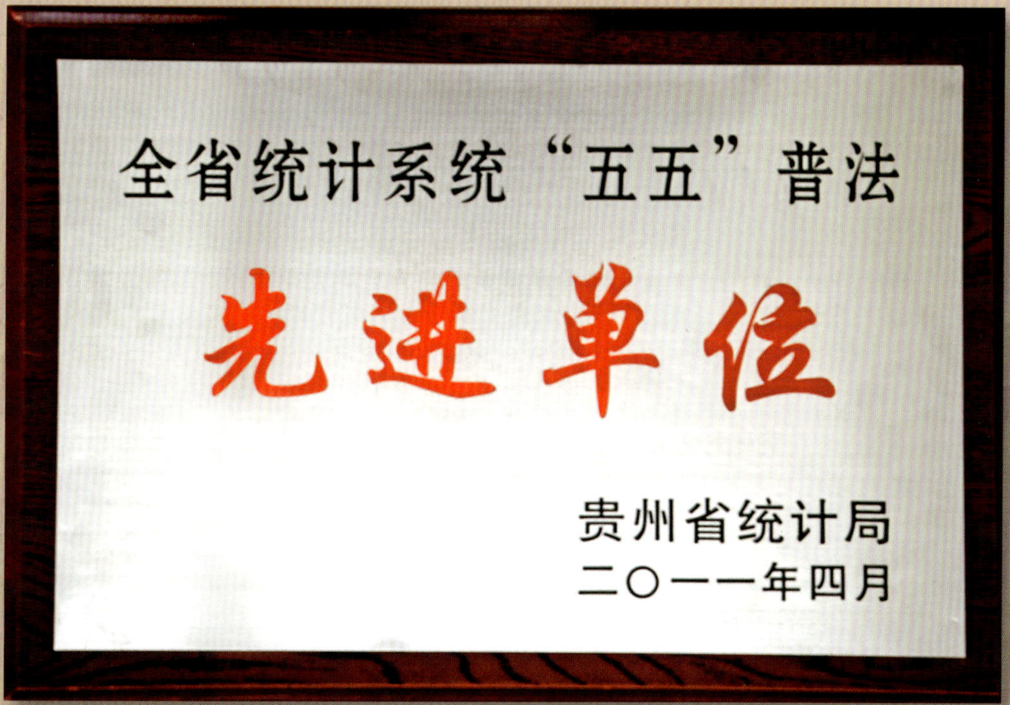

2011年4月，县统计局获全省统计系统"五五"普法先进单位奖牌

2008年4月，瓮安县第二次全国农业普查办公室获省第二次全国农业普查先进集体奖牌

2016年7月，瓮安调查队获贵州调查系统先进基层党组织称号

2011 年 12 月，瓮安县第六次人口普查办公室获省第六次人口普查先进集体奖牌

2002 年 12 月，瓮安县第二次基本单位普查办公室获省第二次基本单位普查先进集体奖牌

2005 年 7 月，瓮安县第一次经济普查办公室获省第一次经济普查先进集体奖牌

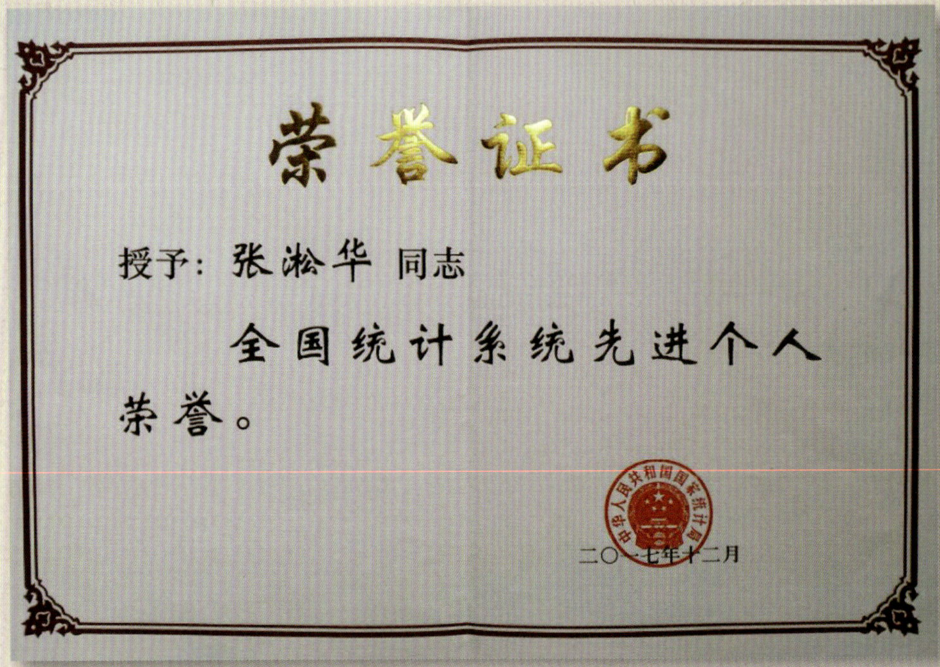

2017 年 12 月，县统计局党组书记、局长张淞华获国家统计局 2017 年先进个人荣誉

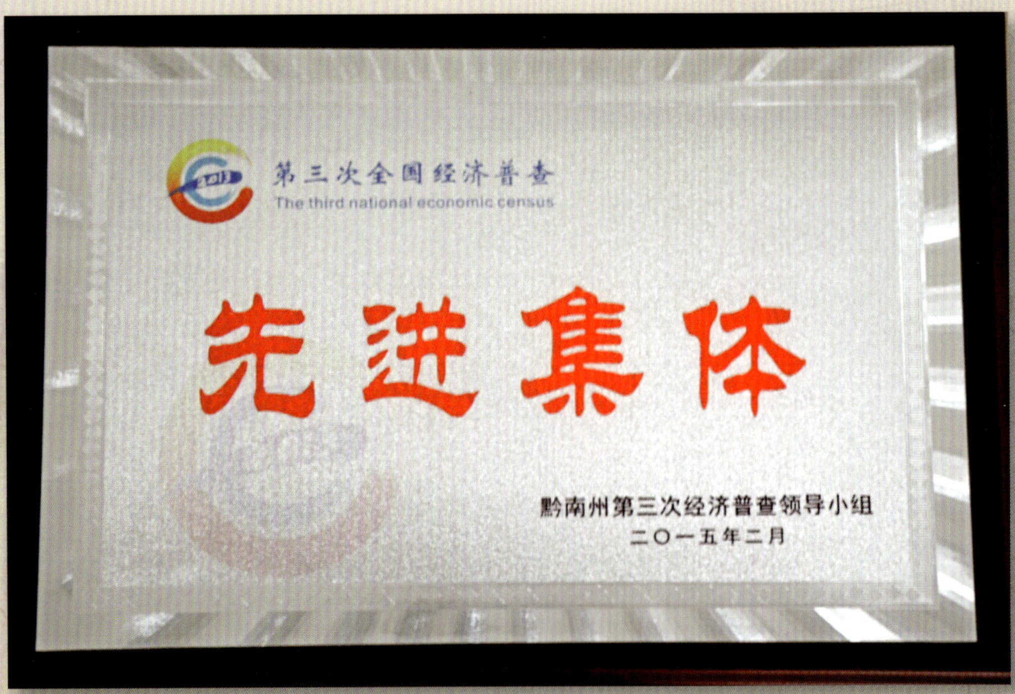

2015 年 2 月，瓮安县第三次全国经济普查办公室获州第三次全国经济普查先进集体奖牌

瓮安调查队获 2010 年度全州统计调查工作综合考核二等奖

瓮安调查队获 2009 年全州统计调查工作综合目标考核二等奖

瓮安调查队获黔南统计调查工作 2008 年度考评三等奖

瓮安县农调队（2004 年 4 月 7 日摄）

瓮安县农调队（2004 年 4 月 7 日摄）

县党的群众路线教育实践活动第三督导组指导召开县统计局党的群众路线教育实践活动专题民主生活会（2014 年 8 月 15 日摄）

县党的群众路线教育实践活动第三督察组组长李丰祥（右三）传达 5 月 27 日全县教育实践活动推进会精神（2014 年 6 月 20 日摄）

县人大常委副主任郭豫（右二）率统计局干部到瓮安建辉保温材料有限公司走访调研（2013 年 6 月 17 日摄）

副县长姚明凤（后排左三）组织召开第三次全国农业普查专题研究会（2016 年 6 月摄）

州统计局对瓮安县固定资产投资进行调研（1993 年 11 月摄）

州统计局固定资产投资科对江界河工程项目完成情况进行检查（1995 年 8 月摄）

州检查组成员对县统计局各专业业务开展检查并指导工作（2016 年 1 月摄）

县统计局支部党员王凤（左二）在党的群众路线教育实践活动中征求服务对象在“四风”问题的意见建议（2014 年 3 月摄）

县统计局组织党员干部观看《苏联亡国亡党二十年祭》专题片（2014 年 3 月摄）

县统计局党员干部集中学习兰考县委专题民主生活会精神（2014 年 6 月 3 日摄）

县统计局全体党员参加银盏镇银盏村党的群众路线教育实践活动动员大会（2014 年 3 月摄）

县统计局召开党的群众路线教育实践活动总结大会（2014 年 10 月 21 日摄）

县统计局召开局党组会议，讨论党的群众路线教育实践活动回头看相关工作（2015 年 3 月 26 日摄）

县统计局开展解放思想大讨论活动暨整改测评座谈会（2013 年 7 月摄）

县统计局召开贯彻落实中组部督导贵州“两学一做”学习教育会议精神（2016 年 8 月 17 日摄）

县统计局开展“反对四风·清廉过节”主题活动（2014 年 2 月 10 日摄）

县统计局党员干部到县反腐倡廉教育基地接受警示教育（2013 年 8 月 21 日摄）

县统计局党组书记、局长杨胜武参加“一把手”公开述廉（2013 年 3 月摄）

县统计局召开干部职工会议，对 2014 年领导班子述德述职述廉进行测评（2015 年 2 月 2 日摄）

县统计局召开 2014 年度党风廉政建设考核测评会议（2015 年 1 月 12 日摄）

县统计局召开领导干部报告个人事项工作动员大会（2016 年 1 月摄）

县统计局召开第二季度暨上半年党风廉政建设汇报会（2016 年 6 月 30 日）

县统计局支部上党课（2015 年 7 月摄）

县统计局监察室主任何永丽正在开展督查督办工作（2016 年 7 月 29 日摄）

县统计局召开第四季度党风廉政建设汇报会（2016 年 12 月 16 摄）

县统计局干部在“6 · 28”警示教育基地接受警示教育（2014 年 4 月 2 日摄）

县统计局与银盏镇开展未成年人主题教育活动（2012 年 11 月 8 日摄）

县统计局全体党员到猴场会议会址接受革命传统教育（2014 年 4 月摄）

县统计局党员干部在冷少农故居接受革命传统教育（2015 年 7 月 1 日摄）

县统计局党员干部集体收看“七一”直播报道（2016 年 7 月摄）

县统计局组织党员参观猴场会议会址（2014 年 4 月 9 日摄）

县统计局干部参加"慈善一日捐"活动（2016 年 10 月 17 日摄）

县统计局召开“三八”节纪念活动座谈会（2016 年 3 月摄）

县统计局干部参观驻村帮扶点银盏乡太平村花圃基地（2011 年 4 月摄）

县统计局党组副书记、乡统办主任余乐金（后排左五），纪检组长、党支部书记郭娟（后排右四）与党员干部一同到银盏镇银盏村大林小学开展六月份党组织集中活动（2013 年 6 月 3 日摄）

县统计局干部梁光平（左二）、苏贤凤（左一）到猴场镇那乡村走访困难户（2015 年 11 月摄）

县统计局党组副书记、乡统办主任余乐金（右二），副主任科员张开强（右一）到困难户家里调查生产生活及子女就学情况（2016 年 5 月 31 日摄）

县统计局干部牛黔梅（左一）到猴场镇那乡村进行危房调研（2015 年 3 月 12 日摄）

县统计局党组书记、局长张淞华（左一）到精准扶贫群众家中调查当月收入情况（2015 年 11 月摄）

县统计局干部察看困难群众屋后的塌方（2016 年 2 月摄）

县统计局纪检组长李仕莲（右一）为精准扶贫户三个孩子解决上户问题后的合影（2016 年 8 月摄）

县统计局到银盏镇银盏村开展党员干部心系群众送温暖活动（2014 年 2 月摄）

县统计局党组副书记、乡统办主任余乐金（右一）调研驻村和服务社区工作（2014 年 4 月摄）

县统计局驻猴场镇那乡村第一书记刘辉（左二）向精准扶贫对象宣传国家扶贫政策（2016 年 5 月摄）

县统计局干部到天文镇平坝小学关爱留守儿童，并参加庆“六一”活动升旗仪式（2016 年 6 月摄）

县统计局党员为群众送去冬天的温暖（2016 年 2 月摄）

县统计局领导到残疾人家里慰问，并与之亲切交谈（2014 年 3 月摄）

县统计局党组成员、纪检组长李仕莲（右一）春节期间为银盏村留守儿童送去节日问候（2014 年 1 月摄）

县统计局为那乡村送去 5000 元资金，帮助精准扶贫农户发展产业（2015 年 5 月摄）

县统计局开展以“党员在身边　抗旱保民生”为主题的抗旱救灾活动（2013 年 8 月 6 日摄）

第五次全国人口普查瓮安县编码人员正在编码（2001 年 3 月摄）

县统计局、瓮安调查队宣传《统计法》（2009 年 12 月 6 日摄）

县统计局党组成员、瓮安调查队队长卢万华（左三）率队宣传《统计法》（2012 年 12 月 4 日摄）

县统计局在县城中街开展法制宣传活动（2013 年 3 月 12 日摄）

县统计局干部职工集中学习《宪法》知识（2015 年 5 月摄）

县统计局党组成员、副局长王芳坦（右一）到业务科指导工作（2016 年 7 月摄）

县乡镇统计管理办公室副主任余静（左一）与国民经济综合统计科科长杨梅（左二）、干部牛黔梅（右一）正在进行统计分析（2016 年 6 月 3 日摄）

2003 年全县统计业务培训会（2003 年 8 月摄）

县统计局召开会议落实《关于认真学习贯彻“一套表”联网直报专项整治工作视频会议精神的通知》的文件精神（2014 年 8 月 27 日摄）

县统计局召开瓮安县大数据产业统计工作会议（2016 年 8 月摄）

县统计局工业专业统计员到企业指导工作（2016 年 2 月摄）

2014 年统计从业资格培训班会场（2014 年 9 月 11 日摄）

县统计局召开安全感满意度测评工作动员部署会议（2016 年 10 月摄）

县统计局干部开展返乡农民工创业调查（2012 年 12 月摄）

县统计局劳动力调查专业干部袁小芬（右一）到建中镇指导劳动力调查工作（2013 年 9 月 22 日摄）

县统计局干部到中坪镇高枧村天麻基地调研生产经营情况（2016 年 9 月摄）

全县 1% 人口抽样调查培训会（2015 年 5 月摄）

县统计局领导干部在瓮安会议中心（一）号会议室观看大型电视系列访谈节目《两山路上看变迁，绿色中国十人谈（瓮安篇）》直播发布（2016 年 9 月 25 日）

县统计局员工参加瓮水街道办事处鼓楼社区自愿者活动合影（2014 年 3 月摄）

县统计局民主推荐中层干部会场（2016 年 1 月摄）

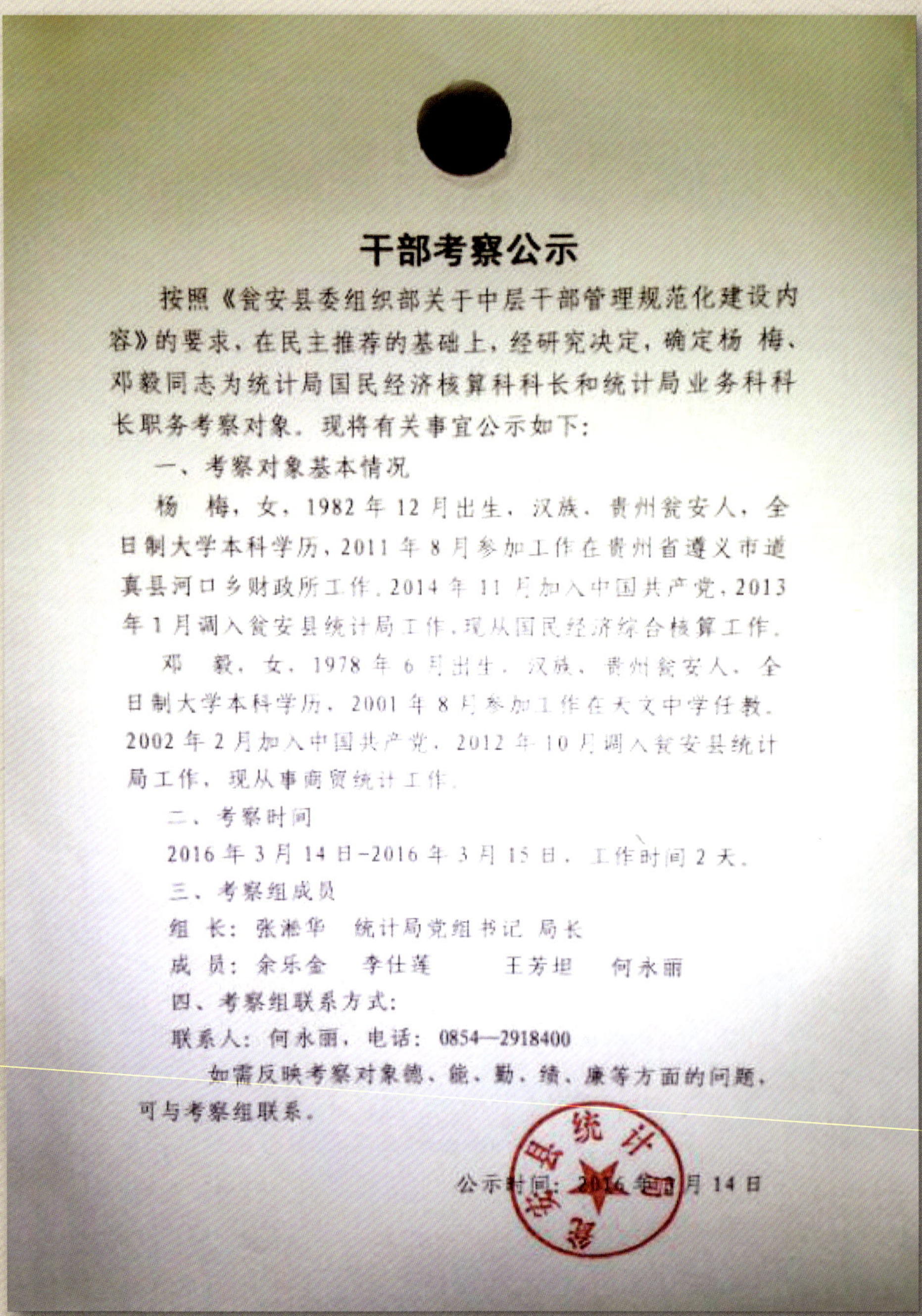

干部考察公示

按照《瓮安县委组织部关于中层干部管理规范化建设内容》的要求，在民主推荐的基础上，经研究决定，确定杨 梅、邓毅同志为统计局国民经济核算科科长和统计局业务科科长职务考察对象。现将有关事宜公示如下：

一、考察对象基本情况

杨 梅，女，1982年12月出生，汉族，贵州瓮安人，全日制大学本科学历，2011年8月参加工作在贵州省遵义市道真县河口乡财政所工作，2014年11月加入中国共产党，2013年1月调入瓮安县统计局工作，现从国民经济综合核算工作。

邓 毅，女，1978年6月出生，汉族，贵州瓮安人，全日制大学本科学历，2001年8月参加工作在天文中学任教，2002年2月加入中国共产党，2012年10月调入瓮安县统计局工作，现从事商贸统计工作。

二、考察时间

2016年3月14日-2016年3月15日，工作时间2天。

三、考察组成员

组 长：张湘华 统计局党组书记 局长

成 员：余乐金 李仕莲 王芳坦 何永丽

四、考察组联系方式：

联系人：何永丽，电话：0854—2918400

如需反映考察对象德、能、勤、绩、廉等方面的问题，可与考察组联系。

公示时间：2016年3月14日

县统计局干部提拔公示（2016年3月摄）

县统计局召开干部职工清廉过节承诺会议（2016 年 1 月摄）

县统计局干部观看纪念红军长征胜利八十周年《绿色中国行，走进美丽瓮安》大型公益晚会节目（2016 年 9 月 25 日摄）

县统计局开展保密知识业务培训（2015 年 4 月 24 日摄）

县统计局党组参加瓮安县党纪党规党法知识抢答赛（2014 年 4 月摄）

县统计局党组书记、局长杨胜武率队到三穗县考察学习县级统计规范化管理工作（2013 年 4 月 19 日摄）

县统计局组织全体干部、职工学习黔保发〔2014〕7 号文件精神（2015 年 1 月 12 日摄）

瓮安短片《数说党员情怀》中的统计局党支部副书记肖兴江（2016 年 12 月摄）

县统计局保持共产党员先进性教育活动学习专栏（2005 年 2 月摄）

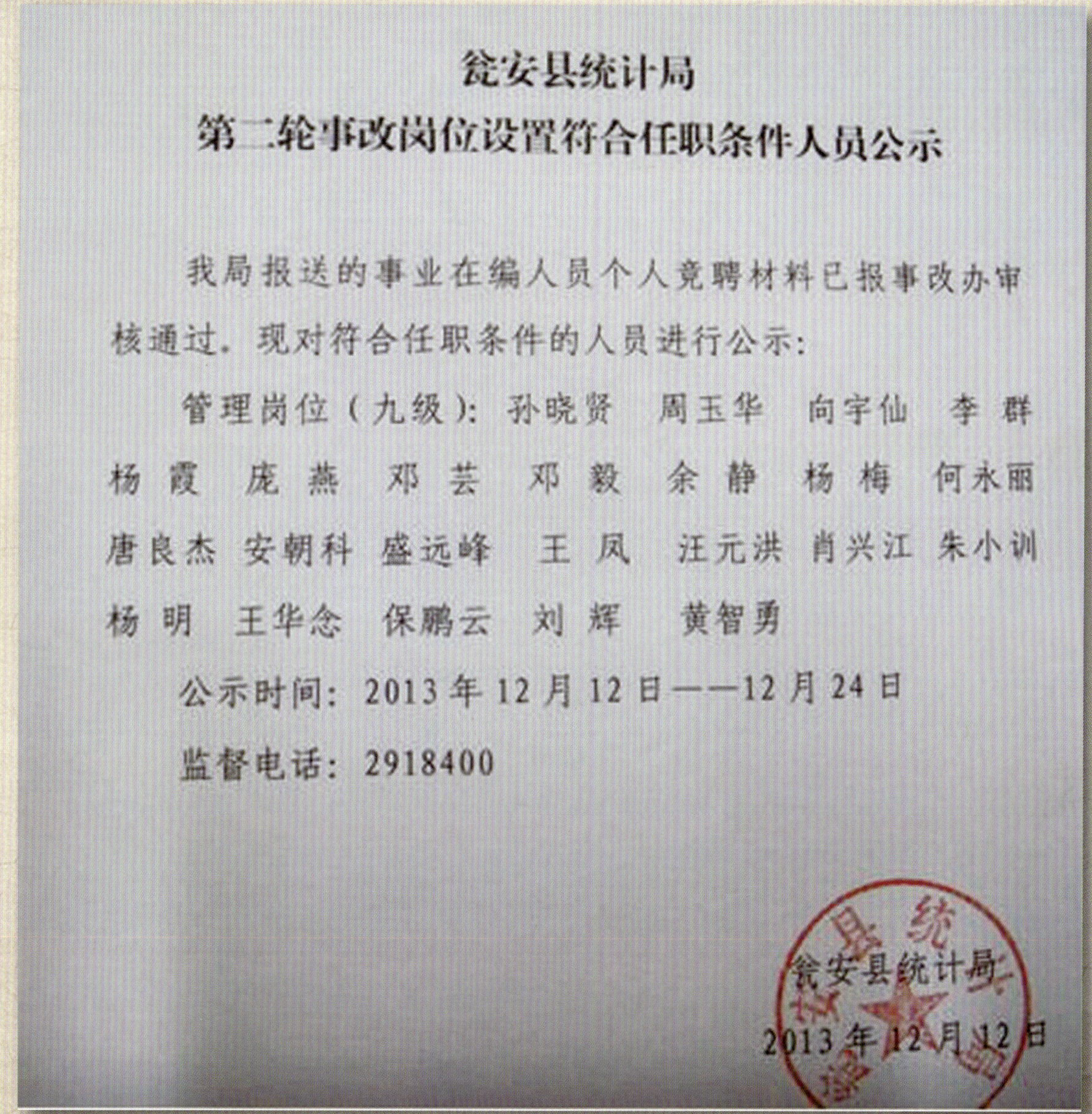

瓮安县统计局
第二轮事改岗位设置符合任职条件人员公示

我局报送的事业在编人员个人竞聘材料已报事改办审核通过，现对符合任职条件的人员进行公示：

管理岗位（九级）：孙晓贤　周玉华　向宇仙　李　群　杨　霞　庞　燕　邓　芸　邓　毅　余　静　杨　梅　何永丽　唐良杰　安朝科　盛远峰　王　凤　汪元洪　肖兴江　朱小训　杨　明　王华念　保鹏云　刘　辉　黄智勇

公示时间：2013 年 12 月 12 日——12 月 24 日

监督电话：2918400

瓮安县统计局
2013 年 12 月 12 日

县统计局第二轮事改岗位设置符合条件人员公示（2013 年 12 月摄）

县统计局干部参加金龙社区活动——打扫卫生(2014年3月29日摄)

瓮安城乡住户调查工作座谈会会场(2008年12月14日摄)

县统计局召开党员领导干部民主生活会暨述职述廉报告会（2012 年 12 月 7 日摄）

瓮安调查队领导到建中镇看望留守儿童（2013 年 6 月 25 日摄）

贵州调查总队检查组到瓮安调查队检查党风廉政建设工作（2015 年 4 月 10 日摄）

瓮安调查队队长许克祥（左二）、副队长陈伟（右二）、办公室主任陈开平（左一）到住户调查对象家中访谈（2016 年 5 月 12 日摄）

黔南调查队专项科科长谢祥恩（右二）到瓮安指导工作（2014年3月10日摄）

瓮安城乡一体化住户调查交流会（2013年9月18日摄）

瓮安调查队副队长陈伟（右二）带队开展玉米实割实测（2015 年 9 月 1 日摄）

贵州调查总队主任科员赵媛媛（左三）到瓮安指导劳动力调查工作（2015 年 10 月 26 日摄）

瓮安调查队农业普查农作物面积遥感测量现场培训（2016 年 5 月 8 日摄）

瓮安调查队与黔东南调查队共庆党的生日（2016 年 7 月 1 日摄）

瓮安调查队开展党建、工会活动（2016 年 8 月 22 日摄）

瓮安调查队干部参加县总工会组织的徒步活动（2016 年 10 月 11 日摄）

瓮安调查队队长许克祥（左一）带队到猴场镇大田坝村开展水稻产量实割实测（2016 年 9 月 23 日摄）

瓮安调查队代管的瓮安物价点调查员对城市住户记账员作记账培训（2010 年 11 月 5 日摄）

县统计局党组书记、局长周兴富（左一）到永和镇调研统计工作（2015 年 3 月 18 日摄）

县统计局干部参加社区选举投票（2016 年 11 月 10 日摄）

县统计局干部参加县“三八”妇女节登山活动人员（2014 年 3 月摄）

工会活动中的“采气球”比赛（2016 年 5 月 19 日摄）

工会活动中的拔河比赛（2014 年 5 月摄）

县统计局、发改局共同举办工会活动。图为第一批登上朱家山山顶的队员合影（2014 年 5 月摄）

工会活动——跳绳场景（2014 年 5 月摄）

县统计局干部杨琼（台上右二）与其先生孙绍忠（台上右一）作为银婚代表参加团县委主办的集体婚礼（2014 年 9 月摄）

县统计局组织男、女篮球队参加瓮安县“迎州庆”职工篮球赛，女子队获“迎州庆”职工篮球赛女子组三等奖（2016 年 6 月 24 日摄）

县统计局干部在中国·瓮安首届“千年古邑 相约猴场”民族山歌大赛上演唱（2015 年 4 月 23 日摄）

瓮水长歌·党的群众路线教育民族山歌大赛上选出的县统计局干部杨明（后排左六）作为瓮安县山歌选手参加黔南州庆祝“七一”暨“好花正红”群众路线教育实践活动民族山歌大赛（2014 年 6 月 30 日摄）

县统计局干部参加 2015 年 6 月 26 日庆祝建党 94 周年暨“建设清廉瓮安‘和谐幸福平安’”廉政文艺调演的赛前排练（2015 年 6 月 24 摄）

於浩泉，男，汉族，1928 年 6 月出生于湖北省圻春县花园公社於冲生产队，又名於明正。1949 年 4 月参加工作，1950 年 1 月加入中国共产主义青年团，1952 年加入中国共产党。参加工作后曾于黄岗军分区卫生处任护理员。1949 年 9 月至 1953 年 9 月，先后任湖北省圻春县财政科任工作员、助理员、秘书。1953 年 10 月至 1964 年 11 月，先后任湖北省圻春县统计科副科长、统计局局长。

1964 年 12 月至 1966 年 12 月任瓮安县统计局局长；1967 年至 1968 年，任瓮安县生产指挥部办公室负责人。1968 年 3 月至 1969 年 7 月，文革中遭冲击，于余庆县西堰修水电站劳动。1969 年至 1972 年 12 月任瓮安县轻工局局长，1973 年元月至 1981 年 4 月任县计划委员会副主任。1981 年 5 月改任调研员直至退休。

罗远玉，男，布依族，1930 年 6 月出生于贵阳市乌当区水田乡竹林村蔡家湾。1951 年元月考入贵阳专区财干校，同年 4 月财干校毕业参加工作，1958 年 9 月加入中国共产党。

1951 年 4 月财干校毕业后分配至瓮安工作。1951 年 8 月至 1956 年 2 月任县专买公司统计，1956 年 3 月至 1966 年于瓮安县统计局从事统计工作。1967 年至 1970 年于瓮安县革命委员会生产指挥计划劳动组办公室仍从事统计工作，1971 年至 1979 年 6 月任先后任先生产指挥部计划劳动组负责人，计划委员会办公室主任。1980 年 6 月任统计局局长直至退休。

廖启祥，男，苗族，1943 年 10 月出生于瓮安雍阳镇。1970 年参加工作，1972 年 4 月加入中国共产党，1986 年 6 月毕业专自考专科经济管理专业。

1962 年 7 月至 1965 年 2 月参军入伍服役于中国人民解放军 6826 部队。1965 年 3 月退伍至 1970 年 11 月在家务农。1970 年 11 月至 1975 年 1 月先后于雍阳学区、县教育局、县教卫办任工作员。1975 年 1 月至 1978 年 8 月任中坪区白沙公社书记兼管委会主任。1978 年 9 月至 1984 年 2 月任玉山区委书记；1984 年 3 月至 1990 年 2 月任县计划委员会副主任。1990 年 3 月至 1993 年 10 月任县统计局局长；1993 年 11 月至 1998 年 6 月任县体制改革委员会副主任兼办公室主任，直至退休。

徐东升，男，汉族，1955年12月出生于瓮安县城。1977年8月参加工作，1988年3月加入中国共产党，毕业于贵州民族学院行政管理专业。

1977年8月至1986年7月，曾于县林业局西坡林场，县林业局工作员。1985年7月至1990年1月调农工部任工作员；1990年1月至1993年10月任县农经委副主任，县农工部副部长。1993年10月至1997年5月任县统计局局长。1997年5月至2007年2月，任瓮安县环境保护局局长，党组书记，直至退休。

彭连方，男，汉族，1944年出生于草塘，祖籍四川中江市。1968年7月毕业于贵州农学院林学系，中共党员。

1968年8月大学毕业后至1974年5月于威宁县林业局任技术员，1974年5月至1985年2月于瓮安县林业局任工作员助理工程师。1985年3月至1988年10月于瓮安县林业局任工作员，职评为林业工程师。1988年11月至1997年4月任瓮安县计划委员会办公室主任。1997年5月至1998年4月，任瓮安县统计局副局长主持工作，1998年5月任瓮安县统计局局长，1998年6月任瓮安县统计局党组书记、局长。2002年1月改为非领导职务直至退休。

杨胜武，男，汉族，1963年1月出生于瓮安天文镇。1986年8月参加工作，1993年6月6月加入中国共产党，1997年6月毕业于贵州省委党校经济管理专业。

1986年8月参加工作后，1986年8月至1997年1月，先后于瓮安县工商局任工作员，商标管理股副股长，商标广告经济合同管理股股长，雍阳工商所指导员，工商局人秘股股长等职。1997年1月至1998年11月，任瓮安县永和镇党委副书记，副镇长、代理镇长，1998年至2001年12月，先后任老坟嘴乡副书记、乡长、党委书记。2001年12月至2014年11月，任瓮安县统计局党组书记、局长。2014年11月至2016年5月，任瓮安县商务局党组书记、局长。2016年5月改为非领导职务正科级干部。

周新富，男，汉族，1975年4月出生于瓮安，1999年9月参加工作，同年，毕业于贵州工业大学自行化专业。2002年1月加入中国共产党。

1999年9月参加工作后至2004年1月，任计划与经济贸易局、发展计划局科员，发展计划局招商引资股股长。2004年1月至2006年7月，任建中镇副镇长；2006年7月至2007年9月，任珠藏镇副镇长；2007年9月至2011年9月，任发展和改革局副主任科员、主任科员。2011年9月至2014年11月任发展和改革局党组成员、副局长；2014年11月至2015年5月，任县统计局党组书记、局长。2015年5月，调瓮安县农业技术推广服务中心。

张淞华，男，汉族，1973年10月出生于瓮安珠藏镇。1997年9月参加工作，同年7月毕业于贵州大学电子技术专业。2005年9月加入中国共产党。2006年3月，在职就读毕业于中央广播电视大学法律本科。

1997年至2005年6月，于瓮安县统计局先后任办事员、科员。2005年6月至2010年1月，任县统计局综合股股长；2010年1月至2015年5月，任县统计局党组成员、副局长。2015年5月任统计局党组书记、局长。

序

瓮安地处黔中要地，历史悠久，物阜财丰，山水兼得，人文厚重，可谓黔中明珠。自汉武开疆，始置牂牁郡于草塘，已逾两千余载。然清康熙《瓮安县志》、乾隆《桑梓述闻》、民国《瓮安县志》，相关经济社会发展之统计，寥寥无几。新中国两修县志，仅为节目。而今《瓮安县统计志》即将付梓，成瓮安史上第一部统计专志，实乃瓮安统计人之夙愿。

隔代修史，当代修志，已成中华民族文脉永继，史史相传之传统，故盛世修志，已是必然。《瓮安县统计志》正填补经济社会发展统计事业之空白，成为域内之要事。

往事钩陈，盛事泱泱。自中华人民共和国成立，统计事业走过不平坦之途程，其机构历经数次整合、分列；其计量经算盘、计算尺、计算机，可谓一路风雨兼程。持卷冥思，《瓮安县统计志》虽各时期表式有异、繁减有差，而表式正蕴含至言若林，药言警醒，虽片言可明百义之精髓。故世有“三镜”，史镜以收“明兴替，知得失”之广效，发挥“志以补郡国之书”的功能。《瓮安县统计志》可以说有益当代，惠及子孙。

《瓮安县统计志》坚持马克思列宁主义唯物史观而着笔，体例完整，史料翔实且客观。全书除图、表、序、凡例、目录、大事记、人物外，计 15 章 53 节，30 余万字。图文并茂，不但具有可读、资料、存史等多种功能，且具观赏与实像录存之价值。对未来者开拓瓮安经济社会发展，提供诸多数据支撑和不可缺失的史料。

《瓮安县统计志》上溯中华民国，下限 2016 年年末。由于统计表式有职能部门之异与之综合，企事业单位不同历史时期填报制度与表格各异，可以说工作繁杂，史料残缺，任务艰巨。幸有编者之竭力，认真严谨，琢璞成书，付出了极大努力。

地方志书，“不唯征文于既往，实所以考兹于来兹”，《瓮安县统计志》，不以属性唯数字作特征，反以综合，企事业单位并各部门与抽样表式为支撑，仅用画龙点睛之数据，架构章节以陈述统计各个时期之工作。达到了古人于志书编纂“善言古者合之于今，能述远者考之于近”的古训，可以说：从不同时期统计事业之发展，统计表式之变化，反映其艰辛发展之历程。

生于斯而长于斯，持卷扪心，忆70载表式之变化，统计工具由原始而高科技之进程，志书点睛着笔之数据，顿感瓮安经济社会发展之沧桑，改革开放跨越腾飞之辉煌。可谓乡愁浓浓，更加挚爱梓里热土，情系乡邦。而今，中共十九大东风劲吹，全国各族人民在以习近平为核心的党中央领导下，正披炫歌而播唱，驾长风以远航，正为实现两个百年目标而砥砺奋进，壮心不已，为复兴伟大的中国梦豪气凌云，展翅九霄。心情笃笃，由衷走笔，是为序。

瓮安县统计局党组书记　局长

张淞华

2017年11月

凡　例

一、《瓮安县统计志》坚持以马克思列宁主义、毛泽东思想、邓小平理论、“三个代表”重要思想、科学发展观、习近平新时代中国特色社会主义思想为指导，坚持辩证唯物主义和历史唯物主义的观点和方法，实事求是地记述瓮安县境内统计事业的历史和现状，力求做到思想性、资料性、科学性的统一。

二、本志以2016年瓮安县域为记事地域范围，上限始于民国有史记载，下限止于2016年年底。

三、本志采用述、记、志、表、图、录等体裁，以志为主。首设图照、序、概述、大事记，纵览历史概况；中设15章，分门别类记述瓮安统计历史和现状；后设附录，收录党政领导名单、获奖人员名单并各类各级奖牌，奖状；包括相关法律、法规和统计公报。

四、各章结构按社会经济统计学科分类，设章、节两个层次，部分节下设目。

五、本志采用公元纪年，地名按各历史时期通用标准地名。1949年中华人民共和国成立简称新中国成立或解放后，或共和国成立。贵州省称省，黔南布依族自治州称州，县内或称域内，瓮安县统计局简称县统计局。一般第一次使用以全称贯之，第二次多用简称。

六、先进集体、先进个人荣誉称号标准为省政府及以上部门授予的各种荣誉称号。

七、本志资料来源于本地区各类档案、志书、文件及调查采访实录。所用数据，以当时统计部门为准，兼取相关档案、志书、文献资料，计量单位使用国家法定计量单位。

目 录

概　述

瓮安县地处黔中，乌江中游，黔南州北端。东邻黄平，南镶福泉，西连开阳，北界湄潭；西北与遵义毗邻，东北枕余庆而居。北纬 26°53′~57°29′，东经 107°07′~107°42′。乌江东流，剖县域一分为二，县域面积 1973.8 平方千米，最高海拔花竹山 1567 米，最低海拔乌江渡 479 米。全县辖 10 镇 1 乡，两街道，82 村，15 个社区，1083 个村民组。2016 年，总人口 53 万人。有少数民族 34 个，计 28058 人。

瓮安地处贵州高原第二梯级带，乌江横跨北部，地势成东南偏高，西北偏低，中部平缓；山地相互带状分布，多数地区起伏不大，河流绝大多数流入乌江。相对高差 936.81 米，受地质构造控制和岩性复杂影响，形成黔中北部溶丘洼地高原区特征，约五分之四的南块多丘陵水田，北块多旱地。

瓮安属亚热带季风湿润气候，冬无严寒，夏无酷暑；雨量充沛，年均降雨量 1000.9 毫米；光照充足，平均年照数为 1062.1 小时，平均气温 13.8℃；共有植物 155 种，541 属，野生动物 433 种，受国家保护动物 6 种，既利于动植物之生长，又宜人宜居。

瓮安资源丰富，以水利而见长，以磷、煤而蜚声，素有黔中“煤海”，亚洲磷都之称。域内除磷煤外，铁、锌、钼、汞、铀、硫铁矿、铝土矿、钾盐矿、石灰石、高岭土、石膏、大理石等 20 余种矿藏横叠，稀有金属钼、铀、钒在贵州仍占一席之地。

瓮安交通便利，瓮（安）马（场坪）高速、贵（阳）瓮（安）高速、江（口）安（瓮安）高速、真（道真）安（瓮安）高速交会瓮安；马（马场坪）瓮（瓮安）铁路、乌江航道预计 2018 年通车通航。形成北通川渝，南达两广，东连两湖，西达筑滇的大道通衢。

一

瓮安开发较早，其统计工作自明万历二十八年（1600 年）建县以来，直至清末和民国初有丁粮上缴国家钱粮统计，食盐供应人口盐引统计。

中华人民共和国成立后，随1949年12月11日瓮安解放，从民国政府政权接管旧人员于人委办公室从事国家所需统计工作。这一时期，自解放初隶属贵阳专区后，1952年12月改隶贵定专区，1956年5月撤销贵定专区又改隶安顺专区。1958年，瓮安福泉合并为瓮安县，再改隶黔南布依族苗族自治州。相伴行政区划的变更，统计工作也相应随行政区划变更的要求而有所变化。对基层政权区、乡、村统计，解放初，仍实行民国乡镇保甲区划而进行统计，全县划为4区，7乡4镇，142保（其中珠藏划归遵义县管辖）；1950年年底，全县计5区，14乡镇141保。1951年5月，全县建5区，14乡（镇）并行政村，街计156个（村144，街7个）；1952年7月，全县划为7区1镇，100村7街道；1953年年底在划为7区81乡镇（2镇79乡）；1957年5月，全县划为6区1镇，49乡。1961年12月，全县划为7区33公社；1963年，再划为7区48公社，227个生产大队；1984年，又划为7区48乡镇，243个村；1987年，全县划为7区，1个区级镇，46乡，1个乡级镇，246村；1991年9月，建镇并乡撤区，全县合并为8镇15乡；2000年，再划为9镇14乡，2012年建并撤为10镇9乡两个街道；2013年6月，再划为10镇1乡，2个街道。

解放初，境内已有人口、土地、农业、手工业、商贸、运输、粮食等统计活动。1953年，开启了全国第一次人口普查和其他统计工作。1954年8月县计划统计科成立，相应配备了统计工作专业人员，主要围绕“逐步实现国家的社会主义工业化，逐步完成国家对农业、手工业和资本主义工商业的社会主义改造”相关工作进行统计。全县统计工作主要以各部门按国家统计局和省地相关报表制度自报为主。县统计工作以国家、省、地三级按重大国民经济指标在汇总中进行填报。1955年，根据对私改造工作的加速，为满足落实过渡时期“总路线”要求，加强私营工商业定期表格报送和私营商业购销，商品流转的统计调查。1956年对私改造结束，县统计工作从计划统计科分出单列为县统计科。按垂直统计报表要求，建立县内各行业统计报表制度，重点是工业统计制度。1957年，农村经济体制从户、组向农业生产合作社、人民公社迈进，这一时期农业合作社已具备统计报表填报能力，并形成农村高级社和人民公社的农业年报制度。

1958年，“大跃进”“人民公社化”等运动接踵而至。这一时期，国家统计局提出统计必须为政治服务，为生产服务的号召，出现了以“进度为纲”的统计局面。并在“大跃进”“人民公社”大潮中实行农业报表转向以农业生产进度为中心，实行农具改革和积肥3日报。播种进度5日报，人民公社建立旬报，爱国卫生，土壤改良，公社建立大食堂旬报。是年，撤销统计科，次年8月恢复统计科。1958年至1961年4年间，瓮安和全国一样，受“大跃进”“浮夸风”的严重影响，不但统计口径不同，且范围也不统一，报表滥制滥发，各种报表成灾，且数据严重失真失实。至 1961 年年底，工业、农业生产统计报表乱象方得控制统一。

1962 年，进入国民经济调整时期，经济恢复发展，渐次对物价放开。1963 年，统计工作在原基础上相应增加国营平价、高价、议价和市场商品零售价等报表制度，并进行了全县第一次清产核资统计工作。是年，贯彻落实国务院《统计工作试行条例》，增加统计人员，再从计划统计科划出，设置统计科。

1964 年 6 月 30 日，按国家统一部署，进行第二次全国人口普查，经普查全县总人口达 195794 人。是年，将统计科更名为统计局，至 1965 年上半年，根据上级指示，农业报表在原基础上减少为 10 种。

1966 年 5 月，“文化大革命”开始，统计制度遭到严重破坏。1967 年，统计局受瓮安县革命委员会生产指挥部领导下的计、统、劳办公室辖治，机构被撤销。1970 年 5 月，根据周恩来总理指示，统计工作才得以逐渐恢复。

二

1978 年中共十一届三中全会后，将国家经济建设作为中心任务。1981 年，统计工作成为单列行政组阁部门，人员、设备得到加强。紧紧围绕改革开放，坚持以经济建设为中心统计业务范围、标准划分得到细化。其间，工业划分标准按 59 个大类，109 个中类，153 个小类分别增加了年报的统计调查数量。同时紧紧围绕农村经济改革，建立农业产量抽样调查队，开展对农业、农村土地承包一揽子调查统计。相继于 1980 年整理刊印了 1949—1978 年《瓮安县农业统计历史资料》，1982 年 7 月又进行全国第三次人口普查，彻底搞清全县 65336 户，总人口 337977 人，其中男性 174314 人，女性 163663 人，少数民族 25 个，人口 10857 人的人口底数。

统计局单列为政府组阁局后，为适应改革发展需要，始终把提高队伍业务素质作为工作重点，并相继建立与之同步的工业、农业等 6 个方面的统计制度。1982 年 4 月，启动统计业务员职称评议。1983 年组建涉及统计业务相关人员的电视函授培训，提升学历层次。1985 年成立《中国统计干部电视函授学院》瓮安教学班，使统计人员业务素质，队伍专业化，统计业务标准化得到大幅度提升提速。统计业务相关国民经济核算从过去的（SNA）体系按省要求，开始使用（GTP）核算。1984 年，相随农村经济体制改革。是年 8 月，增建瓮安县统计局下辖事业单位性质的农村抽样调查队，以从事常年农村经济改革中农业农村一揽子调查统计工作。

1986 年，在开始实施域内生产总值（GTP）核算的同时，仍保持引进（SNA）国民账户体系，并以“1980年”不变价计算国民生产总值。1986年12月，开展县内第一次专业户、旅馆餐饮业一次性调查。1987年在学习贯彻《中华人民共和国统计法实施细则》同时，相应建立县内商品房投资、生产的统计制度。并于7月对省抽样32县市之一的瓮安，开展190人参加，被抽长岭乡、营定乡、坪坝乡、洗马乡的抽样调查。同时对全县7区1镇，47个乡全部配齐统计人员。

20世纪90年代，随着科技的进步，统计局使用的统计器皿和手段不断升级，1988年8月，全县区、乡镇、县属综合统计直属业务部门建成电子计算机统计网络。随着改革开放的深入，首次展开农村人口离乡向城镇和其他产业转移人口统计，推行农村农业、林业、水电、乡企、农机等部门“一套表”联审报表统计制度。同时续编1949—1989年《瓮安四十年统计资料汇编》。1990年7月，开展全国第四次人口普查。经普查，全县人口达383600人，其中男性199700人，女性183900人，少数民族人口1648人，较1981年第三次人口普查净增人口45623人，年均增加人口5070人。1991年6月举行了全员统计员资格考试，参考52人，合格27人。为鼓励统计队伍，国家统计局对瓮安统计连续工作30年的罗远玉、周高祥、胡启新、王正中4人颁发荣誉证书。

随着改革开放的深入，工业经济体制的变化，统计工作统计范围，统计报表，国民经济统计核算均发生了重大变化。为适时把握掌握经济体制改革带来的经济效益，社会效益，相继各种调查，专业调查统计增多。至2000年，县内分别进行1992年对1991年人口变动抽样调查，全县儿童抽样调查，农村集体固定资产投资统计调查；1994年的全国第三次产业普查；1996年全国基本单位普查，查清全县法人单位399个，其中单产业法人339个，多产业法人60个；贵州省第三次农业普查；1997年开展的第五次人口普查和2000年开展的规模以下个体工业抽样调查。

其间，于1993年6月制定了瓮安县统计局各专业考核办法，考勤办法，差旅报销审核办法，医疗费用管理等办法。并在1994年开展了大学习，大宣传，大落实《中华人民共和国统计法》活动，为检验宣传，学习，落实效果，于1995年10月开展有255人参加的大检查，受检单位134个“统计检查月”活动。1997年完成统计局公务员过渡工作和2000年的《瓮安五十年统计资料》整理、编制和出版。

三

进入21世纪，统计工作指标系统作为服务经济建设，服务经济体制改革需要，表式和报表制度均发生较大变化。2001年9月，由统计、编委、民政、财政、国税、地税、工商、质监等科局成立领导小组，对全县进行了第二次基本单位普查工作；2002年9月，根据省建设厅、统计厅指示，把房地产开发纳入统计工作；2003 年 6 月，废止 1985 年制定的关于三次划分指标体系，执行新的《三次产业划分规定》，7 月，按国家统计局规定开展群众安全感调查工作。

2006 年，在完成全县第一次经济普查发布第一、第二、第三次公报后，相继于 7 月对省抽中的雍阳、珠藏、银盏、木引槽 4 个乡 4 个小区进行第二季度劳动力入户调查。并在 9 月进行全县第二次农业普查，设综合协调组，现场调查组，数据处理组，联络宣传组，质量控制组和检查组。对全县 23 个乡镇，247 个行政村，6 个社区，1 个居委会，2561 个村民组开展入户调查统计，直至 2007 年 1 月结束。是年 12 月，完成县统计局统计网终组网，实现统计工作网络化。

2008 年，为把握经济发展速度，为政府提供可靠的数据进行顶层设计，随机抽样调查统计，专项调查统计相继增多。一年内在传统统计基础上相继进行全县各乡镇级工矿区所有非农业、低收入家庭入户调查；5 月开始启动全县第二次经济普查；2009 年 10 月启动第六次全国人口普查。

2010 年，经对统计人员的业务培训，州统计局综合考评，1 月，获黔南州统计综合一等奖。7 月，县第二次经济普查领导小组办公室，雍阳办事处获国家经济普查领导小组表彰。是年 12 月成立瓮安县统计抽样调查中心，全权取代过去瓮安物价点工作，内设为县统计局辖治下正科级单位。2011 年，建设电子业务内部网络，承担省、州、县三级统计系统信息数据传输、数据处理与交换工作平台。是年，国家统计局指示，对规模以上工业企业、限额以上批发零售、住宿餐饮、资质内建筑业、房地产开发业实行“一套表”统计制度。2012 年 1 月，县内又建立“企业一套表”网上直报统计工作领导小组，并设置专人办公。使县内 41 户工业企业，限额以上 5 户批发零售餐饮企业，资质内 3 户建筑企业和 5 家房地产开发企业实行统计网上直报。是年 7 月对全县规模以下工业企业所有制结构、行业结构、技术经济结构开展调整。按省、州统计局安排，县内开展投入和产出，GTP 核算统计调查。

2013 年 3 月，本着统计工作为经济建设服务的宗旨，联系建设小康社会的需要，按县委和县人民政府指示，组建统计局创建小康社会统计监测工作领导小组。从数据方面把握全县小康社会建设进程。7 月，为严格落实上级统计部门指示，组建由 17 个单位组成的瓮安县第三次农业普查领导小组，更进一步摸清县域农业发展现状。是年年底，又组成相应班子，对全县进行全国第二次经济普查。

2014 年 5 月，全县在经济普查领导小组领导下，开展了瓮安县第一次经济普查；2015 年 11 月相继又进行国务院办公厅关于 1%人口抽样调查统计。调查统计指标包括居住地点、居住环境、住房、年龄、性别、受教育程度、就业、生育、社会保障等指标，并在同一月，再次开展了全县第二次农业普查。

严格统计执法。严格执法是瓮安统计局工作的又一重心，为保证数据真实可靠，相继于1998年对县内虚报、瞒报、迟报的8起违法案件进行处理。相继在2013年制定了瓮安县统计局《关于加强数据管理质量的通知》，2014年的《瓮安县统计局普法规则》等内部执法检查制度。

2015年，统计业务量不但增大，且更具科学化、规范化。5月开展190人参加的调查培训，开展县内99个村级单位社区报表填报学习。并深入开展和落实党的群众路线教育、宗旨教育、“两学一做”教育活动，扶贫攻坚活动，精准扶贫包保活动。仅一年拿出资金5000元，对包保的猴场那乡村53名留守儿童，20余户贫困户开展精准扶贫。同时制订一岗双责，成立统计局党风廉政建设领导小组，以保风清气正。

2016年，伴随国内新兴产业，新兴经济的发展。是年4月，按国家、省、州指示，开展了全县大数据、高新技术、绿色生态、山地高效农业，大健康医药产业，新兴建材工业，文化创意产业，电子商务等新兴工业进行调查统计。遵循党中央精准扶贫，2020年全国人民脱贫的指示，与之县扶贫局，开展了大扶贫战略行动监测，并完成贫困村组和人口监测数据上报。是年11月，启动瓮安县第三次农业普查工作，完成99个小区摸底工作，编制普查小区图1079张，涉及农户93360户，其中规模农业752户，经营单位619户。

瓮安县统计局成立来，伴随日月徐迈，人事更迭，几代人恪尽职守，敬业爱岗，取得了一个个成就成绩。仅1993年来，荣获国家级奖状奖牌4块，省级奖牌8块、奖杯1个，州级奖牌4块、奖状1张。统计局职工荣获国家级奖励表彰25人，省级表彰17人，州级表彰5人。获得社会公认公证，为新中国成立后的统计事业做出了应有贡献。

大事记

中华民国

民国 31 年（1942 年）

7 月 县政府成立统计室，内设主任及科员、事务员各 1 人。

民国 32 年（1943 年）

3 月 县政府紧缩机构，县政府统计室被裁撤，统计业务由县政府秘书室代理。

民国 34 年（1945 年）

7 月 国民政府行政院令，县政府恢复统计室，直至 1949 年 12 月瓮安解放。

中华人民共和国

1949 年

12 月 11 日 瓮安宣布解放。

是月 接管国民党县政府政权，县人民政府秘书处设统计人员 2 名，仍由接管政权中从事统计工作的杜润庠、张贵和负责全县统计工作，各区均配统计员 1 名。

1950 年

3 月 县内开展第一次全国工业普查工作。动态指标填报 1949 年全年数，静态指标填报年底数。

是年 瓮安县执行《全国合作社统计表暂行办法》，统计综合年报达 6 种。

1951 年

是年 全县统计业务主要为行政区内人口、粮油统计。

▲ 按政务院财经委员会要求，实施国营贸易企业定期统计报表制度，报表共 13 种。

1952 年

6 月 中央人民政府政务院财政经济委员会制定关于农业生产、耕地面积、牲畜、农村人口与户数、劳动力、农田水利等基本情况的年报制度，县人民政府人委办公室开展第一次农业资源勘察工作与统计工作。

是年 执行国家统计局颁发的《国营、地方及公私合营 1952 年总结编制说明》，按 10 种报表进行统计年报。

1953 年

4 月 3 日 中央人民政府政务院发布《为准备普选进行人口调查登记的指示》和《全国人口调查登记办法》指示。

6 月 以 6 月 30 日 24 时为标准时间，开展第一次全国人口普查。经查，域内总户数 35178 户，总人口 160765 人，其中男 81965 人、女 78800 人。

是年 遵照国家、省制发的《私营大型工业企业定期统计报表编制说明》，县工商、税务进行私营企业调查统计。

1954 年

8 月 县人委设计划统计科。全县统计工作由计划统计科全权负责。

是年 县内物价由主管部门开始统计，实行零售物价指数报表制度。

1955 年

是年 县内执行私营商业定期表格报送工作，对私营商业购销在商品流转过程中所占比例进行调查统计，并定期上报。

▲ 物资统计按上级要求，增加废金属收购和结存，废金属调入统计业务。

1956 年

3 月 统计从计划统计科分出，建立统计科。

是年 社会主义改造基本完成后，县内工业企业按国家、省地规定均实行月报、季报、年报制度。

1957 年

是年 随着农村社会主义改造的完成，农业合作社已基本具备填表能力，县内实行农业以社为单位的农业年报制度。

▲ 县内药材部门实行国家统计局、卫生部制发的《中药材统计制度》，实施报表统计。

1958 年

是年 国家统计局提出统计必须为政治服务，为生产服务的号召，瓮安工业统计增加许多种工业类报表，出现以“进度为纲”的统计局面。

▲ 在“大跃进”“人民公社化”大潮中，农业统计报表转向以农业为主，以生产进度为中心，增添农具改革和积肥三日报，秋播进度五日报，人民公社建立情况旬报，造林、牲畜、生猪发展、爱国卫生、土壤改良、公社建立食堂月报。

▲ 县统计局和各商业部门执行省、州商业、供合作社、粮食、医药、新华书店等部门的统计制度。

▲ 统计科被撤销。

1959 年

8 月 恢复县统计科，同年 11 月，撤销统计科。

是年 三年自然灾害开始，按省统计局要求，县统计部门执行《贸易综合统计制度》，定期月报、季报、年度报表计 5 种。

1960 年

是年 受“大跃进”“浮夸风”影响，各种统计、报表数据失真失实。

1961 年

是年 国家统计局针对各地自行滥发报表、乱作统计口径、范围不统一问题提出报表整顿，县内精简繁多的农业、工业生产统计报表，乱象得到控制。

1962 年

是年 县内物价统计增加国营平价、高价、议价和市场商品零售价等报表制度。

▲ 全县开展第一次清产核资统计工作。

1963 年

是年 国务院颁发《统计工作试行条例》，重新明确调整时期统计工作任务，强调要健全统计机构，充实统计人员，统计由计划统计分出，设统计科。

1964 年

6 月 30 日 24 时 全国第二次人口普查在县内展开。经普查，全县计人 195794 人，其中男 100760 人、女 95034 人，少数民族占比 3.37%，不识字或识字少 81111 人。

11 月 将瓮安县统计科更名为瓮安县统计局。

1965 年

是年 按省、州编制，瓮安县农业报表在原基础上减少 10 种，执行省、州新农业综合年报制度。

1966 年

5 月 “文化大革命”开始，统计制度遭到严重冲击，是年底，全县统计工作陷入瘫痪状态。

1967 年

4 月 撤销县统计局，瓮安县革命委员会成立计、统、劳办公室，隶属县革命委员会生产指挥部领导。

1970 年

5 月 国家统计局发出《关于建立统计报表制度的通知》，瓮安统计工作逐渐得到恢复。

1973 年

3 月 重建的瓮安县革命委员会成立计划委员会办公室，内设统计组，其权属并业务由计划委员会办公室管理统辖。

1978 年

12 月 中共中央十一届三中全会召开，宣告结束“文化大革命”。

是年 县内执行工业统计工业划分标准，按 59 个大类，109 个中类，153 个小类实施年报。

▲ 建立农业产量抽样调查队，开展农业农村土地承包后生产、经营一揽子调查。

1980 年

7 月 恢复成立瓮安县统计局，编制 5 人，罗远玉任局长。

9 月 编辑出版 1949—1978 年《瓮安县农业统计历史资料》。

1981 年

1 月 抽选 5 个调查点开展农村经济统计，住户调查专业统计。

1982 年

3 月 县编委以瓮编字〔1982〕2 号文，县统计局行政编制为 5 人。

4 月 统计部门开展职称评定，全县获助理统计师 8 人、统计员 18 人。

7 月 以 7 月 1 日零时为准，县内开展全国第三次人口普查。经查，全县计 65336 户，337977 人。其中，男 174314 人、女 163663 人，少数民族 25 个，计 10857 人。

1983 年

3 月 统计职称评定工作暂停。

▲ 瓮安县农产品成本核算调查获省科技成果一等奖。

7 月 由县统计局牵头，组建商业、粮食、工业、交通、卫生、轻工、农业、供销电视统计人员授课领导小组，开展单科、积分专、本科业务学历提升。

1984 年

1 月 县统计局创办《瓮安统计》期刊。是年，计办刊 11 期。

2 月 县人大、县政府分别以瓮人任字第〔1984〕3 号、瓮人干〔1984〕3 号文任命罗远玉为县统计局局长。

8 月 县农村抽样调查队成立，核定编制 8 人。

12 月 贵州省城市抽样调查队设立瓮安物价调查点，核定编制 2 人，由县统计局代管。

1985 年

3 月 县统计局成立中国统计干部电视函授学院瓮安教学班，时有学员 42 人。

7 月 成立瓮安县第二次全国工业普查领导小组及办公室，分管副县长任领导小组副组长，统计局局长任副组长兼办公室主任。

1986 年

1 月 1 日 瓮安县第二次全国工业普查调查开始。

4 月 州统计局公布 1985 年全州年报评比结果，瓮安农业、工业、商业、基建、劳动工资均为统计合格统计专业。

7 月 经州县批准，县统计局、物价局、农调队共征地 1.925 亩修建职工宿舍。统计局、农调队建房 15 套。

12 月 组织开展全县专业户、旅馆业一次性调查。

1987 年

1 月 遵循国家将商品房建设纳入国家指导性计划规定，相应建立和改进商品房投资、商品房生产进度统计制度。

2 月 学习贯彻《中华人民共和国统计法实施细则》。

6 月 25 日 开展统计法贯彻执行情况检查，至 8 月底结束。

7 月 瓮安被抽样 32 个县（市）、区之一的入户开展 190 人口抽样调查县。对抽中的长岭乡、营定乡、平坝乡、洗马乡进行调查。

8 月 遵行随机抽样原则，乡乡开展粮食产量抽样调查，并以抽样调查推算数代替全面统计数，逐渐汇总作为全县粮食总产量上报。

10 月 20 日 县内 7 区 1 镇，47 个乡（镇）全部配备专业统计人员，改变过去“统计无腿，数据无根”现象。

是月 瓮安发电厂荣获贵州省第二次全国工业普查省级先进单位“银杯奖”称号。

1988 年

5 月 按照中共瓮安县委、县人民政府《关于在全县党政干部中实行选聘制的意见》，统计局开展选聘工作，参聘 9 人，获聘 9 人。

6 月 县统计局开展全县农村富余劳动力离乡离土调查。是月底，再进行全县离乡离土向集镇和其他产业转移调查统计。

8 月 县统计局《关于加强统计网络建设，深化统计改革的报告》获批，使区统计站、乡统计组和县直属部门的综合统计机构及组织建成县统计局网络。

1989 年

1 月 推行农村“一套表”联审制度。执行农村统计年报由农业、林业、水电、乡企、农机局 6 家联审上报的统计制度。

4 月 遵照国务院法制局、国家统计局、监察部联合开展统计法规检查精神，由县政府办、统计局、监察局、农委、经委、商业局、粮食局、供销社、乡企局组织成统计执法领导小组，开展自查、互查、抽查三阶段执法大检查。

▲ 瓮安县农村抽样调查队更名为瓮安县农村社会经济调查队。

8 月 动工修建县统计局职工宿舍。

10 月 完成瓮安县 1949—1989 年《瓮安四十年统计资料汇编》。

是年 贵州省城市抽样调查队瓮安物价调查点更名为贵州省城市社会经济调查队瓮安物价调查点，有编制 4 人。

1990 年

1 月 实施全省统一的农村基层统计“一套表”制度，并全部用微机进行超级汇总。

7 月 以 7 月 1 日零时为准，开展全国第四次人口普查。经普查，全县共住户 85895 户，人口计 383600 人，其中男 199700 人、女 183900 人，少数民族人口 16481 人。

8 月 成立瓮安县交通抽样调查领导小组，对全县非交通民用载货汽车抽样调查。

是年 县人口普查办公室组织 1953—1990 年 4 次人口普查资料汇编，以 40 篇分析文论编撰《瓮安县第四次人口普查资料分析汇编》一书，并于 1991 年 5 月付梓印刷。

1991 年

1 月 按省、州文件规定，对凡计划总投资 5 万元以上的全民所有制基本建设、技术改造项目，其他城镇建设和集体所有制建设项目，实施开工、竣工统计报告制度。

6 月　举行统计员资格考试，参考 52 人，合格 27 人。

9 月　城镇并乡撤区，原有 7 区 1 镇统计站被撤销，相继组建全县 23 个乡（镇）统计站。

12 月　周高祥、胡奇新、王正中、罗远玉等 4 位同志在统计系统连续工作 30 年，国家统计局颁发荣誉证书。

是年　县统计局、县乡镇企业局、县城乡环境保护局联合开展乡镇企业主要污染行业及污染源现状调查。

1992 年

3 月　省统计局、省计生委、省公安厅联合下达《关于认真做好扩大的 1991 年人口变动情况抽样调查工作的通知》，对抽中的尖坡、新华、羊关共 403 户 1897 人进行登记调查，出生率为 22.53%，死亡率为 5.25%，自然增长率 17.3%，符合瓮安人口变动趋势。

▲　成立瓮安县统计局“一五”普法领导小组办公室，由廖启祥任组长，兰胜宇任副组长。

5 月　成立以副县长姜万顺为组长，统计局局长廖启祥为副组长的瓮安县儿童抽样调查工作领导小组，对省抽样中的 7 个调查选区共 350 户开展儿童抽样调查工作。

7 月　县统计局对 1991 年农村集体固定资产投资统计完成情况进行普查，审查核实相关投资统计数据。

11 月　组织全县 23 个乡镇开展秋季作物抽样调查，各乡镇均抽选 10 个村民组作调查样本，以人均水平推算全乡镇总产量。

1993 年

6 月　统计局制定《瓮安县统计局各专业考核办法》《瓮安县统计局考勤办法》《瓮安县统计局差旅费审核报销办法》《瓮安县统计局公费医疗管理办法》，并于 7 月起实施。

▲　县人口普查办公室，柏香、新华、木引槽 3 个乡获省人口普查先进单位称号。

9 月　成立瓮安县第三产业普查协调小组及办公室，副县长刘康德任协调小组组长，统计局副局长鄢安文任协调小组办公室主任。对 1991—1992 年的第三产业状况进行普查。

1994 年

2 月 统计局与县计委合并为计划统计局。

3 月 瓮安煤矿获国务院全国第三次产业普查协调小组授予的全国第三产业普查工作先进基层单位称号。

6 月 县统计局组织学习《中华人民共和国统计法》，召开大会 30 次，参加学习宣传达 8720 人次。

12 月 瓮安县第三产业办公室被评为首次全国第三产业普查综合部门先进单位，受国务院全国第三产业普查协调小组表彰。

1995 年

7 月 成立瓮安县第三次全国工业普查领导小组及办公室，常务副县长杨选华任领导小组组长，统计局局长徐东升任副组长兼办公室主任。

8 月 县人口抽样办公室被评为全国 1995 年全国 1%人口抽样调查先进单位。

10 月 开展“统计检查月”活动，参加检查人数 225 人，检查单位 134 个。

12 月 召开瓮安县第三次全国工业普查培训会议。

1996 年

1 月 1 日 瓮安县第三次全国工业普查正式调查开始。

5 月 成立以副县长张永祥为组长，政府办公室主任、统计局局长为副组长的瓮安县农业普查领导小组。

7 月 成立瓮安县第一次全国基本单位普查工作领导小组及下设办公室，副县长刘晓红任领导小组组长，统计局局长徐东升任领导小组办公室主任。

1997 年

1 月 以 1996 年 12 月 31 日 24 时为标准时点，1996 年 1 月 1 日至 12 月 31 日为标准时期，在全县范围内开展第一次全国农业普查。内容为农村住户家庭成员及从事行业，劳动力流动情况；耕地面积、粮食经济作物和主要农产品；生产资料生产与需求，乡镇企业等。

▲ 以 1996 年 12 月 31 日 24 时为普查时点，进行瓮安县第一次全国基本单位普查，查清全县计法人单位 399 个，其中单产业法人 339 个、多产业法人 60 个，多产业法人单位的产业活动单位 629 个。

4 月 县工业普查办公室被评为第三次贵州省工业普查先进集体。

6 月 成立县统计执法大检查领导小组及办公室，常务副县长杨选华任领导小组组长，统计局局长彭连方任第三副组长兼办公室主任。检查分为宣传动员自查、重点抽查，处理总结三个阶段，至 8 月底结束。

7 月 13 日 召开全县统计执法大检查动员大会，102 个单位 450 人参会。

是月 成立县统计局公务员过渡工作领导小组，开展本单位公务员过渡工作。

1998 年

6 月 瓮安县统计局建立党组，彭连方任首任党组书记。

7 月 成立以副县长刘晓红为组长的统计执法检查组。

▲ 开展全县 80 名统计人员工作培训，经考试，68 人取得统计资格上岗证。

8 月 经县统计执法检察组抽查，共查处统计虚报、瞒报、迟报、拒报等违法案件 8 起，均进行通报并责令限期改正。

1999 年

2 月 县内第一次发布 1993—1998 年科技进步贡献率公报。

5 月 成立以副县长姚中贞为组长的第五次全国人口普查领导小组。

2000 年

1 月 开展规模以下个体工业抽样调查。

5 月 完成《瓮安五十年统计资料》整理、编辑、印刷出版。

11 月 以 11 月 1 日零时为标准时点，开展第五次全国人口普查登记工作。

2001 年

2 月 瓮安统计局被省人事厅、省统计局评为 1997—2000 年全省统计先进集体。

7月 成立瓮安县统计执法大检查领导小组及办公室，对6—8月的自查、抽查、处理总结三个阶段工作进行领导。

9月 成立瓮安县第二次全国基本单位普查领导小组及办公室，副县长刘晓红任领导小组组长，统计局局长彭连方任办公室主任，统计、编委、民政、财政、国税、地税、工商、质监等为领导小组成员单位。

是年 白沙乡人口普查办公室被国务院评为第五次全国人口普查先进集体。

2002年

1月 以2001年12月31日为普查时点，开展第二次全国基本单位普查工作。经普查，全县共有各类法人单位674个。

▲ 彭连方、周建平、王元伦被全国人口普查领导小组评为第五次全国人口普查先进个人。

9月 根据省建设厅、省统计局指示，将房地产开发纳入统计工作。

2003年

6月 执行2003年国家统计局《三次产业划分规定》，1985年制定的《关于三次产业的划分》废止。

7月21日 按国家统计局规定，开展群众安全感调查工作。

12月11日 县统计局对7个单位不按时参加年报相关会议，依法进行立案查处，并作出《统计行政处罚告知书》。

2004年

5月30日 根据国务院、省、州相关经济普查精神，组建以副县长张仁德为组长，政府办主任、统计局局长为副组长的县直9个部门主要领导为成员，瓮安县第一次经济普查领导小组，设办公室于统计局，统计局局长杨胜武兼任办公室主任，全面开展普查工作。

2005年

1月 以2004年12月31日为普查时点，2004年度为调查年度，开展第一次全国经济普查登记工作。

11 月 1 日零时 按国务院办公厅关于 1%人口抽样调查指示开展全县 1%人口抽样调查。调查内容主要为居住地点、环境、住房、设施基本情况和年龄、性别、受教育程度、就业、生育、社会保障等指标。

是月 成立瓮安县第二次全国农业普查领导小组，副县长肖松任组长，统计局副局长聂启香任办公室主任。

是年 瓮安县雍阳经济普查办公室被国务院全国普查办公室评为第一次全国经济普查先进集体。

2006 年

3 月 县经济普查领导小组发布瓮安县第一次经济普查主要数据，并分别发布第一、第二、第三号公报。

5 月 15 日零时 县统计局对省抽的雍阳、珠藏、银盏、木引槽 4 个乡镇的 4 个小区进行第二季度劳动力情况入户调查。

7 月 县统计局周建平、张淞华、杨琼、赵世清、王芳坦获中华人民共和国统计执法检查证。

9 月 成立瓮安县第二次全国农业普查领导小组及办公室，副县长肖松任领导小组组长，统计局副局长聂启香任办公室主任。

10 月 聂启香被国务院抽样调查领导小组评为 2005 年 1%人口抽样调查先进个人。

2007 年

1 月 以 2006 年 12 月 31 日 24 时为普查时点，2006 年度为调查年度，开展第二次全国农业普查工作，对全县 23 个乡镇、247 个村、6 个社区、1 个居委会、2561 个村民组农户进行入户调查登记。

12 月 县统计局建成局域网，实现统计工作网络化。

▲ 撤销瓮安县农村社会经济调查队，设置国家统计局瓮安调查队。

▲ 国家统计局瓮安调查队代管瓮安物价调查点。

2008 年

4 月 20 日零时 历时 60 天，县统计局对各乡镇及工矿区所有非农业低收入家庭住户进行摸底调查。

5 月 成立瓮安县第二次全国经济普查领导小组及办公室，常务副县长尹德俊任领导小组组长，统计局局长杨胜武任办公室主任，开展第二次经济普查。

8 月 24 日 贵州调查总队党组成员、纪检组长杨忠先到瓮安调查队指导工作。

是月 县农业普查办公室及松坪、天文、木引槽、龙塘、玉华、玉山等乡镇被评为省级第二次农业普查先进集体。

▲ 新增农村贫困监测调查、农民工调查。

2009 年

1 月 以 2008 年 12 月 31 日为普查时点，2008 年度为调查年度，开展第二次全国经济普查登记工作。

9 月 完成《瓮安统计资料（1949—2008 年）》编辑出版发行工作。

10 月 组建以常务副县长尹德俊任组长，县政府办、统计局、公安局主要领导任副组长的瓮安县第六次全国人口普查领导小组，统计局副局长张淞华任领导小组办公室主任。

2010 年

1 月 州统计局对 2009 年实施综合考评，瓮安统计局获综合一等奖，单项考核能源获一等奖；财务、法规、核算、设管、基本单位获二等奖；投资建筑、经贸获三等奖。

7 月 县第二次经济普查领导小组办公室、雍阳办事处获国家经济普查领导小组表彰。

11 月 以 11 月 1 日零时为标准时点，开展第六次全国人口普查登记工作。

2011 年

1 月 4—10 日 受县委委托，国家统计局瓮安调查队开展“三个建设年”问卷调查。

是月 撤销原贵州省统计局下属瓮安县物价点，成立瓮安县统计抽样调查中心，为县统计局管理的正科级事业单位，核定编制 4 人，设主任 1 名、副主任 1 名、工作员 2 名。

3 月 21—25 日 完成州委组织部对瓮安 16 个县直机关、14 个事业单位、6 个乡镇《2011 年黔南州领导班子和领导干部履行党建和干部工作职责满意度》民意调查。

5 月 26—27 日 黔南调查队党组成员、副队长蒙建萍一行 4 人到瓮安调查队调查点检查指导农产、住户、规模以下工业等工作。

5 月 27—28 日 黔南调查队党组成员、纪检组长韦贞一行 3 人到瓮安调查队检查指导党风廉政建设。

是月 县统计局建成业务内网，承载省、地、县三级统计系统信息及数据传输、数据处理与交换，形成数据库工作平台。

6 月 8—9 日 瓮安调查队完成省委组织部在瓮安开展的《2011 年生领导班子和领导干部履行党建和干部工作职责满意度》民意调查。

9 月 25 日 瓮安召开贫困乡镇调查启动会。

12 月 瓮安县统计抽样调查中心更名为“瓮安县乡镇统计管理办公室”，仍为县统计局所属的正科级事业单位，有编制 27 人，设主任 1 名、副主任 2 名，23 个乡镇各配备统计员 1 名。

▲ 对规模以上工业企业，限额以上批发零售、住宿餐饮业，资质内建筑业和房地产开发企业实施“一套表”统计制度。

2012 年

1 月 7 日 由政府办、统计局、调查队、农工局、财政局、民宗局 6 个单位对 2011 年贫困乡镇年报进行评估。

是月 成立瓮安县“企业一套表”网上直报统计工作领导小组。领导小组办公室设在统计局，由发改、工信、统计 3 部门抽人办公。

▲ 县内规模以上 41 户工业企业、限额以上 8 户批发零售餐饮企业、资质内 3 户建筑企业和 15 户房地产开发企业实行网上直报统计。

5 月 28—30 日 黔南调查队副队长蒙建萍、纪检组长韦贞及相关科室负责人一行 4 人在瓮安县副县长姚明凤、调查队队长卢万华的陪同下，分别到珠藏镇鹤亭村白果树村民组、牛场坝乡羊鹿村牛角土村民组、猴场镇马场坪村新隆堡村民组进行实地调研，并召开由县委副书记、县长尹德俊，县委常委、常务副县长刘华龙与相关部门参加的城乡一体化改革调研座谈会。

6 月 17 日 国家统计局瓮安调查队队长卢万华代表贵州县级调查队参加全国国家调查队工作会议。

7 月 25 日 黔南调查队党组成员、副队长石青明率队到瓮安开展全国组织工作满意度调查。

是月 开展全县规模以下工业企业的所有制结构、行业结构、产品结构、技术经济结构调整。

11 月 统计局增设统计执法大队，为副科级事业单位，核定编制 3 人。

12 月 20 日 瓮安调查队完成省工（产）业园（区）投资环境调查。

是月 县内开展全县投入产出调查和 GTP 核算统计调查。

2013 年

1 月 17 日 黔南调查队党组书记、队长张智到瓮安调查队指导工作。

1 月 28 日 省统计局农村处处长胡刚率队到瓮安检查外出务工人员在乡创业调查。

3 月 5 日 黔南调查队党组成员、纪检组长韦贞到瓮安调查队指导工作。

3 月 19 日 瓮安县统计局创建小康社会统计监测工作领导小组成立，下设办公室于综合科。

是月 制定瓮安县《关于加强数据管理质量的通知》，下发全县各部门、乡镇、企事业单位，防止数据作假。

4 月 15 日 正安县委副书记余加林、统计局局长袁华一行 6 人组成的考察团到瓮安县实地进行率先小康统计指标体系监测，县统计局局长杨胜武、调查队长队长卢万华、小康办主任瞿远伏陪同考察。

7 月 8 日 瓮安调查队完成“十二五”规划设计指标评估工作。

7 月 15—16 日 贵州调查总队党组成员、副队长唐晓川一行 4 人到瓮安检查基层基础工作，并开展粮食生产大县调研。

7 月 31 日 县人民政府成立瓮安县第三次全国经济普查领导小组及办公室，领导小组成员单位 17 个，办公室设在统计局。

8 月 3 日 瓮安调查队同县国税局、地税局等 13 家单位负责人在县长尹德俊的带领下，到受旱最严重的珠藏镇查看灾情，并向珠藏镇政府捐款 10000 元，用于人畜饮水。

8 月 21 日 州委常委、常务副州长、瓮安县委书记、贵州瓮安经济开发区主任蒋映生到瓮安统计局调研统计工作。

9 月 6 日 黔南调查队党组成员、副队长石青明到瓮安住户调查点调研。

2014 年

1 月 1 日 以 2013 年 12 月 31 日为第三次全国经济普查标准时点，2013 年度为调查年度，进行全县第三次全国经济普查。

1 月 25 日　瓮安调查队召开住户、农户、服务业务培训会。

2 月 11—28 日　瓮安调查队参加全省“消防知识”知晓率电话调查。

4 月 8 日　黔南调查队党组成员、纪检组长韦贞到瓮安调查队指导“党的群众路线教育实践活动”开展工作。

4 月 22 日　黔南调查队党组成员、副队长石青明率队到瓮安开展创业园区支持大众创业情况调查、工业品出厂价格调查、规格品轮换协调等工作，瓮安调查队参与调查协调。

4 月 24 日　贵州调查总队党组成员、副队长刘文华到瓮安调查队指导工作。

8 月 18 日　贵州调查总队机关党委书记魏龙斌到瓮安调查队指导“党的群众路线教育实践活动”民主生活会。

10 月 13 日　黔南调查队党组成员、副队长石青明率队到瓮安调查队调研指导农村住户调查工作。

12 月　国家统计局瓮安调查队新增居民消费价格调查。

是年　以开展“六五”普法工作为契机，制定《瓮安县统计局普法规划》。

2015 年

1 月 4 日　黔南调查队党组书记、队长赵顶平到瓮安检查价格调查前期准备工作，并组织对消费价格调查中的新增采价点开点调查。

1 月 15 日　召开全县固定资产投资统计制度改革试点工作培训会议。

3 月 19 日　贵州省统计局党组成员、纪检组长卓玛才让率队到瓮安统计局就党风廉政建设及基层统计基础工作进行调研，黔南州统计局党组书记、局长吴定伟，党组成员、纪检组长李莉萍陪同调研。

3 月 26 日　州统计局总工程师王余才率队至瓮安对提高统计质量、数据进行指导。

4 月 17 日　黔南调查队党组书记、队长赵顶平率队到瓮安调研创业园区支持大众创业初步调查，瓮安队领导陪同调研。

4 月 22 日　黔南调查队党组成员、副队长石青明率队到瓮安开展创业园区支持大众创业情况调查、工业品出厂价格调查、规格品轮换协调工作，瓮安队参与相关调查与协调。

5 月　召集 1%人口抽样调查培训会，月底对 99 个村级单位所填写的《社区表》进行整理、核查、汇总。6 月，通过统计系统内网，将核查、核对后的《社区表》录入社区报表系统。

7月9日 常务副县长张宗良组织县统计局、调查队、农工局、财政局召开瓮安县城乡居民可支配收入支撑指标数据联席会。

是月 瓮安调查队新增全国月度劳动力调查。

8月31日 黔南调查队党组书记、队长赵顶平到瓮安调查队指导劳动力调查工作。

是年 开展猴场镇那乡村包保户慰问工作，全年累计走访慰问80余次，慰问留守儿童53人、困难户20余户，提供帮扶资金5000余元。

▲ 成立统计局党风廉政建设领导小组，落实“一岗双责”制度。

2016年

1月26日 州统计局党组成员、副局长梅仕忠率检查组到瓮安统计局检查指导工作。

3月8日 贵州省政府副秘书长、省统计局党组书记、局长任湘生率调研组到瓮安调研统计基层基础及投资情况，黔南州人民政府副州长张全毅，黔南州统计局党组书记、局长吴定伟，瓮安县委副书记、县长黄桂林，县委常委、常务副县长张宗良等领导陪同调研。

3月13日 瓮安调查队联合县农工局开展畜禽调查数据质量检查。

3月14日 县委常委、政法委书记黄成到调查队调研全县人民安全感调查工作。

4月11日 成立瓮安县第三次全国农业普查领导小组及办公室，副县长姚明凤任领导小组组长，统计局局长张淞华任副组长兼办公室主任，办公室设在统计局。

是月 开展全县大数据、高新技术、绿色生态、山地高效农业、大健康药业、新兴建材业、文化创意产业、电子商务等新经济活动调查统计。

6月14日 贵州调查总队党组书记、队长钟赛梅到瓮安调查队检查指导工作。

7月13日 瓮安调查队全体干部职工观看《保密警示教育宣传片》，学习《涉密案例通报》《中华人民共和国保密法》和《中华人民共和国保密实施条例》。

7月17日 6月24日开幕的瓮安县“迎州庆”职工篮球赛比赛结束，县统计局组织的男女篮球队中女子队获三等奖。

8月3日 贵州调查总队党组成员、纪检组长廖金昌到瓮安调查队检查指导工作。

8月 瓮安县统计局获黔南州统计系统“第三次全国农业普查”暨“两学一做”学习教育知识竞赛二等奖。

9月21日 县委常委、常务副县长张宗良主持召开瓮安县住户调查样本轮换摸底调查安排部署会。

11 月 1 日　调整瓮安县第三次全国农业普查领导小组及办公室，副县长肖福勇任领导小组组长，统计局局长张淞华仍任副组长兼办公室主任，办公室仍设在统计局。

11 月 5 日　贵州调查总队总统计师王渝到瓮安调查队检查“三农”普查工作。

是月　实施大扶贫战略行动监测。

▲　瓮安县第三次全国农业普查完成 99 个普查小区摸底工作。编制普查小区图 1079 张，涉及农户 93360 户，其中规模农业 752 户、经营单位 619 户。

12 月　县统计局完成扶贫开发领导小组成员单位和各乡镇大扶贫监测相关资料审核，并及时上报。

第一章　统计机构

瓮安开发较早，西汉时置牂牁郡于草塘，晋置万寿县，唐设牂州、建安县。唐末，山西犹氏入住瓮安，宋、元置瓮水长官司，草塘长官司，明初置瓮水，草塘两安抚司。明万历二十八年（1601 年）置瓮安县。

自古以来，郡县制地方均无专职统计机构，中央和地方仅户部与县衙以统计方法计算田亩丁粮，税赋纳贡。直至民国方设统计室。其专门机构始于中华人民共和国。

第一节　机构沿革

自秦设郡县制以来，仅户部、工部、兵部和中央及省级机关设统计专职官员，以计算田亩丁粮、税赋纳贡、军工马粮、修葺河堤、赈济灾荒、赋税等统计核算。县及县以下基层政权均无专职统计机构。

民国初，瓮安县尚无专门统计机构。各项调查统计工作，主要由省统计处根据中央各部所布置命令由下辖各有关部门办理。民国 31 年（1942 年）7 月瓮安县始设统计室，内设主任及科员事务员各 1 名；民国 32 年（1943 年）3 月后，由于紧缩机构，县政府统计室被裁撤，统计业务由秘书室代理。民国 34 年（1945 年）7 月，根据国民政府行政院令规定恢复统计室。

1949 年 12 月 11 日，瓮安解放，接管国民党政府政权。县政府秘书室仍设统计员 2 人，由张贵和、杜润庠负责全县统计工作，各区均配统计员 1 名，行使统计业务。

中华人民共和国成立后，1953 年 1 月政务院颁发《关于充实统计机构，加强统计工作的决定》，各级政府根据指示相应充实和设立统计机构。1954 年 8 月县政府设立计划统计科。1956 年 3 月，从计划统计科分出，建立统计科。1958 年撤销，1959 年 8 月，又恢复统计科，同年 11 月再次撤销，合并于县计委。

1962 年 4 月，中共中央、国务院作出《关于加强统计工作的决定》，在体制上进一步确立了统计的独立地位。1963 年，国务院颁发《统计工作试行条例》（以下简称《条例》），重新明确经济调整时期统计工作任务，强调健全统计机构，充实统计人员，从组织上保证各项统计工作的顺利进行。按照《条例》要求，瓮安县统计机构由计划统计科再次划出，独立设置为统计科。1964 年 11 月更名为统计局。

1966 年 5 月“文化大革命”开始后，全县统计工作逐步陷入瘫痪状态。1967 年 4 月，撤销县统计局等部门，县革命委员会成立计、统、劳办公室，归属县革命委员会生产指挥部领导。1973 年 3 月成立县革命委员会计划委员办公室，内设统计组，其权属并业务由计划委员会。

中共十一届三中全会后，提出把统计工作的重点转移到社会主义现代化建设上来。为适应新时期社会经济发展需要，国家要求建立健全与全国统计任务相适应的各级统计机构，全面恢复和重建统计工作。1980 年 7 月恢复成立瓮安县统计局，行政编制 5 人，独立管理行使全县统计工作职责职权。

1984 年 8 月，按国家统计局指示，建立瓮安农村抽样调查队，作为国家总队下设地方机构，由省队垂直管理，为乡科级事业单位，编制 6 人，经费由省队直接拨付，设专职副队长 1 名，队长由县统计局副局长兼任，县统计局代管。

1984 年 12 月，遵照省统计局指示，建立瓮安物价调查点，作为省城市抽样调队下设的地方调查机构。人、财、物由省队直管，县统计局代管。时编制 2 人，后因调查业务扩大，1989 年增设编制到 4 人，独立开展统计调查工作。1989 年，贵州省城市抽样调查队更名为贵州省城市社会经济调查队后，瓮安物价点更名为贵州省城市社会经济调查队瓮安物价点。县统计局代管瓮安物价点期间，把统计局和物价调查点融为一体，一脉相承，实行统一管理，统一财务，统一调配，统一安排工作。在保证物价调查点正常工作任务的同时，适当安排富余人员承担统计局部分业务工作，工作上力求做到分工合理，共谋发展。2007 年 12 月，国家统计局瓮安调查队成立后，物价点由国家统计局瓮安调查队进行代管，各项业务照常开展。

1985 年 8 月，为提高统计干部专业理论、业务能力，县统计局成立中国统计干部电视函授工作分站。

1989 年 4 月，瓮安县农村抽样调查队更名为瓮安县农村社会经济调查队，编制增至 8 人，规格仍为乡科级参公事业单位。队设专职副队长 1 名，队长仍由县统计局副局长兼任，县统计局代管。

1994 年 2 月 28 日，计划委员会和统计局合并为计划统计局。后接中央和省通知，统计局仍单列，故有文件而未合并。

1998年8月，内设综合股和业务股。2004年8月增设普查中心，编制3人，属股级参公事业单位。

2007年12月，根据国家统计局《关于贵州地区国家统计局县级调查队组建方案的批复》，撤销县农村社会经济调查队，设统计局瓮安调查队，直属国家统计局管理。12月21日，按照国家统计局贵州调查总队《关于设立国家统计局瓮安调查队的通知》，国家统计局瓮安调查队为正科级机构，编制7人，其中队长1名，副队长1名，内设一室二股（办公室、业务一股、业务二股）。2008年5月9日，国家统计局瓮安调查队挂牌成立。

2010年11月，县级机构改革，重新核定批复县统计局内设三个科室（综合科、国民经济综合科、业务统计科），保留统计普查中心。统计局行政编制9人，其中：局长1名，副局长2名、纪检组组长1名。

2011年1月，省统计局将直管的瓮安物价调查点纳入县统计局管理。撤销物价点，建立县抽样调查中心，为正科级事业单位，编制4人，其中：主任1名，副主任1名，工作人员2名。12月，将其更名为乡镇统计管理办公室，编制27人，设主任1名，副主任2名，23个乡镇设专职统计人员各1名。

2012年11月，县统计局增设统计执法大队，隶属统计局副科级事业单位，编制3人，其中：队长1名，工作人员2名。是年12月，瓮安县统计局共有干部职工35名。其中：公务员11人，事业编制人员23人，工勤人员（驾驶员）1人。

2013年11月，县乡镇统计管理办公室缩编为24人。

2015年，按政府办核定编制，统计局机关编制公务员9名，工勤1名，内设科室规定，设局长1名，副局长2名，纪检组组长1名，科长或副科长3名。内设综合科、国民经济综合统计科、业务统计科。事业单位保留瓮安县乡镇统计管理办公室（为正科级事业单位），核编18名，设主任1人，副主任2人；瓮安县统计执法大队（为副科级事业单位），核编4名；瓮安县统计普查中心（为股级事业单位），核编7名。保留三单位计事业编制29名。

2016年，县统计局在职37名，其中公务员9名，工勤1名，乡镇统计管理办公室17名，执法大队3名，统计普查中心7名。

第二节　统计体制

统计体制是机构属性的主要标志，也是行使职责权利的依据。瓮安解放后，1954年

8月，遵照中华人民共和国1953年1月中央政府作出的《关于充实统计机构，加强统计工作的决定》精神，1954年8月，瓮安县人民政府建立计划统计科。

瓮安县人民政府所设计划统计科，确定了统计在政治上隶属政府部门，业务上必须依照政府指令开展工作的政治与工作属性。由此而按照我国计划经济体制，在工作上逐步建立与之相适应，集中统一的统计系统。实施统计系统干部职工由县委组织部统一调进调出；领导干部由县委、政府分别委任党政领导；经费由同级财政统一划拨；基层延伸人员编制、业务开支由统计局申报后统一实施的统一领导，分级负责的统计管理体制。并由下列三部分组成：

政府统计系统由县人民政府统计机构和乡、镇、社区政府的专（兼）职统计人员组成。负责国家规定和当地人民政府布置的各种各类统计任务，并组织领导和协调本行政区的统计工作。

县统计部门受同级人民政府和上级统计部门的双重领导。业务上以上级统计部门领导、指导为主；乡镇、社区人民政府统计人员在业务上受县统计部门领导和指导。

统计系统业务主管部门由县属业务主管部门的统计机构组成。受其上级业务部门统计机构领导。并负责组织管理和协调本部门各职能机构的统计工作，本部门管理范围内企事业单位的统计工作。

接受上级人民政府统计机关的指导，并完成国家统计工作的各项任务。

企事业单位的统计机构或统计人员，其编制为各企业、事业单位内设机构编制中的统计职能机构人员。负责完成上级规定和企事业单位本身要求的各项统计工作。

以上3个统计系统，构成三位一体的统计体系。按隶属权力分工，县人民政府统计部门为全县统计工作领导机关，对全县统计工作实行统一领导，分级负责和管理的体制管理系统。

伴随社会、经济和政治路线的更新和发展，统计管理体系历史上发生过两次较大改变，统计制度、原则曾一度遭到破坏和摒弃。

1958年，开始“人民公社”“大跃进”运动。这一时期，高指标、浮夸风风靡整个经济社会各行各业，统计工作集中统一原则遭到严重破坏，统计数字一度成为官员数字、臆想数字，严重不实。统计原则，统计法规、政策不但削弱并受到干扰和破坏。

“三年困难”时期的严重教训，中共中央于1962年4月4日作出了《关于加强统计工作的决定》（以下简称“决定”），明确“各级统计部门在业务方面受国家统计局的垂直领导，各级统计部门的编制、干部和经费，原则上由国家统计系统统一管理，分级负责；各级统计部门必须严格遵照国家统计局规定的统计任务，统计制度和方法进行工作；统计资料由统计部门直接上报，统计数字应由各单位负责人负责，各级党政部门不许干涉统计资料的直接上报和篡改上报统计数字”。随着中央《决定》的贯彻落实，统计制度、原则得到恢复和发展，并进入正轨。

1966 年 5 月，“文化大革命”开始后，统计业务逐渐处于半瘫痪状态。1967 年 4 月，县统计局被撤销，统计机构人员被调离，相关统计制度、法规、原则再次遭到严重冲击和破坏，统计工作受到历史上最为严重的损伤。

粉碎江青反革命集团后，1979 年 10 月，国务院作出《关于加强统计工作，充实统计机构的决定》，相继又批转国家统计局《关于加强和改革统计工作的报告》，重新建立统计系统，实行统一领导，分级管理体制，使之瓮安统计管理体制得到恢复并建立健全内设机构，充实增加统计人员。

1984 年 1 月 1 日，国家正式公布《中华人民共和国统计法》（以下简称《统计法》），并在全国统一实施。按《统计法》“国家建立统一的统计系统，实行统一领导，分级负责的管理体制。统计机构和统计人员依照本法规定独立行使统计调查、统计报告、统计监督职权不受侵犯。各地方、各部门、各单位的领导人对统计机构和统计人员依照本法和统计制度提供的统计资料，不得修改”的规定，县统计工作纳入法制轨道。依法统计工作受到法律保护。排除任何干扰，真正保障了统计部门独立行使统计职责职能法律所赋予的权利和义务，有效地促进了统计工作的开展。

第三节　统计工作职能职责

一、统计局职责职权

1954 年瓮安县统计科建立，遵照国家、省、地（州）对统计工作职责职能规定，相随不同时期统计法律、法规，正常地行使了 1954 年至 1957 年间国家、省、地（州）三级关于过渡时期“总路线”，对私改造，逐步实现社会主义工业化，人口、土地、农业、手工业、商贸运输、粮食统计及规定的各种报表。1957 年农业初级合作社、高级合作社规定的统计报表职能职责。

1958 年至 1961 年，国家统计局提出统计为政治服务，以“进度为纲”、“大跃进”、人民公社所规定的各种门类、生产进度、大食堂等 3 日报、周报、旬报、月报等职责职能和 1963 年国家规定经济调整时期商业平价、高价、议价与《统计工作暂行条例》规定职责职能。

1966 年 5 月“文化大革命”开始至 1976 年 10 月，县统计局职责职能遭到严重冲击，受到制约。

1981 年，统计局成为县组阁局，按上级规定，职责职权增加工业标准大、中、小 3 类，计 321 个类别，在农业经济体制改革中实行一揽子统计，引进 SNA 国民账户，农、林、水、乡企、农机等“一套表”统计制度。

2010 年，《中华人民共和国统计法》修订颁行，县统计局职能、职责更加细化、缜密，主要为：

研究拟订瓮安统计工作相关规定，统计现代化建设规划和统计调查计划；组织领导和综合协调各乡、镇、社区，各大中型企业，相关管理部门的统计和国民经济核算工作；监督检查统计法律、法规的实施。

建立健全瓮安县国民经济核算体系和统计指标体系。按照全国、全省、全州统一的基本统计制度，制定适合瓮安实际情况的统计报表制度；组织实施国家统计标准；指导部门统计工作；负责全县统计调查项目的管理监督；审核各乡、镇、社区及相关各部门统计调查计划，调查方案。

与相关部门积极配合，协同有关部门组织全县重大国情、国力、县情、县力普查；统一组织协调各乡、镇、社区、部门社会经济调查、汇总，整理全县的基本统计资料；对全县国民经济，科技进步，社会进步等情况进行统计分析，统计预测和统计监督，向县委、县政府及有关部门提供信息和咨询建议。

统一核定、管理、公布全县的基本统计资料，定期向社会公众发布全县国民经济和社会发展情况的统计信息。

建立健全和管理全县统计信息自动化系统和统计数据库体系。组织协调和统一管理全县各部门、乡、镇统计数据网络的基本标准和运行规划。

管理国家统计局和省、州统计局的统计事业费。协助各乡、镇、社区，有关部门对统计站正副站长的管理工作，做好条块统一协调指挥。

受国家或省、州统计局委托，管理国家或省、州在县城内的直属统计，调查机构；组织指导全县统计科学研究，统计干部思想政治教育，业务能力提升教育、培训等。

承办县委、县人民政府交办的其他事项。

二、各科室职责职权

2010 年《中华人民共和国统计法》修订颁行实施。随社会行业、专业分工细化，统计业务大增。县局因事各科室增设，各科室职责职权以政府职能进行规范和基本定格。

综合科

其职责职能是集文书、档案、印信收发、上情下达、下情上报，集思想政治工作，业务管理工作，后勤保障工作的重要科室，主要职责职能是：

1. 负责局机关机构编制，人事管理，劳动工资，目标考核；拟定思想政治工作，全局统计干部业务培训工作；全年全局工作计划，机关党群事务行使方案，计划和监督检查。

2. 负责机关文书、电报、机要文件的起草、保密发送及全局保密工作；做好档案管理、信息传播、政务公开和全局各科室综合协调，督促检查。

3. 负责编制本局财务预、决算，修订和完善财务会计管理制度，后勤保障制度，资金、资产管理、使用制度；并行使有效的监督评估、评价。

4. 完成本局领导和上级主管、分管领导交办的工作。

国民经济综合统计科

国民经济发展综合统计科是统计部门向国家提供经济社会发展最有力、有效的数据支撑，制定经济社会发展最重要依据提供的重要部门，在县级统计部门肩负着重大的职责和极大的职能，主要是：

1. 负责调查、收集、整理全县经济社会综合性数据，分析研究全县宏观经济运行状况和全县经济发展的重大问题；提出宏观经济调控咨询建议。

2. 管理并运用各类统计数据和统计资料，做好综合统计数据库维护管理、使用。并按规定及时发布重要统计数据和相关统计咨询工作。承担对乡、镇、社区党政领导班子工作实绩分析、评价、评估的相关工作，向县委、政府提供参考、可信可行数据，以适时指导工作。

3. 负责组织实施全国国民经济运行、发展的进度，成果核算，按上级对国民经济统计的各项指标，核算全县各种指标的完成状况。并组织相关部门进行全县投入产出调查，编制全县投入、产出、资金流量、资产负债等各种统计调查表格和国民经济账户。以数据把握经济和社会的发展运行。

4. 开展综合经济与资源环境的各种数据核算，整理和提供综合经济与资源环境可靠数据资料，提供在促进经济建设中经济与自然的和谐发展，以数据作支撑考核，考量经济社会发展过程的可持续性，资源利用性。

5. 组织第三产业调查，整理和提供服务行业统计数据；负责组织落实实施国家统计制度和统计标准，承办、审批或备案部门统计调查项目；组织协调统计基层单位业务基础建设；实施国家、省、州专项调查统计活动。

业务统计科

业务统计室是主管业务的重要科室，其主要职能是：

负责本局的业务性文件进行规范、合法性审核，调查指导监督统计执法工作。

承办涉外调查机构资格认定和涉外社会调查项目审批工作，监督管理涉外调查活动；

受理统计行政许可、行政复议、应诉和其他法制性事务。

组织管理全县统计教育培训，统计专业资格考试和审评工作。

组织实施全县农、林、牧、副、渔业统计，农村基本情况和农村住户调查、收集、管理和提供有关调查及相关部门的统计数据；组织实施工业、交通的统计、调查、收集、整理和提供相关调查统计数据；组织实施全社会固定资产投资，建筑业、房地产的统计调查、收集、整理和提供有关调查及统计数据。

承担农业系统调查，组织指导全县第一产业统计工作。

组织实施全县主要耗能行业和重点耗能企业能源使用，节约与资源循环利用状况的统计监测，配合节能主管部门开展节能目标考核。

组织实施对市场批发、零售业、餐饮业和住宿及商品市场运行情况的统计、调查、收集、整理和提供相关调查及相关部门的统计数据；并负责组织全县人口抽样调查，劳动就业调查，工资统计等统计、调查、收集、整理和提供有关调查和相关部门的统计数据。

组织实施社会，科技发展基本情况，环境在社会经济发展中的基本情况的统计调查，与之相关们的数据收集、整理和对上级或同级组织提供；组织指导乡、镇、社区、部门、企事业单位专业统计基础工作。

负责对有关统计数据质量进行检查评估，并开展统计监测和分析。

乡镇统计管理办公室

乡镇统计办公室其职责主要是全面了解农村社区基本情况，从事上级统计部门布置的各种统计任务，在保证质量基础上为各级党政部门提供服务。组织实施上级统计部门和本局负责的统计项目，实施国家统计局和本省调查总队的统计调查项目。

瓮安统计执法大队

其职责是建立地方统计法规及制度，研究统计工作中的重大问题，指导、监督、督查依法承办上级调查项目，受理统计行政许可，查处统计违法案件；负责全县统计组织管理人员培训与专业资格考试和审查工作。

统计普查中心

统计普查中心是落实国家重大国情普查调查在地方统计局设置的重要机构。其职责职能是：

负责为国家重大国情国力普查和大型调查任务的完成提供服务。

组织实施全县人口、经济、农业、工业等普查工作。汇总、整理和提供普查数据；按照国家各项普查制度和方案的要求，组织实施落实各项国情国力和大型调查任务。

组织实施并负责全县各项普查人员的业务培训，并处理好各项普查专业技术性工作。

指导和督促全县各乡、镇、社区、企事业单位普查工作的开展、督促与检查。

第二章　队伍建设与党组织

职工队伍建设一直是瓮安县统计局（科）工作之首，不但纳入整体工作，并作为中心进行打造。为加强职工队伍建设，县统计局坚持发挥党组和党支部的核心堡垒作用。从思想政治，业务能力提升，职工法制理念，依法行政等诸方面根据不同期，分别制定各种规章制度，以提高全局干部政治思想素质和业务能力。对落实、实施国家统计政策，政令收到了一定效果。

第一节　党组织建设

新中国成立后，瓮安县统计局在政府机构设置中，曾多次分合，1980 年 8 月正式建立县统计局党支部；1998 年 6 月，正式组建统计局党组。

1980 年 8 月，统计局党支部正式建立，罗远玉选任为县统计局第一任党支部书记。1984 年 8 月与瓮安县农调队合并为一个支部，时党员发展至 8 名。相随党员队伍的不断扩大，其向心力、凝聚力大增，战斗力逐步增强。

统计局党支部建立后，随着改革开放的大潮，无论在社会主义计划经济向多种经济成分并存；计划经济向商品经济、市场经济转化过程中，始终坚持执行党的路线、方针、政策，正确执行和落实党和政府对统计工作的政策、法规和指示。

县统计局党支部成立之初，正是全国政治上取消阶级斗争，拨乱反正，开展实践是检验真理标准的大讨论，坚持党的“四项基本原则”时期。党支部在改革大潮中，支持、拥护县委、政府的各项改革措施，始终和党中央站在一起，坚持党的思想政治学习制度，发挥党员的先锋模范作用，调动了全局干部职工积极性，连年按时、按质、按量完成统计任务，并在其中吐故纳新，壮大党员队伍。从 1980 年全局仅 3 名党员，发展至 1988 年的 7 名，2005 年为 11 名，2013 年为 22 名，不断壮大党员队伍，充分发挥了战斗堡垒作用。

县统计局党支部建立后，一直把党的政治思想建设放在党组织建设首位，坚持“三会一课”制度，坚持政治学习，业务学习有机结合。1990 年起，按上级和县委指示，集中时间，集中精力，在反对不正之风大潮中开展纠正不正之风大讨论。进一步落实廉洁勤政责任制。把纠正不正之风，提高统计质量作为衡量统计工作尺度；列为干部、职工年度政纪考核内容。从局长到工作人员，一视同仁，从制度上对党组织和党员统计干部加强约束。年复一年，把相继开展统计职业道德教育，遵纪守法教育，廉洁从政教育贯穿党组织建设全过程。并根据统计局干部职工年轻化特点，开展“讲道德，守法纪，学业务，比贡献”竞赛活动，增强统计干部廉政、勤政意识和责任感，推动和开创统计工作新局面。

1991 年，为加强社会主义思想教育，统一组织职工参加全县开展的社会主义思想教育活动。1992 年，党支部把学习中央 2 号文件，邓小平南行重要讲话作为主要内容，进一步解放思想，开展“形势大发展，我们统计怎么办”的大讨论，为统计工作在将来的发展途径，服务方向奠定了思想基础。

1996 年至 1998 年间，在学习“三讲”过程中，局党支部联系统计局实际，相继开展了讲团结，讲纪律，树立形象；讲政治，讲学习，提高素质；讲奉献，讲效率，拼搏争先和学政治，学业务，学微机的“三学”活动。坚持干部年轻化、革命化、知识化、专业化标准贯穿于培养干部、新党员全过程。同时通过定教材、定时间、定进度、定目标等措施，使学习活动开展得扎扎实实，获得了思想政治，业务能力双丰收。1994 年获全国人口抽样调查先进集体，1996 年第三次工业普查，1997 年基本单位普查全国先进集体。

1998 年，县统计局党组建立。为把县统计局建设成一支政治上过硬，业务上精湛，作风上正派的队伍，在总结过去支部抓党建和队伍建设经验基础上，仍然当成战略任务。从领导抓起，从党组、党支部领导抓起，要求并坚持定期组织政治学习，坚持“三会一课”制度，民主生活会议制度，不断提高理论水平，增强端正作风，廉洁奉公，自觉反腐能力；坚持党组领导、党员以身作则，率先垂范，带头执行党的各项政策规定；坚持党员密切联系群众，自觉接受组织监督。大力推行以人为本战略，从思想、作风、业务等方面提高全局职工素质。保障统计工作的高效运行，推动机关工作步入规范化、科学化轨道。是年，荣获国家统计局第一次农业普查先进集体，聂启香、周凤友获国家统计工作表彰。

进入 21 世纪，改革开放的不断深入，统计队伍相继扩大。其间，按县委和上级统计部门指示与总体布置，局党组联系本局实际，相继开展了“保持共产党员先进性教育”活动，“争创文明单位创建”活动。通过学习对照，分析评议，整改提高等阶段的学习，进一步提高了全体党员的思想境界和服务意识，发挥了党员先锋模范作用。

2012年11月，党的十八大胜利召开后，统计局党组始终将学习中共十八大精神贯穿于党员干部学习的始终。把开展反腐倡廉教育与“打老虎，拍苍蝇”反贪污反腐败教育、警示教育融于学习、整顿、提高的全过程，在局党组领导下，按照“照镜子、正衣冠、洗洗澡、治治病”的总要求，深入开展党的群众路线教育实践活动，积极开展“两学一做”学习教育，统计干部队伍的凝聚力、向心力更加增强，营造出了团结和谐的浓厚思想氛围，形成积极进取，努力提高政治思想素质和业务工作水平的奋勇争先局面。

为保障党组思想政治工作有利开展，党组制定相关制度。制度规定：

党组中心理论学习小组，以集体学习党史、党章、党的路线、纲领、方针、政策和有关法律法规；学习时事政治和各级党委政策的重大决策为主要内容，武装思想，增强党组织向心力、凝聚力。

坚持每季度第一周星期五党组成员集中学习制度，特殊情况，根据需要随时增加。

党组集中学习坚持做到党组书记召集，副书记主持。学习内容有安排，时间有保障，学习有笔记，集中学习有记录。

坚持半年一小查，一年一回查制度。并由党组书记作回查小结，总结经验，找出不足等五条党组中心理论学习小组制度。

坚持半年召开一次民主生活会，时间为7月中旬和12中旬。由党组书记召集并主持，各自开展自我总结，对成员存在问题和不足展开批评和自我批评。

坚持党内民主生活会“团结—批评—团结”的方式进行严肃的自我批评和实事求是，客观善意的批评帮助。

坚持做到在民主生活会上会议有记录，成员发言有提纲，会后有小结。

坚持年末回查，并由党组书记进行小结。

坚持党员组织生活会每季度初召开一次，特殊情况适时安排。会议学习内容以党史、党章和党的纲领、路线、方针、政策和重大的时事政治为主要内容，并做到学习有心得。

坚持在党内利用批评和自我批评的武器展开积极的思想斗争，促进思想交流，统一认识，树立正确的世界观、人生观和社会主义核心价值观，发挥党员的先锋模范作用。

坚持党员民主生活会由支部书记召集主持，参会人员为支部全体党员，必要时可邀请入党积极分子参加。

坚持做到组织生活会不能无故缺席；对不积极参加支部组织生活的党员，按党章相关规定进行批评教育，严重的按党章规定进行查处。

坚持做到组织生活会议有记录，年末支部回查，并由支部书记进行总结。

自统计局党支部、党组成立以来，始终坚持党的宗旨不动摇，坚持落实，实施党的大政方针、政策、政府统计法律、法规不动摇。充分发挥党组织坚强堡垒作用，全局共获国家、省、州各种奖牌、奖状、荣誉证书达 19 次，国家相关统计工作表彰 25 人次，省级表彰 17 人次，州级表彰 5 人次。

瓮安县统计局历届党组书记、成员一览表

表 2-1

行政单位名称	职务	任职人姓名	性别	民族	任职时间
县统计局党组	书记	彭连方	男	汉	1998. 6—2001. 12
		杨胜武	男	汉	2001. 12—2014. 11
		周兴富	男	汉	2014. 11—2015. 5
		张淞华	男	汉	2015. 5—
	副书记	周凤友	男	汉	1998. 6—2001. 12
		余乐金	男	汉	2011. 9—
	成员	聂启香	男	汉	1998. 6—2007. 8
		饶文锦	男	汉	1998. 6—2008. 5
		周建平	男	汉	2001. 12—2010. 1
		卢万华	男	汉	2008. 7—2015. 9
		张淞华	男	汉	2010. 1—2015. 5
		郭　娟	女	汉	2011. 9—2013. 7
		王芳坦	男	侗	2011. 9—
		李仕莲	女	汉	2013. 7—
		夏开美	女	汉	2016. 5—

瓮安县统计局历届党支部书记委员名录一览表

表 2-2

行政单位名称	职务	任职人姓名	性别	民族	任职时间
县统计局党支部	书记	罗远玉	男	布依	1980—1990
		廖启祥	男	苗	1991—1992. 12

续表2-2

行政单位名称	职务	任职人姓名	性别	民族	任职时间
县统计局党支部	书记	徐东升	男	汉	1993. 1—1995. 12
		周凤友	男	汉	1996. 1—2001. 12
		周建平	男	汉	2002. 1—2009. 12
		张淞华	男	汉	2010. 1—2011. 12
	组织委员	张开强	男	汉	2002. 1—2007. 12
		王芳坦	男	侗	2010. 1—2011. 12
	宣传委员	杨　彬	男	汉	2002. 1—2007. 12
		张淞华	男	汉	2006. 1—2009. 12
		王芳坦	男	汉	2008. 1—2009. 12
		夏开美	女	汉	2010. 1—2011. 12
	支部书记	郭　娟	女	汉	2012. 1—2013. 7
	组织委员	袁小芬	女	汉	2012. 11—2013. 1
	宣传委员	夏开美	女	汉	2012. 1—2013. 1
	支部书记	李仕莲	女	汉	2013. 1—2016. 7
	组织委员	袁小芬	女	汉	2013. 1—2016. 7
	宣传委员	何永丽	女	汉	2013. 1—2016. 7
	支部书记	夏开美	女	汉	2016. 7—
	副支部书记	肖兴江	男	汉	2016. 7—
	纪检委员	何永丽	女	汉	2016. 7—
	组织委员	杨　明	男	汉	2016. 7—
	宣传委员	王　凤	女	白	2016. 7—

第二节　统计文化建设

1954 年瓮安统计科成立之初，无高中及以上文化程度，最高为初中学历。

面对日趋繁重的工作压力和形势，如何提高统计局干部职工文化素养，提高业务能力成为重中之重。为提高统计干部队伍文化素质，县统计科通过派员学习，短期轮训，自学为主等多种形式提高文化修养，提高业务能力，以适应工作需要。

1954 年 8 月县计划统计科设立，直至 1989 年，统计人员编制均在 5~10 人之间上下波动。从 1957 年反右斗争开始，直至中共十一届三中全会召开的 1978 年年底，统计干部职工业务素质仅保留在能工作，可适应，甚至难适应的程度上。提高统计局干部职工文化业务素质变成空谈。

中共十一届三中全会后，统计工作步入正轨。特别是 1984 年 1 月 1 日颁布实施的《中华人民共和国统计法》，对统计干部政治素养，业务素质提出更高更严格要求。联系工作和业务需求，县统计局于 1985 年 8 月组建中国统计干部电视函授工作分站，对全局职工提出必须达到大专以上文化程度，方能上岗就职的规定。利用电视函授工作平台，全方位学习涉及统计工作的基本学科，打造提升统计业务各方面基本能力。从基础理论入手，学会基本操作方法，力求按上级要求，力求业务操作规范化，数字报表精准化，统计计算方法科学化。努力培养和形成一专多能，成为复合型人才。

县统计局编制，从 1985 年直至 2010 年，统计编制一直在 10~13 人间波动，2011 年增至 18 人。统计局干部职工文化程度曾迎来了飞速发展。2015 年，统计局编制增至 39 人。2016 年，全局 37 人中，其中大专文化程度 6 人，本科学历 26 人，硕士 2 人。较过去统计干部文化程度由初中甚而小学，实现了大幅度全面提升。真正形成一支不但具备良好思想政治素质，并成为一支专业化、规范化，高层次和高水平的统计队伍。

统计干部增加和内设机构增设，对干部文化建设提出新课题。特别是中共十八大后，遵循党中央提出的文化自信，瓮安县统计局联系实际，提出了“加强统计文化建设，形成具有瓮安特色的统计文化理念和统计服务品牌”。紧紧围绕“统计精准，诚信可靠，服务大局”的统计文化核心理念，加强全局职工恪尽职守，诚信守法，数字可靠，服务社会，服务大局的精神理念，争创全州、全省第一流统计工作业绩。吸收外地经验，丰富文化内涵，架构支撑瓮安统计文化的战略构想，创建具有基层统计文化建设的品牌标杆。

品牌目标：守则、诚信、服务瓮安统计

统计文化理念

核心理念：诚信永远，守则永远，服务无限。

目标理念：满足社会需求，争创一流业绩。

精神理念：自强不息，励精图治，追求卓越。

服务理念：为经济社会发展服务是瓮安统计工作第一要务。

质量理念：科学、准确、及时是统计数据的生命。

创新理念：今天突破昨天，明天突破今天。

人才理念：人人都是才，人人都闪亮。

学习理念：事业的需求，人生的乐趣。

作风理念：求真务实，脚踏实地，从我做起。

效率理念：不拖三丢四，今日事今日毕。

团队理念：相互支撑支持，相互关爱关心。

科技理念：信息先锋，科技尖兵。

法治理念：知法守法，尚法护法，依法办事。

廉政理念：恪尽职守，廉洁勤政，克己奉公。

节约理念：浪费奢靡不以量小而为之，简朴节省不以微小而不为。

家庭理念：健康、和谐、关爱、文明。

统计发展方向：反应灵敏化，发布科学化，手段优质化，队伍专业化，管理规范化。

统计工作标准：精准、及时、科学、权威。

统计服务平台：领导决策服务平台；专项调查服务平台；评价服务平台；数据查询服务平台；信息发布服务平台；两会咨询服务平台；内外网站服务平台；宣传服务平台。

统计人员职业道德：忠诚职守，乐于奉献；实事求是，杜绝作假；依法统计，严守秘密；公正透明，服务社会。

统计部门功能定位：党政领导决策管理的“参谋部”，社会公众咨询服务的“信息窗”，统计产品保证的守护神。

统计人员行为规范：

1. 岗位仪表：挂牌上岗，衣着朴素，谈吐尔雅，举止端庄热情。

2. 做到接待“六个第一”，一个起立，一张笑脸，一句问候，一声请坐，一杯茶水，一份满意。

3. 坚持履行职责“四不要”：不要工作在自己的办公室桌上积压延误；不要让办事的人在自己这里受到冷落；不要让差错在自己身上发生；不要让单位形象在自己身上受到损害。

4. 坚持机关电话用语：你好、请讲、对不起、再见、这里是瓮安县统计局……。

5. 坚持文明办公行为：离开办公室关好门窗和电源，节约用水。通话不啰嗦，言简意赅。讲究卫生，保持办公环境宁静整洁。

基本能力要求：组织协调能力，制度设计能力，数据处理能力，调查分析能力，依法监督能力，宣讲表述能力。

统计服务产品：统计资料资源；瓮安县宏观经济数据；瓮安县年度统计数据；瓮安县基本单位名录数据；瓮安县人口普查数据；瓮安县工农业生产投入产出数据；瓮安县

房地产开发；价格调查统计数据；瓮安县城镇居民统计数据；农村人口、耕地调查统计数据；瓮安县企业投资、产出、产值调查统计数据；瓮安县规模以下工业投入、产出调查统计数据；瓮安县规模以上投入、产出、产值调查统计数据；瓮安县按上级各类、各级抽样调查统计数据。

服务载体：新闻媒体，统计部门内外网站，印刷数据各类资料，光盘光碟及软盘，调查咨询，教学网站视频培训轮训。

主要统计种类：统计日报、统计年鉴、统计公报、统计分析、统计信息、瓮安县统计手册、普查公报、普查数据汇编、城乡社会经济调查、瓮安县企业调查、瓮安县抽样调查。

依法行政的统计依据，《中华人民共和国统计法》《中华人民共和国统计法实施细则》《关于统计报表管理的暂行规定》《国家统计局、国家保密局关于国家统计工作中国家秘密及其秘密级具体范围的规定》《统计执法检查规定》《统计从业资格认定办法》《涉外调查管理办法》《部门统计调查管理暂行办法》《国家统计调查证管理办法》《统计调查项目审批管理规定》《全国经济普查条例》《国民经济行业分类代码》《统计违法案件查处工作暂行规定》和贵州省制定的各种法律法规。

第三节　业务能力提升建设

随着国民经济的发展，统计工作在经济社会发展过程中地位更加凸显，机构不断扩大，人员相继增加，专业人才相随业务量及统计业务要求出现严重短缺。瓮安县统计局联系工作实际，把全局干部业务能力提升，业务能力建设摆上议事日程。

一、统计电视函授大学培训

坚持“走出去”，“请进来”，不失时机地参与省、州统计业务工作培训外，县统计局抓住利用现代科技平台，走自学之路，远程电视教学之路这个关键，提高全局职工业务水平。

为解决统计干部有关统计业务的系统学习，瓮安县统计局充分利用国家统计局 1983 年陆续举办的“社会经济学统计原理”“统计学基础知识”等讲座，实施统计专业系统学习，单科逐一突破，积分获取专科以上文凭的途径。同时以单科结业证书作为评定技术职称依据之一。

为保障专本科单科结业，积分修满毕业的实现，1983 年 7 月，县统计局成立由统计局领导为组长，商业、供销、粮食、交通、工业、卫生、轻工、农业等部门各派一名同志参与领导小组。并以文件形式宣传宣讲讲座重要性、实用性。号召具有高中以上文化程度的干部职工参加学习。同时按系统兼职统计人员分组，聘请督导员，组织专职课后辅导。

1983 年 7 月，经努力，全县专兼职报名参加电视讲座学习达 58 人。是月 26 日开课后，按中央电视讲座时间安排，实施每周一、三、五下午 5：30 至 6：30 收看电视，期中、期末考试前集中辅导学习的方法。经半年努力，1984 年 3 月 25 日经全国统考，及格 54 人，及格率达 96.4%，54 名参学人员取得专科单科结业证。

为继续提高统计人员业务水平，特别是涉及部分高等数学相关知识，继国家统计局和中央电视台开设“社会经济统计学原理”后，1984 年 7 月，相继又开设“统计教学基础知识”讲座，组织领导仍以原班人马为主，行使组织、领导、辅导多种职能。按国家统计局简章规定计招生 31 人，其授课学习时间安排与前相同，讲授课时计 80 课时。经 1984 年 12 月 23 日的全国统考，全县参考人 31 人，平均成绩 86.8 分，及格 26 人，及格率 83.9%，达到了办学预期效果。

要达到规模型培养适用型统计人才的目的，1985 年 3 月，国家统计局成立“中国统计干部电视函授学院”，经 1983 年单科成绩电视函授教育的尝试，是年，瓮安县统计局相继组建“中国统计干部电视函授学院”瓮安教学班。并针对课程设置和“哲学”“政治经济学”“高等数学”“计划经济学”“财政与信贷”“会计学原理”“大学语文”“社会经济统计学原理”“经济统计学”和“工业企业管理”“商业企业管理”“工业会计”“商业会计”任选一门的教学大纲，制定学习计划，学习制度讲评办法，落实授课地点，配备教学教材及电视机、录音机等设备，并聘请辅导教师，使之教学有条不紊地开展。

统计局“中国统计干部电视函授学院”瓮安教学班的建立，按统计干部电视函授学院招生简章，瓮安教学班计招生 35 人，由于学时跨度较大，人员调动工作等关系，经 3 年函授单科积分，至 1989 年上半年，坚持学习人数为 26 人，经考试积分，获大专毕业证书 12 人，渐次提高了统计部门人员业务素质。

二、专业培训

把专业培训作为提高业务能力，锻造统计队伍知识化、专业化是瓮安统计局在职工队伍建设中又一做法。

专业培训主要形式是各种类型的培训，而瓮安统计局采用的是办短期培训班和以会代训方式。培训内容主要以统计基础理论知识、统计专业知识、统计法律法规，以及统计新理论、新方法的应用等。参加培训人员主要为县、乡镇政府统计人员和部门、企事业单位统计工作人员及领导干部。

进入 20 世纪 80 年代，县内经常性统计业务培训日趋活跃，并针对统计工作发展，随时注入新内容。随着统计任务增加，统计知识更新和电子计算机等技术普及与应用，县统计专业培训工作与时俱进，主要结合年报及各种专项调查、普查工作进行。

1. 各专业统计年报培训。年报是全面反映某行业一年来生产活动全部成果的完整统计指标体系。且每年均有不同程度的变化，所以每年都结合年报工作，对全县相关部门统计人员进行一次集中培训。其内容主要包括投入产出、企业经济效益、固定资产投资效益、社会总产值与国民收入、抽样调查方法、电子计算机知识、统计分析预测、统计法律法规，以及各统计专业相关指示等。

2. 专项调查培训。为完成国家、省、州部署的重大专题调查任务而进行。培训内容是专项调查指标体系和调查方法。先后进行过私营工商业、个体手工业、大中型企业、乡镇企业、粮食产量、畜牧产品、人口抽样调查、儿童抽样调查、科技开发情况调查等近 10 余次培训。

3. 普查工作培训。为保证按时按质按量地完成国家重大专项普查任务而进行。2000 年前，县级一般负责培训到乡村一级基层调查员。2000 年后，实行层层培训，各级负责各级辖区内调查人员培训。规模较大有人口普查、工业普查、三产普查、农业普查及经济普查等。每次普查对各级调查人员均进行多次培训。

4. 岗位培训。按国家统计局关于开展统计人员专业知识培训工作安排和统计从业资格认证办法相关的规定，按照省、州统计局要求，开展在岗统计人员学习培训。培训对象主要为未经过统计专业知识培训、未取得统计技术职称和统计从业资格证书的基层在职统计人员。

2000 年起开始执行统计岗位人员再培训规定，并执行每两年进行一次的制度。持证人员必须是经培训考试合格，年审通过的统计人员。无证人员经学习考试合格，发给统计从业资格证书。培训内容为统计学原理、专业统计基础知识和统一法律法规等，培训采取集中学习辅导，参加全省统一考试，统一发证形式进行。

三、统计技术职称评定

为充分调动广大统计干部的积极性，瓮安县统计局将认真开展统计技术职称评定作为队伍建设的主要抓手，以鼓励统计干部热爱本职工作，积极钻研业务，提高统计工作的科学水平，使统计工作更好地适应社会主义现代化建设的需要。遵照国家统计局制定的《统计干部技术职称暂行规定》（以下简称《暂行规定》），国务院国发〔1980〕125 号文件《办法》，省人民政府于 1981 年 11 月以黔府〔1981〕163 号文件批转省统计局、省人事局关于贯彻执行国务院《统计干部技术职称暂行规定》意见的通知，遵照上级文件精神，认真按《暂行规定》开展统计技术职称评定工作。

瓮安县统计局按照全州的统一部署，1982 年 4 月启动职评工作，成立由相关部门和人员组成的统计干部技术职称评定工作领导小组。进行思想动员和学历、资历、工作状况调查摸底。同时组织具备条件的统计人员集中学习，撰写业务自传与专业论文。对具备规定学历和免试条件的统计人员，根据其申报职称严格把关，进行初步审查考核评议后，送各级评委会评定。按规定，县评委会意见初步确定后，“师”一级由州报省代评，“助师”一级报州评定，“统计员”由县评定，经过州审核后进行职评公布。

统计职称评定考核阶段，县评委会加强领导，并认真组织，把好技术关，严格坚持《暂行规定》四条标准和要求，按要求确定晋升技术职称人员，以学识水平，业务能力和工作成就为主要依据，并适当考虑学历和资历为其对象。经 8 个月努力，全县参评 36 名统计人员中，评审出助理统计师 9 人，统计员 18 人。

1983 年 9 月，根据国务院通知，职称评定工作暂停。

1986 年 4 月 1 日，根据国务院关于改革职称评定，实行专业技术职务聘任制度的规定，国务院职称改革领导小组以职改字〔1986〕第 57 号文件同意国家统计局制定的《统计专业职务试行条例》和关于《统计专业职务试行条例》的实施意见。按照省、州职称改革领导小组关于职称改革工作部署，县职改工作领导小组批准成立瓮安县统计专业初级职称、职务评审委员会，由相关部门和人员组成并开展县内首次全国统计专业技术职务评审聘任工作。

1987 年 10 月至 1990 年 6 月，经动员学习、组织申报、评审报批四个阶段的努力，全县事业单位、企业单位的统计人员中，初步评审出统计员 8 人，助理统计师 21 人，分别由州、县职改领导小组下文确认。

1991 年起，按国家统计局和人事部规定，统计专业技术职称实行“以考代评”。第一年试考统计员，其考试科目为：“统计学原理”“统计法基础知识”“专业统计”由州统计局组织统一考试。瓮安县参考 32 人，考试合格 18 人。其后，瓮安县统计局于 1992 年再行率队参考助理统计师，经“政治经济学”“统计学原理”“计算机”“会计学基础知识”“专业统计”五门学科考试，参加全州考试 21 人，考试合格 6 人。对专业职务的聘任工作，根据聘任程序由所在单位直接履行专业职务的聘任，并与相应职务的工资档次挂钩。

进入 2000 年后，统计专业技术职称的报考已成常规性工作，每两年进行一次，由县统计局组织报名，省州组织统一考试。由于统计部门重视对统计人员的业务培训和职称报考工作，使全县统计工作者的统计基础理论知识和专业技术水平有了明显提高，较好地完成了各项统计工作任务。

第三章　统计管理

瓮安县统计局成立后，无论机构分合或人事变动，始终把管理作为实现组织意图、上级目标、任务完成及提高工作人员修养，实现统计人员自我价值的重要工作来抓、来管。经多年实践，取得了较好成果。

第一节　统计人员管理

统计部门设立以来，为使统计人员的管理与统计机构体制相适应，各级政府统计机构为同级政府的部门之一，其工作人员属所在地党委和政府管理。各行业部门和企业事业单位统计人员，则由其主管业务部门和企、事业单位管理。自 1962 年 4 月国务院颁发《关于加强统计工作的决定》后，1963 年 5 月，国家统计局又下发《国家统计系统干部管理工作几项暂行规定》，瓮安县委、政府积极响应国务院和国家统计局的决定，实行县统计局在业务方面受国家、省、州统计局垂直领导，在党务工作、行政工作方面受当地同级党委、政府领导。政府部门统计干部管理按“双重领导，以系统为主”的办法进行。20 世纪 80 年代，省州组织部和统计局联合下达相关文件，规定调动州、县统计局主要领导须征求上级统计系统党组意见后，报党委批准，并将审批结果抄送上级统计部门党组。1984 年 2 月，国家计委、劳动人事部、财政部、国家统计局联合通知规定：县级国家城市，农村调查队的队长和专职副队长按程序应由省统计局考察、研究并征得县委组织部同意后，由省统计局任命，队长应配备正科级干部，副队长应配备副科级担任。按国家、省、州统计部有关规定调查队人员受调查队和县统计局双重领导。业务以上级调查队领导为主，人事由同级人事局管理。县成立的其他统计系统，企事业单位的干部和工作人员，由县委和县人民政府管理。

自统计局成立开始，瓮安县统计局严格按国家、省、州、县作出的规定，认真履行对乡、镇、社区、企事业单位统计人员，所设机构调查人员的管理工作。

1985 年 12 月，在“文化大革命”与其后期县统计局隶属县计委辖治单列为政府部门之一的统计局后，其干部职称、职务配置，管理岗位配置，事业业务岗位配置，一律按省、州、县规定执行，一律由县委、县人民政府管理。县级统计局长调动、任免由县委组织部征求州统计局党组意见后，报县委批准，并将审批结果报送州统计局党组。而县统计局内设科室主任或科长、副主任、副科长按干部任免考核、公示、测评，正式下文进行。进入 21 世纪后，根据事业单位实施聘用制规定，按规定对新招事业单位统计人员实施聘用制的管理方法。

1954—2016 年瓮安县县级统计机构工作人员一览表

表 3-1

姓名	性别	民族	统计工作起止时间
吴学芳	男	汉	1954. 8—1956. 3
杜润庠	男	汉	1954—1968
黄利生	男	汉	1954—1955
秦茂云	男	汉	1955—1957
徐少奎	男	汉	1955
蒲思荣	男	汉	1956. 3—1958. 7
程晓玲	男	汉	1956—1957
罗远玉	男	布依	1956. 4—1991. 6
陈尧忠	男	汉	1957
冯旺志	男	汉	1957—1961. 5
黄志莲	女	汉	1958—1961
犹林禄	男	汉	1958. 7—1962. 10
熊祥辉	男	汉	1959—1963
郑继贤	男	汉	1960. 4—1970. 5
高清泉	男	汉	1962. 10—1965. 5
田松茂	男	汉	1962. 10—1972. 7
胡克玉	女	汉	1962—1983. 10
于浩泉	男	汉	1964. 11—1967. 3
胡玉珠	女	汉	1970—1985. 5

续表3-1

姓名	性别	民族	统计工作起止时间
范克生	男	汉	1970—1972
胡　芸	女	汉	1970
范爱萍	女	汉	1970—1979
李志光	男	汉	1971—1981. 9
罗祥安	男	汉	1973. 3—1979. 10
于浩泉	男	汉	1973. 3—1980. 6
陆军令	男	汉	1975
李成培	男	汉	1979. 10—1980. 6
刘大慷	男	汉	1981. 5—1991. 3
鄢安文	男	汉	1981. 9—1993. 10
周建平	男	汉	1981. 9—
兰胜宇	男	汉	1982. 9—1985. 4
赵克生	男	汉	1983. 6—1992. 7
朱元贵	男	汉	1983. 9—1991. 10
赵世清	男	汉	1983. 9—2011. 1
杨　琼	女	汉	1984. 9—2016. 5
刘康华	女	汉	1984. 12—2011. 1
廖启祥	男	苗	1990. 6—1992. 12
杨　彬	男	汉	1990. 9—2008. 5
王祖明	男	汉	1992. 7—2001. 12
张开强	男	汉	1992. 12—
徐东升	男	汉	1993. 10—1997. 7
梁光辉	男	汉	1993. 12—1997. 4
聂应中	男	汉	1995. 10—1997. 6
周凤友	男	汉	1996. 7—2001. 12
聂启香	男	汉	1996. 7—2007. 9
彭连方	男	汉	1997. 5—2001. 12
张淞华	男	汉	1997. 9—
谢祥恩	男	汉	1997. 9—2002. 5
王芳坦	男	侗	1999. 9—
陈长河	男	汉	1999. 9—2001. 7

续表3-1

姓名	性别	民族	统计工作起止时间
杨胜武	男	汉	2001. 12—2014. 11
郭　明	男	汉	2002. 4—
李　群	女	汉	2004. 10—
庞　燕	女	汉	2005. 5—
杨　霞	女	汉	2005. 5—
夏开美	女	汉	2009. 2—2013. 11 2016. 5—
梁光平	女	汉	2011. 1—
袁小芬	女	汉	2011. 1—
周玉华	男	汉	2011. 1—
孙晓贤	男	汉	2011. 1—
向宇仙	女	土家	2011. 3—
余乐金	男	汉	2011. 9—
郭　娟	女	汉	2011. 9—2013. 7
邓　芸	女	汉	2011. 4—
金芳鑫	男	汉	2012. 7—2013. 7
肖兴江	男	汉	2012. 8—
刘　辉	男	汉	2012. 8—
王　凤	女	白	2012. 8—
杨　明	男	苗	2012. 8—
唐良杰	女	汉	2012. 8—
汪元洪	男	汉	2012. 8—
周小训	女	汉	2012. 8—
王华念	男	汉	2012. 8—
保鹏云	男	汉	2012. 8—
安朝科	男	汉	2012. 8—2015. 3
盛远峰	男	汉	2012. 8—2014. 1
张兴欣	女	汉	2012. 8—2013. 12
余　静	女	汉	2012. 10—

续表3-1

姓名	性别	民族	统计工作起止时间
邓　毅	女	汉	2012. 10—
何永丽	女	汉	2012. 11—
杨　梅	女	汉	2013. 1—
李仕莲	女	汉	2013. 7—
黄智勇	男	汉	2013. 10—
苏贤凤	女	汉	2013. 12—
蒋国荣	女	汉	2013. 12—
郑阳举	男	土家	2013. 12—
牛黔梅	女	土家	2014. 8—
周兴富	男	汉	2014. 11—2015. 5
方崇高	男	汉	2016. 1—
张　静	男	汉	2016. 10—

1984—2011 年瓮安县历任统计局物价调查点工作人员一览表

表 3-2

姓名	性别	族别	统计工作时间
孙晓贤	男	汉	1984. 12—2011. 1
周玉华	男	汉	1985. 9—2011. 1
万青平	男	汉	1989. 3—1998. 7
彭道宣	男	汉	1991. 8—1998. 6

2016 年 12 月 31 日瓮安县统计局机关在编人员一览表

表 3-3

<table>
<tr><th>姓名</th><th>职务</th><th>性别</th><th>民族</th><th>出生年月</th><th>籍贯</th><th>文化程度</th><th>参加工作时间</th><th>入党时间</th><th>任现职时间</th><th>级别</th></tr>
<tr><td>张淞华</td><td>统计局党组书记、局长</td><td>男</td><td>汉</td><td>1973. 10</td><td>贵州瓮安</td><td>在职本科</td><td>1997. 9</td><td>2005. 9</td><td>2015. 6</td><td>正科</td></tr>
<tr><td rowspan="2">余乐金</td><td rowspan="2">统计局党组副书记、瓮安县乡镇统计管理办公室主任</td><td rowspan="2">男</td><td rowspan="2">汉</td><td rowspan="2">1963. 12</td><td rowspan="2">贵州瓮安</td><td rowspan="2">在职本科</td><td rowspan="2">1981. 10</td><td rowspan="2">1984. 12</td><td>2011. 9</td><td rowspan="2">正科</td></tr>
<tr><td>2011. 12</td></tr>
</table>

续表3-3

姓名	职务	性别	民族	出生年月	籍贯	文化程度	参加工作时间	入党时间	任现职时间	级别
李仕莲	统计局党组成员纪检组长	女	汉	1976.4	贵州瓮安	在职本科	1999.5	2002.3	2013.7	副科
王芳坦	统计局党组成员副局长	男	侗	1976.7	贵州黎平	本科	1999.9	2003.12	2011.9	副科
夏开美	统计局党组成员副局长	女	汉	1986.6	贵州瓮安	本科	2006.7	2008.12	2016.6	副科
周建平	副主任科员	男	汉	1958.6	贵州瓮安	在职大专	1977.8	1994.8	2001.12	副科
张开强	副主任科员	男	汉	1957.12	贵州瓮安	中专	1975.8	1998.1	1993.1	副科
梁光平	国民经济核算统计科科长	男	汉	1970.12	贵州瓮安	在职大专	1990.8	—	2011.3	科员
袁小芬	科员	女	汉	1968.12	贵州瓮安	在职大专	1990.7	2004.1	2011.3	科员
郭　明	机关工勤人员	男	汉	1962.12	贵州瓮安	初中	1980.1	—	1998.9	—

瓮安县统计局2016年12月31日事业单位在编人员一览表

表3-4

姓名	职务	性别	民族	出生年月	籍贯	文化程度	参加工作时间	入党时间	任现职时间
余　静	瓮安县乡镇统计管理办公室副主任	女	汉	1981.9	贵州遵义	本科	2006.8	—	2013.12
周玉华	瓮安县乡镇统计管理办公室工作人员	男	汉	1965.2	贵州瓮安	在职大专	1984.1	—	2011.12
孙晓贤	瓮安县乡镇统计管理办公室工作人员	男	汉	1965.2	贵州瓮安	在职大专	1984.9	—	2011.12
邓　芸	瓮安县乡镇统计管理办公室工作人员	女	汉	1982.4	贵州瓮安	在职本科	2005.8	—	2011.12
唐良杰	瓮安县乡镇统计管理办公室工作人员	女	汉	1987.6	贵州开阳	本科	2012.8	2010.11	2012.8
汪元洪	瓮安县乡镇统计管理办公室工作人员	男	汉	1983.12	贵州瓮安	本科	2012.8	—	2012.8
肖兴江	瓮安县乡镇统计管理办公室工作人员	男	汉	1985.8	贵州瓮安	本科	2012.8	2009.12	2012.8
朱小训	瓮安县乡镇统计管理办公室工作人员	女	汉	1987.5	贵州瓮安	本科	2011.8	2010.10	2012.8

续表3-4

姓名	职务	性别	民族	出生年月	籍贯	文化程度	参加工作时间	入党时间	任现职时间
王华念	瓮安县乡镇统计管理办公室工作人员	男	汉	1984. 7	贵州福泉	本科	2012. 8	—	2012. 8
保鹏云	瓮安县乡镇统计管理办公室工作人员	男	汉	1989. 6	云南曲靖	本科	2012. 8	2011. 11	2012. 8
刘　辉	瓮安县乡镇统计管理办公室工作人员	男	汉	1986. 7	贵州瓮安	本科	2011. 8	2009. 5	2012. 8
黄智勇	统计局乡镇统计管理办公室工作人员	男	汉	1979. 10	贵州瓮安	在职本科	1998. 8	2005. 7	2013. 11
郑阳举	统计局乡镇统计管理办公室工作人员	男	土家	1987. 12	贵州江口	本科	2011. 7	2010. 6	2013. 12
苏贤凤	瓮安县乡镇统计管理办公室工作人员	女	汉	1989. 10	贵州瓮安	本科	2013. 12	—	2013. 12
蒋国荣	瓮安县乡镇统计管理办公室工作人员	女	汉	1988. 11	贵州瓮安	本科	2013. 12	—	2013. 12
牛黔梅	瓮安县乡镇统计管理办公室工作人员	女	土家	1987. 6	贵州江口	硕士	2014. 10	2009. 12	2014. 8
张　静	瓮安县乡镇统计管理办公室工作人员	男	汉	1991. 11	贵州瓮安	本科	2016. 10	—	2016. 10
杨　梅	瓮安县统计执法大队工作人员	女	汉	1982. 12	贵州瓮安	本科	2011. 8	2015. 11	2013. 1
杨　明	瓮安县统计执法大队工作人员	男	苗	1984. 11	贵州凯里	在职硕士	2009. 8	2015. 11	2012. 8
方崇高	瓮安县统计执法大队工作人员	男	汉	1972. 3	贵州瓮安	中专	1994. 12	—	—
李　群	瓮安县统计局普查中心主任	女	汉	1974. 10	贵州瓮安	在职本科	1997. 9	—	2009. 3
杨　霞	瓮安县统计局普查中心工作人员	女	水	1977. 8	贵州荔波	在职本科	1997. 9	—	2005. 5
庞　燕	瓮安县统计局普查中心工作人员	女	汉	1972. 12	贵州瓮安	在职本科	1990. 8	2006. 3	2005. 5
邓　毅	瓮安县统计局普查中心工作人员	女	汉	1978. 6	贵州瓮安	本科	1996. 8	2002. 2	2012. 10
何永丽	瓮安县统计局普查中心工作人员	女	汉	1987. 4	贵州瓮安	本科	2011. 10	2010. 3	2012. 11
王　凤	瓮安县统计局普查中心工作人员	女	白	1990. 5	贵州盘县	本科	2012. 8	2010. 10	2012. 8

续表3-4

姓名	职务	性别	民族	出生年月	籍贯	文化程度	参加工作时间	入党时间	任现职时间
向宇仙	瓮安县统计局普查中心工作人员	女	土家	1969.8	贵州瓮安	在职大专	1989.1	—	2011.3

第二节　统计机关工作制度管理

瓮安县统计局组建后，随经济社会发展，业务量增大，人员逐年增加，统计局党支部、党组充分认识到在坚持思想政治工作前提下，必须加强各种制度建设，坚持制度管理一切事务，转变作风，提高效率，树立统计新形象。

1992 年 5 月，统计局制定了共 14 条内容的《瓮安县统计局机关工作制度》。制度内容涵 3 条学习内容，8 条工作内容，3 条公文处理。

1993 年，统计局按省、州主管部门要求，又重新建立奖惩分明，提高统计数据质量，按时按质完成统计任务为主要内容的《瓮安县统计局各专业考核办法》；《瓮安县统计局考勤办法》；《瓮安县统计局差旅费审核报销办法》；《瓮安县统计局公费医疗管理办法》，并于 1993 年 7 月 1 日起施行。

进入 21 世纪，瓮安县统计局在过去规章制度基础上，联系实际，又制定施行计算机管理、工作管理为主要内容的《瓮安县统计局工作管理规定》。

1998 年 6 月，局党组成立，6 月 30 日通过了党组理论中心小组学习、党组民生活、党员组织生活、干部职工学习与基层统计人员培训、非党员干部专门会议、党组民主决策及议事、政务公开、统计执法检查、干部考勤考核、调查研究与扶贫联系、计算机管理、保密信访咨询、计划生育及治安管理、民主评议领导干部、财务管理、公车使用、来客接待等 17 个内容的《瓮安县统计局管理制度》。

2012 年 2 月 28 日，统计局制定了“车辆派遣，车辆日常管理，车辆维修保养，车辆经费使用”的《瓮安县统计局公车管理制度》。

2016 年 3 月 1 日，研究执行不得违背组织决定、决议，做到令行禁止；上班中午不饮酒；严禁出入会所、歌舞厅娱乐场所；工作时间严禁干私活、打牌、炒股、网上聊天；严禁公车私用，公款旅游；不准吃、拿、卡、要；未经批准，不得擅自以单位名义下发文件；严格执行会议纪律要求；严明组织纪律，做到办事前有请示，办事后有回音，件件有着落；严格上下班制度；请销假制度；岗位责任制等《瓮安县统计局工作纪律制度》。同时研究执行含 8 条相关接待的《瓮安县统计局公务接待管理规定》。

为有效落实《中国共产党党内监督条例（试行）》和《瓮安县党委（党组）落实“三重一大”集体决策制度的指导意见》，将 2013 年《瓮安县统计局“三重一大”制度》规定的集体讨论决策大额资金使用 5000 元从 2016 年 3 月 1 日起调整为 10000 元。重大事项决策；重要干部任免；重要项目安排和议事决策程序等内容继续保留。是月还制定了“要求从八个方面报告”的《统计局党组履行党风廉政建设主体责任报告制度》

2016 年 7 月，根据国家公务用车制度改革及《瓮安县机关公务用车制度改革实施方案》，制定《瓮安县统计局公车使用范围和管理办法》

是年，统计局党组织再行制定了以“召开民主生活会时间；参加民主生活会人员；召开民主生活会内容；民主生活遵循原则；民主生活会基本程序；民主生活会情况报告”等 6 个方面为主要内容的《统计局干部民主生活会制度》。

管理出成果，管理出效益。瓮安县统计局长期不懈的努力，获得上级和社会公认、公证。

瓮安县统计局 1993—2016 年受奖一览表

表 3-5

表彰时间	表彰部门	表彰形式	被表彰对象及奖励称号
1993 年 12 月	州人民政府	荣誉证书	瓮安县统计局在瓮安县人口增长与经济发展对策分析成果工作中荣获一九九三年年度黔南州科技进步四等奖
1994 年 12 月	国务院全国第三产业普查协调小组	奖牌	瓮安县第三产业普查办公室在首次全国第三产业普查工作中被评为国家级综合部门第三产业普查先进单位
1996 年 8 月	全国人口抽样调查办公室	奖牌	瓮安县人口抽样调查办公室在一九九五年全国 1%人口抽样调查工作中被评为全国 1%人口抽样调查先进集体
1997 年 1 月	贵州省第三次工业普查领导小组	奖牌	瓮安县第三次工业普查办公室被评为贵州省第三次工业普查先进单位
1997 年 8 月	全国基本单位普查办公室	奖牌	瓮安县第一次全国基本单位普查办公室被评为第一次全国基本单位普查先进集体
1998 年 10 月	全国农业普查办公室中华人民共和国国家统计局	奖牌	瓮安县第一次全国农业普查办公室被评为第一次全国农业普查先进集体

续表3-5

表彰时间	表彰部门	表彰形式	被表彰对象及奖励称号
2001 年 2 月	贵州省人事厅贵州省统计局	奖牌	瓮安县统计局被评为 1997—2000 年度全省统计系统先进集体
2001 年 9 月	贵州省第五次人口普查领导小组	奖杯	瓮安县第五次人口普查办公室被评为贵州省第五次人口普查先进集体
2001 年 12 月	中华人民共和国国家统计局	荣誉证书	瓮安县统计局荣获 2001 年全国统计执法大检查先进单位
2002 年 12 月	贵州省第二次基本单位普查领导小组	奖牌	瓮安县第二次基本单位普查办公室被评为贵州省第二次基本单位普查先进集体
2005 年 7 月	贵州省第一次经济普查领导小组	奖牌	瓮安县第一次经济普查办公室被评为贵州省第一次经济普查先进集体
2008 年 4 月	贵州省农业普查领导小组办公室贵州省统计局	奖牌	瓮安县第二次全国农业普查办公室被评为第二次全国农业普查先进集体
2009 年 12 月	国务院全国经济普查领导小组	奖牌	瓮安县第二次全国经济普查办公室被评为第二次全国经济普查先进集体
2010 年 3 月	黔南州统计局	荣誉证书	瓮安县统计局荣获 2009 年全州统计工作综合目标考核一等奖
2010 年 5 月	黔南州统计局 国家统计局黔南调查队	荣誉证书	瓮安县统计局荣获黔南州统计系统第一届职工暨人普杯运动会团体奖第二名
2010 年 7 月	黔南州第二次经济普查领导小组	荣誉证书	瓮安县统计局被评为黔南州第二次全国经济普查先进集体
2011 年 3 月	黔南州统计局	荣誉证书	瓮安县统计局荣获 2010 年全州统计工作绩效考核一等奖
2011 年 4 月	贵州省统计局	荣誉证书	瓮安县统计局被评为全省统计系统“五五”普法先进单位
2011 年 12 月	贵州省第六次人口普查领导小组	奖牌	瓮安县第六次人口普查办公室被评为贵州省第六次人口普查先进集体
2015 年 2 月	黔南州第三次经济普查领导小组	奖牌	瓮安县第三次全国经济普查被评为黔南州先进集体
2016 年 7 月	瓮安县总工会 瓮安县文化旅游局	奖牌	瓮安县统计局女子队获瓮安县“迎州庆”职工篮球运动会三等奖
2016 年 8 月	黔南州统计局	奖牌	瓮安县统计局获黔南州统计系统“第三次全国农业普查”暨“两学一做”学习教育知识竞赛二等奖

第四章　国民经济核算与统计项目

国民经济统计是统计部门的重要业务。中华人民共和国成立后，1952 年至 1957 年中央提出并制定第一个五年计划。实施社会主义过渡时期总路线，国内各生产领域的生产形式、方式和结构发生深刻变化。按贵州省人民政府相继出台统计工作的相关规定，瓮安开始建立与上级精神相符合的简单统计指标体系。

1958—1960 年，由于人民公社化运动的深入，国家和省统计部门虽然在工业、农业、交通运输、商业等专业统计中建立统计报表制度。但由于“大跃进”“浮夸风”的严重盛行，各行业统计报表求实统计遭到破坏，统计数据严重失真，统计报表失去意义。

1966 年“文化大革命”开始，统计工作遭受严重冲击，县域只对工业、农业、商业等少数专业统计保留少数报表。

1978 年中共十一届三中全会后，随着国民经济的恢复和发展，计划经济体制逐步向市场经济体制过渡，统计工作得到全面恢复。国家统计局相继制定和完善了各层次统计报表制度，根据贵州省和黔南州实际情况，在县一级也初步建立起国民经济统计核算的基本框架。

1980 年，遵照省州精神，瓮安统计局与之同步建立了工业、交通运输、农业、商业、劳动工资等 6 方面统计制度。随 1985 年全国统计工作的召开，国家统计局对国民经济和社会统计指标体系进行重要改革，相对增加经济效益和社会方面的指标。

20 世纪 90 年代后，随各项经济体制改革政策的落实，国民经济得到持续发展，统计报表制度也随之改革并逐步深化，国家开始实行新的国民经济核算体系，改变了过去统计报表体系设置重生产轻流通，重积累轻消费，重规模轻效益，重实物轻价格的基本架构和模式。

进入 21 世纪，伴随经济体制改革的深入发展，瓮安县统计局紧跟国务院对统计报表体系不断的改革，国家、省州统计报表制度的健全，使统计报表更进一步适应国民经济发展的需要，走上适应于、服务于社会主义市场经济体制的轨道。

第一节　国民经济核算体系

中华人民共和国成立后，1954—1984 年，瓮安县统计局对县内国民经济核算体系和全国一样，源于前苏联及东欧国家国民经济体系（MDS）。通过计算国民经济的生产和使用来反映国民收入的初次分配，以及消费和积累的比例关系。这种统计的各项指标和实行高度计划经济管理体系相适应。随着社会进步，特别是全国经济体制的改革及对外开放形势的发展，原统计部门统计指标体系越来越不适应计划经济，特别是与市场经济相结合的新的经济体制运行和发展。1984 年，国务院在《关于加强统计工作的决定》中提出建立统一科学的国民经济核算制度，要求在继续实行 MDS 体系的同时，逐步引进国民账户体系（SNA）。1985 年，按照省、州的部署，瓮安境内开始国内生产总值（GTP）的核算工作，同时保留 MPS 体系中的国民经济核算。1993 年，瓮安县统计局根据上级指示开始编制相关投入产出表，遵依国家统计局部署，瓮安县取消 MPS 体系，全面采用 SNA 体系。2002 年，瓮安县统计局建立非公有制经济核算制度，2003 年，瓮安县统计局实施“中国国民经济核算体系（2002）”。

瓮安统计局关于国民经济核算体系自 1984 年国务院《关于加强统计工作的决定》后，根据国务院提出建立科学统一的国民经济核算制度的要求，在继续实施 MPS 体系的同时，逐步引进国民账户体系 SNA。国民经济核算既要考虑计划指令为主导方向所需要的指标体系，又要兼顾市场调节为辅的所需要数据资料，以适应经济体制发展变化过程。

20 世纪 90 年代初期，中共十四大确定了社会主义市场经济体制的改革目标，国家统计局会同国家计划委员会、财政部、人民银行等有关部门共同制发《中国国民经济核算体系（施行方案）1992 年》，并付诸实施。较好地解决从计划经济向市场经济转换时期的核算问题。该方案采纳 SNA 基本核算原则，内容和方法。该方法由社会再生产核算表和经济环境账户两大部分组成，其中社会再生产核算表包括基本表和补充表两部分；基本表包括“国内生产总值及其使用表”“投入产出表”“资金流量表”“国际收支平衡表和资产负债表”。其中除“资金流量表”由收入分配部分和金融两部分两表组成外，其他基本表均由 1 表而成。补充表包括：“人口平衡表”“劳动力平衡表”“自然资源表”“主要商品资源与使用平衡表”“企业部门产出表”“企业部门投入表”“财政信贷平衡表”“综合价格指数表”。经济循环账户由国民经济账户（仅为经济总体设置的账户）、机构部门账户、产业部门综合账户和经济短陈四部分组成，并要求从 1992 年开始编报。是年

8月，国务院发出《关于实施新国民经济核算体系方案的通知》，要求在全国分两步实施这一体系，争取在1995年实现新体系的全面过渡。

1993年，相随经济体制在改革开放中的转变，经济分析部门和管理部门逐步放弃了过去MPS体系的有关指标，转而采用SNA体系有指标研究经济发展状况，制定经济及政策。随全国形势发展，瓮安县国民经济核算工作取消MPS体系，采用SNA基本框架的原则与方法。并按省、州指示指令，初步建立新国民经济核算体系。并确定了推行新国民经济核算体系的总体目标和实施步骤与办法。初步按上级规定建立起瓮安县国民经济核算体系的基本构架，逐步实现了向新国民经济核算体系的全面过渡。

2002年12月，国家统计局、国家发展计划委员会、国家经济贸易委员会、财政部、中华人民银行、国家外汇管理局、国家税务总局、国家工商管理总局等8个部门联合发出《关于实施〈中国国民经济核算体系（2002）〉的通知》，要求从2003年开始逐步实施。中国国民经济核算体系（2002）取消了MPS核算内容，理清了基本概念，调整了基本框架，补充了核算内容，修改和细化了有关表式的指标设置。基本上与新的国际标准相衔接。新方案由基本核算表、国民经济账户和附属表3部分构成。其中，基本核算表包括“国内生产总指标”“国际收支表”和“投入产出表”“资金流量表”“资产负债表”；国民经济账户包括经济总体账户，国内机构部门账户和国外部门账户；附属表包括“自然投资资源实物量核算表”和“人口资源与人力资本实物量核算表”。

第二节　国民收入核算与国内生产总值核算

为有效把握、观摩分析全社会物质生产领域生产、创造财富的情况。1954年，贵州省统计局根据国家统计局制定的《国民收入计算草案》，开始国民收入的计算。1960年后，省根据历年来国民收入的统计整理，初步计算出相关年代社会生产总值、国民收入，积累和消费等资料。自中共十一届三中全会后，瓮安县统计局按省州指示，开始国民收入的相关统计工作。

为适应改革开放大形势，随经济体制的改革深入，按国家、省州统计部门指示，国民收入统计范围也相应扩大。自1984年起，县统计局根据《国民收入统计报表制度》的要求，开始收集、编报国民收入统计表。主要报表由：“社会总产值和国民收入生产、消费和积累平衡表”（按当年价计算）“社会总产值和国民收入综合表”（按当年价格和1980年不变价计算）“国民收入消费表”（按当年价计算）“居民消费水平”（按当年价格和1980年不变价计算）。上述报表中的1980年不变价格，从1991年起改为1990年不变价格。1993年，在统计方法制度改革中，国民收入核算工作被取消。

1985年，瓮安县国内生产总值实行（GDP）核算。

是年，国家统计局正式建立国民生产总值统计指标体系，县内根据国家统计局《国民生产总值方案》精神安排，以国民收入和其他有关历史资料为基础，初步计算出1952年至1984年各年度的国民生产总值，并分别列出第一产业、第二产业和第三产业增加数据。其时，国民生产及经济核算的核心指标以MPS的国民收入指标为主，而国内生产总值仅为附属指标，用以补充反映非物质服务业生产活动成果的不足。

1989年，国家统计局对1985年制定的国内生产总值年报制度，指标解释和计算方法进行修订。在生产领域基础上，进一步扩大核算范围，开始进行国内生产总值使用扩大范围核算方法。并在年报制度中增加按支出法计算国内生产总值的试算表式。瓮安县统计按国家统计局统计制度的要求，开始按支出法计算国内生产总值，使国内生产总值在国民经济核算中的地位得到巩固和加强。随着国内生产总值各种指标的建立，瓮安县统计局按省州要求制定了国内生产总值计算表，每表按国民经济行业进行分类，并将发至各乡、镇和企事业相关单位，使国内生产总值核算逐步走上正轨。

1992年，《中国国民经济核算体系（试行方案）》要求，对国内生产总值的资料来源和计算方法作进一步细化，以国内生产总值为主，国民收入降到附属地位。1993年，根据国家统计局规定，正式取消国民收入统计报表制度，国内生产总值成为国民经济核算的核心指标。1994年，国家统计局建立国内生产总值支出法统计年报制度，对国内生产总值核算的产业部门分类进行调整和细化。瓮安县统计局根据国民收入和已有历史资料，核算出1951年至1984年国内生产总值。同年，按上级指示，对1991年、1992年的第三产业进行普查，运用普查的历史资料，对改革开放的1978年至1993年国内生产总值进行较为系统的修正性调整。

随着对国内生产总值核算指标的不断规划和调整，计算表也相随核算制度的变化不断健全和完善，形成共16张表的国内生产总值计算制度。并分别按照国内生产总值的三种计算方法对国民经济各行业增加值的计算依据和资料来源进行分组。

按中央和省、州指示，瓮安统计局在国民经济核算统计中，国内生产总值核算制度作了相关的修订。将“按支出计算的国内生产总值表”改为“按支出法计算的地区生产总值”；“按行业划分的资本形成总额表”中的行业分类，按“国民经济行业进行分类”进行调整；在“最终消费表”中，将“住房及水电消费”改为“房租水电煤气消费”和“自有住房服务消费”两项指标；对“农村居民生活消费表”和“城镇居民消费表”两表的消费项目分类，根据各自住户调查中的消费项目进行调整。其间，为进一步加强瓮安县GDP数据质量评估，成立了相应的组织机构和检查机构，以保证全县 GDP 数据的真实可靠。

1949—2016 年瓮安县国民经济主要指标（国内生产总值及指数）

表 4-1　　单位：万元

年份	国内生产总值	第一产业	第二产业	第三产业
1949	1333	1192	18	123
1950	1532	1354	24	154
1951	1865	1579	40	246
1952	1993	1594	56	343
1953	2314	1832	63	419
1954	2552	1997	72	483
1955	2939	2323	85	531
1956	3399	2585	122	692
1957	3528	2684	146	698
1958	3943	2771	244	928
1959	3623	2126	312	1185
1960	3505	1962	315	1228
1961	2956	1944	153	859
1962	2866	1886	119	861
1963	2589	1473	114	1002
1964	3027	1822	88	1117
1965	3524	2178	141	1205
1966	3851	2502	229	1120
1967	3921	2471	180	1270
1968	3327	2232	166	929
1969	3404	2146	143	1115
1970	4147	2629	256	1262
1971	5185	3372	320	1493
1972	5509	3408	412	1689
1973	6882	4654	405	1823
1974	6979	4563	522	1894
1975	7124	4394	575	2155
1976	7276	4359	950	1967
1977	9065	5864	1248	1953
1978	10354	7219	1199	1936
1979	10073	7136	1042	1895
1980	9317	6731	947	1639
1981	11329	8318	1027	1984

续表4-1

年份	国内生产总值	第一产业	第二产业	第三产业
1982	11567	7954	1468	2145
1983	11638	7926	2142	1570
1984	14103	9989	2506	1608
1985	12972	8970	2545	1457
1986	17958	11269	3216	3473
1987	20652	12959	3699	3994
1988	24989	16026	4263	4700
1989	29129	19564	4552	5013
1990	30156	19324	5500	5332
1991	38656	25947	6483	6226
1992	38524	25304	5996	7224
1993	42892	26437	7931	8524
1994	62922	42775	9524	10623
1995	72927	44016	15393	13518
1996	83810	44379	21193	18238
1997	99906	46218	29403	24285
1998	109817	47285	36120	26412
1999	112492	47489	37204	27799
2000	114699	47979	37493	29281
2001	104175	47009	25608	32558
2002	105854	39956	31182	34716
2003	120729	47469	35736	37542
2004	139918	55313	41430	43175
2005	162122	58149	53252	50721
2006	183273	62915	63928	56430
2007	239381	70481	76504	72396
2008	269568	80594	99951	89023
2009	337938	73211	130870	133857
2010	400236	84420	167314	157502
2011	496573	87173	215507	193893
2012	605714	112101	257715	235898
2013	703675	128215	285296	290164
2014	868544	174658	327682	366204
2015	971900	183800	363500	424600
2016	1150900	229300	401000	520600

第三节　资产负债核算与统计项目内容

20 世纪 90 年代中期，瓮安县统计局根据国务院关于实现国民经济核算体系全面过渡的部署，按省、州指示，先后走过全国统一的国民资产负债核算制度和《资产负债表试编方案》，编制了瓮安县 1996—2003 年的资产负债表。资产负债表的基本表示包括“资产负债综合表”“金融机构部门资产负债表”“非金融部门资产负债表”“政府部门资产负债表”“住户部门资产负债表”“资产负债表”为主栏的资产负债表项目。并按照使用特征及其性质，分为非金融资产、国内金融资产与负债，国外金融资产与负债，储备资产和资产负债差额等类别。每一大类又包含若干子项目。宾栏为核算主体，即从事经营活动的部门和经济总体。每一部门下设资产、金融使用和来源，即资产方和负债方。

虽瓮安县统计局将资产负债核算纳入工作议事日程，但在全县核算中，特别是金融资产负债及其资料不易取得，造成核算中存在严重数据不全，造成估算成分加大，机构与部门间不平衡状况。进入 21 世纪，资产负债表仅核算实物资产部门，即非金融部门，停止并不再核算金融资产及其负债。

统计项目及内容

统计项目及其统计内容是瓮安统计局的主要业务。按国务院、国家统计局、省、州统计部门精神，其各专业统计项目计 11 个方面。同时界定瓮安县相关区、社、乡、镇、街道等统计范围。

一、统计报表范围

瓮安统计报表的统计范围，从地域上为县辖行政区域。根据各时期行政区划变动而有所不同，解放初期的统计范围是 4 区，有 4 镇 7 乡。1950 年年底为 5 区，有 4 镇 10 乡。1952 年为 7 区 1 镇，有 2 镇 52 乡（含 1 个区级镇）。1953 年年底为 7 区，有 2 镇 79 乡。1957 年为 6 个区，1 个区级镇，有 49 个乡，1 个乡级镇。1961 年年底为 7 区，有 33 个公社。1963 年为 7 区，有 48 个公社。1984 年为 7 区，有 2 镇 46 乡。1987 年年底为 7 个区，1 个区级镇，有 46 个乡，1 个乡级镇。1991 年为 8 镇 15 乡。2000 年为 9 镇 14 乡。2012 年为 2 个街道办事处、10 镇 9 乡。2013 年的统计范围为 2 个街道办事处、10 镇 1 乡。

地域变化有：1958 年 12 月福泉县并入瓮安县，1961 年 8 月恢复福泉县建制后，福泉县划出瓮安县管辖范围。

瓮安县统计报表的统计范围，在调查对象上，主要包括辖区内的所有区、镇、乡、村、街道、社区、国有农林场，所有行政事业单位、国有企业和私营企业单位，在县内的中央和省属单位及企业，以及个体经营户。

二、工业及能耗统计

工业及能耗统计主要是统计工业生产和工业经济效益及能源消耗情况。统计内容有：全部工业企业单位数和人员数，全部工业总产值和净产值，规模工业企业总产值和净产值；法人单位基本情况，产业活动单位基本情况；工业企业科技项目情况，工业企业科技活动及相关情况；信息化情况，财务状况，工业企业成本费用；主要工业产品产量，主要耗能工业企业单位产品能源消耗情况，主要工业产品销售与库存；工业企业生产经营及景气状况，能源购进、消费与库存，能源生产、销售与库存，煤炭销售去向等。

三、农村经济统计

主要为搜集整理农、林、牧、渔业生产以及农村经济等方面的统计资料。主要内容有：农村基层组织，农村劳动力情况，耕地面积，农作物播种面积和产量，农业生产情况，畜牧业生产，林业生产，蚕茧、茶叶和水果、食用坚果生产，渔业生产，农业机械、用电、化肥、水利，农业总产值和净产值、农村社会总产值。

四、商业贸易统计

主要搜集整理限额以上县及县以下商业批发、零售额、餐饮、旅馆服务业、集市贸易等方面的统计资料。统计内容有：社会消费品零售额，批发和零售业购进、销售与库存，信息化。财务统计为；法人单位和产业活动单位基本情况，从业人员及工资总额；批发和零售业连锁经营，批发和零售业连锁门店及配送中心分布，亿元以上商品交易市场成交情况；住宿和餐饮业经营；重要商品购进、销售和库存，重点服务业财务状况。

五、固定资产投资和建筑业统计

主要搜集整理全社会固定资产投资、房地产和建筑业等方面的统计资料。统计内容有：全社会固定资产投资，基本建设，房地产开发；更新改造投资完成，新增固定资产；房屋施工面积和竣工面积，房地产开发投资完成；房地产开发资金、土地、销售；保障性安居工程，建筑业生产完成，建筑业财务状况。

六、劳动工资统计

主要搜集全县职工人数、劳动报酬等方面的统计资料。统计内容有：全部职工人数与工资总额，全部职工增减变动，国有、集体、其他单位从业人员和工资情况。

七、基本单位统计

主要搜集全县基本统计单位的变动情况。统计内容有：基本统计单位情况表、基本统计单位增减变动情况表。

八、人民生活统计

主要搜集、整理城镇和农村居民家庭生活调查资料。统计内容有：城镇住户基本情况，主要商品消费量，耐用消品拥有量，城镇居民家庭现金收支，收存现金，城市住户家庭居住情况。农村住户调查基本情况，农村住户家庭总收支及人均纯收入，农村住户耐用消费品拥有量等情况。

九、交通邮电通信统计

主要统计公路运输部门的客运量、货运量以及邮电、电信业务。统计内容有：交通运输客运量、货运量、货物周转量，地方交通工具年末拥有量。邮电和电信业务总量等。

十、财政金融统计

主要统计地方财政收支、银行信贷、保险业务等。统计内容有：财务收支基本情况，城乡居民储蓄存款，现金收支执行，信贷计划执行，保险业务基本情况，全县工商税收，企业所得税、增值税等。

十一、文教卫生统计

主要为统计文化、教育、卫生、体育事业。统计内容有：文化事业机构、人员基本情况，教育事业、广播电视、卫生事业基本情况。

十二、人口与计划生育统计

主要统计总人口、出生、死亡人口、人口自然增长率、计划生育基本情况。统计内容有：全县总人口，出生人口，死亡人口，人口自然增长率，人口变动，计划生育和节育措施等。

十三、综合核算和社会统计

主要统计县内生产总值、城乡划分、社会综合指标和国民经济主要综合指标等内容。包括行政区划、地理位置、土地面积、人口、计生、社保、民政、公安、司法等统计指标。

第五章　国家统计局瓮安调查队

国家统计局各调查队既是政府统计调查机构，也是统计执法机构，依法独立行使统计调查、统计监督职权，独立向国家统计局上报调查结果，并对上报的调查资料的真实性负责。同时，承担地方政府委托的各项统计调查任务。

第一节　机构及职能职责

机构沿革：1984 年 8 月，成立瓮安县农村抽样调查队，1989 年 4 月，更名为瓮安县农村社会经济调查队，2007 年 12 月，撤销瓮安县农村社会经济调查队，组建国家统计局瓮安调查队。

机构设置：根据黔调字〔2007〕127 号文件规定，国家统计局瓮安调查队为正科级参公事业单位，编制 7 人，领导职数设一正一副。下设办公室、业务一股、业务二股 3 个职能机构。

职能职责：根据经济社会发展变化各个时期工作需要，调查机构职能职责相继变化。

1984 **年农村抽样调查队主要职责**：

一、农村住户抽样调查。

二、农业产量抽样调查。

1989 **农村社会经济调查队主要职责**：

一、农村住户抽样调查。按全国农村住户调查方案和省实施细则组织调查，按方案要求提供农民家庭经济调查资料，反映农民生产、收入、分配。积累和消费以及社会生产生活情况。

二、农产量抽样调查。按国家农产量抽样调查方案和省实施细则组织调查。按规定提供农产量抽样调查数据，定期反应农业生产情况和问题。

三、农村经济基本情况调查。按全国农村经济基本情况抽样调查方案组织调查。根据国家研究制定政策编制计划等方面的需要，组织一次性专题调查。指导不属县抽中乡的农产量调查、农村住户调查和农村经济基本情况调查工作。

1997 农村社会经济调查队主要职责：

一、贯彻执行国家统计局制定的全国统一调查方法制度，组织实施农村住户、农产量、农村社会经济基本情况等调查方案。

二、准确、及时、系统地搜集、整理和编印农村社会经济统一调查资料。

三、开展对农村社会经济问题的分析研究，向各级党政领导和社会公众提供统一调查资料和信息。

四、完成地方政府交办的其他统计调查和分析研究工作。

2007 年国家统计局县级调查队职能职责：

（一）完成国家统计局布置的各项统计调查任务；

（二）接受地方政府交办的有关调查任务；

（三）完成上级调查队交办的地方调查任务；

（四）协助地方统计局完成重大国情国力普查任务；

（五）组织指导地方调查队的业务工作；

（六）负责查处调查队组织实施的统计调查中发生的统计违法行为；

（七）完成国家统计局和上级调查队交办的其他事项。

2011 年修订后的国家统计局县级调查队职能职责：

一、完成国家统计局布置的各项统计调查任务；

二、完成省委、省政府交办的有关调查任务；

三、贵州调查总队和省统计局交办的各项调查任务；

四、协助当地统计局完成重大国情国力普查任务；

五、负责组织实施本区域内经济社会发展专项统计调查，进行统计分析，以及数据质量检查和评估工作；

六、负责查处本区域内调查队组织实施的统计调查中发生的统计违法行为；

七、完成地方政府交办的各项任务。

第二节　党群工作

一、党支部

2001 年 3 月，瓮安县农村社会经济调查队党支部成立，隶属瓮安县统计局党组。2007 年 12 月，更名为国家统计局瓮安调查队党支部，隶属瓮安县统计局党组。

支部成立初期，有 3 名党员，党支部书记由饶文锦担任。2007 年 12 月，党支部更名并换届选举，饶文锦连任第二届党支部书记，时党员 6 名。2008 年 8 月换届，杨继松当选第三届党支部书记，时党员 4 名。2014 年 5 月换届，卢万华当选第四届党支部书记，张雪、陈开平为支部委员，党员 7 名。2015 年 5 月，卢万华调出，陈伟担任党支部书记，党员 7 名。2016 年 8 月换届，许克祥当选第五届党支部书记，陈伟当选党支部副书记，张雪、陈开平、黄群为支部委员，党员 8 名。

支部一贯履行党章所赋予基层组织建设的各项工作义务，始终注重党的宗旨教育，纪律教育，廉洁自律教育，充分发挥党支部堡垒作用和党员先锋模范作用。坚持学《党章》《党规》，做合格党员。

1999 年，党员在全队积极开展“讲学习，讲政治，讲正气”的“三讲”活动。争创上级满意，群众认可的农调队，以优异成绩迎接新中国成立 50 周年和澳门回归。

2000 年，全队党员坚持“三讲”为重点，全面加强农调队队伍建设。围绕“三讲”三个主题，坚持理论联系实际，端正党风，剖析党性。讲党性不讲关系，讲原则不讲面子，并制定措施，巩固成果，荣获 2000 年度省农调系统二等奖。

2001 年 3 月，党支部成立后，随即扎实开展“三个代表”重要思想教育，集中时间，集中精力，深入学习“三个代表”重要思想，对照检查，整改提高。端正为谁调查，为谁统计，为谁服务的思想和工作作风。

2002 年，以“三个代表”重要思想为指导，以江泽民“五·一三”讲话为重点，扎实开展纪律作风教育整顿，加强爱岗敬业教育。在开展纪律作风教育中重点查找本单位、本部门及个人执行统计调查法规过程中，在纪律作风方面存在的突出问题。针对问题进行整改，并开展回头看。经教育整顿，增强了服务意识，大局意识。

2003 年，认真学习贯彻十六大精神，开展集中教育和整顿，加强政治学习和理论培训、岗位培训，不断提高政治业务素质。

2004 年，深入学习中共十六大和十六届三中全会精神，坚持做到学习政治，学习业务两不误。发挥党员的先锋模范作用，开展争先创优，党员示范活动。保障了国家、省农村社会经济调查各项工作的顺利进行。

2005 年，支部坚持政治思想工作领先，深入开展“四好班子”“五好班子”活动。以建立“学习型，健康型”农调队为目标，切实加强农调队队伍建设，不断提高全队干部职工政治素质和专业业务素质。

2006 年至 2007 年，以学习胡锦涛总书记提出的科学发展观为主题主线。不断加强学习《中华人民共和国统计法》《中华人民共和国统计法实施细则》，加强法制意识，掀起科学发展观学习高潮，整顿作风，整顿纪律，建立健全各种制度，把思想政治工作和制度建设结合起来，塑造一支政治可靠，业务精湛的农村社会经济调查队。

2008 年，继续开展科学发展观为主题教育的各种活动。

2009 年，以学习科学发展观为主题，联系瓮安实际，以如何发挥党支部堡垒作用为主线，以纯洁党性、警示教育和执政、行政理念教育；开展学习、工作、生活作风整顿，收到了良好效果。

2011 年，支部以学习胡锦涛科学发展观为思想指导，认真落实省、州、县委相关政策和党建精神。3 月，组织全队干部职工集体观看中共十七届中纪委六次会议光盘录像。4 月，集中学习《中国共产党党员领导干部廉洁从政若干准则》52 个不准。接受红色教育，重温入党誓词。6 月，联谊建中镇凤凰村党支部召开双向组织生活会，庆祝建党 90 周年。7 月分别到“遵义会议”会址，娄山关红军战斗遗址，“黎平会议”会址学习长征精神，接受传统教育和精神洗礼。

2012 年，中共十八大胜利召开后，调查队党支部始终把学习十八大精神，十八届三中、四中、五中、六中全会精神贯穿支部建设，增强宗旨意识，党的执政意识，教育全体党员干部树立正确的人生观、世界观、价值观。

2013 年 9 月，与珠藏镇新华村党总支签订共建共驻协议书，开展“三亮三比”活动，牢固树立立党为公，执政为民意识。

2014 年 3 月 25 日上午，在总队第二督导组指导下，召开了黔南州调查系统党的群众路线教育实践活动动员大会。3 月 28 日，瓮安调查队党支部召开党的群众路线教育实践活动动员部署会。5 月 5 日，瓮安调查队党员干部到黔南调查队参加了黔南调查系统群众路线教育实践活动集中学习活动。5 月 19 日上午，瓮安调查队党员干部到黔南调查队听取了黔南州委党校经济学教研部主任、副教授杨盛琴同志“坚持群众观点　贯彻群众路线”的讲座。3—10 月，瓮安调查队党支部紧扣环节，集中学习与个人自学相结合，开门纳谏、认真梳理，确保教育实践活动落到实处。扎实推进学习活动深入开展。

2015 年，根据“三严三实”专题教育活动安排部署，瓮安调查队党支部紧扣“三严三实”主题，围绕“严以修身、严以用权、严以律己，谋事要实、创业要实、做人要实”要求，认真抓好学习、广泛征求意见、深入查找不严不实问题。一是坚持强学习提能力。二是坚持守纪律讲规矩。三是坚持勤履职敢担当。四是坚持筑防线守底线。以实际行动维护党纪政纪的权威性和严肃性。自觉奋发向上、努力作为、发扬党的优良传统和作风，树立勤政廉政的党员领导干部形象。

2016 年 12 月 31 日，瓮安调查队党支部认真开展学党章党规、学系列讲话、做合格党员“两学一做”学习教育活动。召开了两次党员大会，六次支部委员会。领导干部上了三次党课。同时，进行了支部换届选举，认真清理了失联党员和口袋党员，要求党员按时、足额缴纳党费。带领党员重温入党誓词、谈入党心路历程、学习先进人物先进事迹，进一步加强政治理论学习，增强党性修养。坚定正确政治方向，改进工作作风，深化服务理念，增强工作实效。

2016 年 12 月 31 日瓮安调查队党支部党员一览表

表 5-1

姓名	性别	籍贯	出生年月日	民族	文化程度	入党时间	党内职务	行政职务
许克祥	男	贵州瓮安	1975. 9. 20	汉	本科	2004. 5	党支部书记	队长
陈　伟	男	贵州黔西	1985. 7. 21	汉	本学	2007. 3	党支部副书记	副队长
张　雪	女	贵州开阳	1988. 11. 11	汉	本科	2006. 12	纪检委员	业务一股股长
陈开平	男	贵州瓮安	1977. 11. 8	汉	本科	2010. 12	组织委员	办公室主任
黄　群	女	贵州开阳	1983. 2. 25	汉	大专	2010. 7	宣传委员	住户办负责人
杨继松	男	贵州瓮安	1964. 11. 13	汉	大专	1998. 8	—	—
张学智	男	贵州瓮安	1963. 8. 2	汉	大专	2001. 1	—	—
徐芙蓉	女	贵州瓮安	1963. 2. 1	汉	大专	2004. 5	—	—

二、工会组织

2016 年 1 月 26 日，国家统计局瓮安调查队向瓮安县总工会申请成立瓮安调查队工会委员会。总工会批复同意成立。时入会会员 14 人。同月召开工会大会，陈伟任工会主席，陈开平任工会副主席，费明祥任组织委员，张雪任经审委员，杨中静任女工委员，洪志文任宣传委员。

国家统计局瓮安调查队工会委员会认真执行党的路线、方针、政策、国家法律、法规、条例以及工会工作有关规定，组织和教育职工依法行使民主权利，发挥主人翁作用，发动和组织职工完成工作任务，组织职工参加民主管理和民主监督。2016 年 8 月，组织职工到贵阳香纸沟开展了“激情无限　励志同达”工会活动。2016 年 12 月，对困难党员、困难职工家属进行了慰问。2014—2016 年，组织职工参加县总工会主办的徒步活动，红歌比赛等活动。

第三节　干部任用及职工队伍

领导任用

2007 年 12 月前，科（局）级领导干部由瓮安县人民政府、瓮安县人事劳动局任免。之后，由国家统计局贵州调查总队任免。1984—2016 年，共任命科（局）级实职领导干部 8 名。

1984—2016 年实职领导任职名录

表 5-2　（按首任职务时间先后为序）

姓名	性别	民族	任职机构	职务	任职时间
鄢安文	男	汉	瓮安县农村抽样调查队	队长	1984. 8—1987. 11
					1988. 12—1989. 4
			瓮安县农村社会经济调查队		1989. 4—1991. 4
兰胜宇	男	汉	瓮安县农村抽样调查队	副队长	1984. 8—1989. 4
			瓮安县农村社会经济调查队	副队长	1989. 4—1991. 4
				副队长（主持工作）	1991. 4—1998. 5
何明发	男	汉	瓮安县农村抽样调查队	队长	1987. 11—1988. 12
饶文锦	女	汉	瓮安县农村社会经济调查队	副队长（主持工作）	1998. 5—2005. 9
			瓮安县农村社会经济调查队	主任科员（留职主持全面工作）	2005. 9—2007. 12
			国家统计局瓮安调查队		2007. 12—2008. 1

续表5-2

姓名	性别	民族	任职机构	职务	任职时间
卢万华	男	汉	国家统计局瓮安调查队	队长	2008.1—2015.9
杨继松	男	汉	国家统计局瓮安调查队	副队长	2009.11—2014.7
陈　伟	男	汉	国家统计局瓮安调查队	副队长（2015年9月至2016年1月主持工作	2015.5—
许克祥	男	汉	国家统计局瓮安调查队	队长	2016.1—

股级干部任用

1984—2016年股级干部名录

表5-3　（按首任职务时间先后为序）

姓名	性别	民族	任职股室	职务	任职时间
张学智	男	汉	办公室	办公室主任	2008.5—2015.5
杨继松	男	汉	业务一股	股长	2008.5—2009.11
徐芙蓉	女	汉	业务二股	股长	2008.5—2014.10
费明祥	男	汉	业务一股	股长	2009.12—2016.7
陈开平	男	汉	办公室	办公室主任	2016.7—
张　雪	女	汉	业务一股	股长	2016.7—

职工队伍

1984年，瓮安县农村抽样调查队工作人员5人。

1989年，瓮安县农村社会经济调查队工作人员8人。

2008年，国家统计局瓮安调查队工作人员7人。

2016年6月，国家统计局瓮安调查队共有工作人员14人（在职在编7人，小康办支援人员1人，派遣人员6人）。

1984—2016工作人员基本情况表

表5-4　（按入队时间先后为序）

姓名	性别	民族	政治面貌	进队时间	离队时间
鄢安文	男	汉	中共党员	1984年8月	1991年4月
兰胜宇	男	汉	中共党员	1984年8月	1998年5月

续表5-4

姓名	性别	民族	政治面貌	进队时间	离队时间
杨继松	男	汉	中共党员	1984 年 9 月	2014 年 9 月
胡德高	男	汉	—	1984 年 9 月	1990 年 4 月
张学智	男	汉	中共党员	1984 年 12 月	2015 年 5 月
蔡承明	男	汉	—	1985 年 6 月	1988 年 3 月
田应喜	男	汉	—	1985 年 6 月	1991 年 11 月
何明发	男	汉	—	1987 年 11 月	1988 年 12 月
蒋天英	女	汉	—	1988 年 10 月	1993 年 1 月
费明祥	男	汉	—	1990 年 6 月	2016 年 9 月
徐芙蓉	女	汉	中共党员	1991 年 7 月	2014 年 10 月
饶文锦	女	汉	中共党员	1992 年 11 月	2008 年 8 月
吴海樟	男	汉	中共党员	2001 年 8 月	2008 年 8 月
卢万华	男	汉	中共党员	2007 年 12 月	2015 年 9 月
孙晓贤	男	汉	—	2008 年 5 月	2010 年 12 月
周玉华	男	汉	—	2008 年 5 月	2010 年 12 月
余国璐	女	汉	—	2010 年 5 月	2012 年 2 月
谢金池	男	汉	—	2011 年 7 月	2013 年 7 月
秦　林	男	汉	—	2012 年 2 月	—
冯铭山	男	汉	—	2012 年 12 月	2015 年 7 月
张　雪	女	汉	中共党员	2013 年 7 月	—
杨中静	女	汉	—	2013 年 11 月	2017 年 3 月
朱榜文	男	汉	—	2013 年 11 月	2015 年 9 月
李建	男	汉	—	2013 年 11 月	2015 年 4 月
陈开平	男	汉	中共党员	2013 年 12 月	—
黄　群	女	汉	中共党员	2013 年 12 月	—
陈　伟	男	汉	中共党员	2015 年 5 月	—
洪志文	男	汉	—	2015 年 7 月	—
王　丽	女	汉	—	2015 年 7 月	—
陈开林	男	汉	—	2015 年 8 月	2017 年 2 月
李明喜	男	汉	—	2015 年 10 月	2017 年 2 月
凌贵川	男	汉	中共党员	2015 年 12 月	—
邓正杰	男	汉	—	2015 年 12 月	—

续表5-4

姓名	性别	民族	政治面貌	进队时间	离队时间
许克祥	男	汉	中共党员	2016 年 1 月	—
李海艳	女	汉	—	2016 年 7 月	—

第四节　制度建设

1987 年 3 月，瓮安县农村抽样调查队制定了《瓮安县农村抽样调查队规章制度》。制度从学习制度及考核，上下班制度及考核，请消假制度及考核，出差制度及考核，财物制度及考核，借款制度及考核，公物管理制度及考核，交通工具及学习器材管理，卫生制度及考核，收发文制度，保密制度和等方面对调查队工作进行了规范。

1989 年 4 月，瓮安县农村抽样调查队更名为瓮安县农村社会经济调查队。1990 年 8 月，制定了《瓮安县农调队岗位责任制》，从工作职责，作息、请消假、完成报表、撰写报告分析、奖惩等方面对瓮安县农村社会经济调查队工作工作进行了分工。对行政、业务职能职责进行了规范。

2007 年 12 月，撤销瓮安县农村社会经济调查队，成立国家统计局瓮安调查队。9 月，制定了《国家统计局瓮安调查队规章制度》，从日常工作，内务管理，目标考核，报表制度方面对调查队工作进行了规范。

2011 年，修改完善有关规章制度，制定并出台了《考核制度》《机关学习制度》《财务制度》《岗位责任制度》《车辆管理制度》《档案管理制度》《计算机管理制度》等相关制度。

2012 年 10 月，《瓮安县城乡住户调查一体化改革工作调查访问制度》对“数据质量”“保密工作”“调查员访户登记”等项目作了规定；同月，《瓮安县城乡住户调查一体化改革工作规范办法》从“调查对象、调查内容、调查方法、样本选送、样本轮换、持证调查、数据保密、数据处理”八个方面规范了一体化调查工作。12 月，制定了《瓮安县城乡住户调查一体化改革工作调查主要指标评估制度》《瓮安县城乡住户调查一体化改革工作调查资料管理制度》《瓮安县城乡住户调查一体化改革工作调查资料审核上报制度》。

2015 年年初，制定了《国家统计局瓮安调查队考勤制度》《国家统计局瓮安调查队确保调查数据真实可信具体措施》《国家统计局瓮安调查队报账管理办法》《国家统计局瓮安调查队车辆运行、派遣、维修管理制度》《国家统计局瓮安调查队承担数据质量责任制度》《国家统计局瓮安调查队非固定资产实物账管理办法》《国家统计局瓮安调查队固定资产管理制度固定资产管理制度》。

同年 6 月，制定了《居民收支调查包点制度》《居民收支调查访户制度》《居民收支调查辅助调查员管理制度》《居民收支调查台账制度》《居民收支调查数据采集与监督制度》居民收支调查数据审核处理与上报制度》。

12 月，制定了《价格采集督察制度》、消费价格《AB 岗制度》《消费价格数据评估制度》。

仅 2001 年以来，经不懈努力，瓮安调查队共获县级以上表彰共 7 次。

瓮安调查队 2000—2016 年获奖统计表

表 5-5

表彰对象	表彰时间	表彰部门	获奖称号
瓮安县农村社会经济调查队	2000. 3	贵州省农村社会经济调查队	1999 年度全省乡村经济调查优胜单位
瓮安县农村社会经济调查队	2001. 3	贵州省农村社会经济调查队	2000 年全省农调系统农经专业二等奖
瓮安县农村社会经济调查队	2002. 3	贵州省农村社会经济调查队	2001 年度全省农村经济调查专业优胜单位
瓮安县农村社会经济调查队	2003. 2	贵州省农村社会经济调查队	2002 年度全省农村经济专业考评第三名
国家统计局瓮安调查队	2010. 3	国家统计局黔南调查队	全州调查工作综合目标考核二等奖
国家统计局瓮安调查队	2011. 3	国家统计局黔南调查队	全州调查工作综合考核二等奖
国家统计局瓮安调查队党支部	2016. 7	中共国家统计局贵州调查总队党建工作领导小组	调查系统先进基层党组称号

第五节　调查工作

一、住户调查

住户调查是以家庭为对象，使用抽样调查方法，为搜集各种社会经济统计资料而组织的各种调查的总称。分为城市住户调查和农村住户调查。2007 年 12 月，国家统计局瓮安调查队成立后，代管瓮安物价调查点，其时城市住户调查的主要内容是：城市居民家庭人口、住房、就业、耐用消费品拥有、现金收支、消费支出、食品消费、非现金收入等情况调查，为国家制定劳动力就业、社会保障、货币流通、商品生产和供应等政策提供依据；农村住户调查始于1984年8月，瓮安县农村抽样调查队成立之时，其调查的主要内容是农村住户的生产、收入、消费、积累情况和社会活动情况调查，为国家指导农村工作、制定农村政策和国民经济发展计划提供依据。

调查点设置

1985年12月—1990年11月，全县设12个调查点，即：

草塘区凉水井村木瓜河村民组调查点，对门场村桐梓坡村民组调查点新川村陈家村民组调查点，通水村胡家湾调查点；玉山区岩坑村水井塆村民组调查点，苟家庄村大岩村民组调查点；中坪区民庄村背后坡村民组，石板坪村大石板村民组调查点；珠藏区珠藏村新房子村民组调查点，瓮水司村大林干村民组调查点；永和区后坝村小屯塆村民组调查点，车地村独坡村民组调查点。

1990年12月—2000年11月，设7个调查点，即：

草塘镇凉水井村木瓜河村民组调查点，石家寨村周家岩村民组调查点；天文镇老街村关家坳村民组调查点；中坪镇民庄村背后坡村民组调查点；玉山镇苟家庄村大坡脚村民组调查点；龙塘乡磨坪村桂林坝村民组调查点；珠藏镇瓮水司村瓮水司村民组调查点。

2000年12月—2005年11月，设10个调查点，即：

草塘镇大寨坪村邓家院村民组调查点；中坪镇民庄村背后坡村民组调查点；永和镇龙山村烂田坡村民组调查点；玉华乡白岩村吹角岩村民组调查点；鱼河乡新场村大房村民组调查点；木老坪乡天堂村观山村民组调查点；银盏乡太坪村青龙嘴村民组调查点；牛场坝乡羊鹿村牛角土村民组调查点；建中镇培文村东岗村民组调查点；小河山乡大田坝村半坡村民组调查点。

2005年12月—2010年11月，设7个调查点，即：

雍阳镇北关街村皂角树村民组调查点；雍阳镇东村春龙村民组调查点；永和镇文家场村文家场村民组调查点；玉山镇龙水村何家湾村民组调查点；牛场坝乡梨子坝村桐家湾村民组，羊鹿村牛角土村民组调查点；永和镇龙山村烂田坡村民组调查点。

2010年12月—2012年11月，设10个调查点，即：

中坪镇中坪村第七组村民组调查点；建中镇果水村对门寨村民组调查点；珠藏镇瓮朗坝村后坝村民组调查点；岗家槽村白果树村民组调查点；玉山镇苟家庄村大寨村民组调查点；松坪乡金星村学校边村民组调查点；岚关乡：岚关村前上村民组调查点；永和镇文家场村文家场村民组调查点；平定营镇细沙村大湾村民组调查点；牛场坝乡羊鹿村

牛角土村民组调查点。

2012 年 12 月—2017 年 11 月，设 12 个调查点，即：

瓮水办事处花竹调查小区，迎春调查小区，茅坡调查小区；雍阳办事处七星调查小区；猴场镇草塘居委会调查小区，马场坪村调查小区；珠藏镇鹤停村调查小区，青香林村调查小区；中坪镇高枧村调查小区；永和镇洗马塘村调查小区；建中镇：果水村调查小区；平定营镇营定街村调查小区。

瓮安县 1984—2007 年农民人均纯收入及生活消费支出情况一览表

表 5-6　　　　单位：元

年份	农民人均纯收入	农民人均生活费支出	年份	农民人均纯收入	农民人均生活费支出
1984	308	—	1996	1175	—
1985	315	—	1997	1740	—
1986	317	—	1998	1611	—
1987	428	—	1999	1633	—
1988	489	—	2000	1641. 13	1219. 22
1989	530	—	2001	1483. 43	1133. 36
1990	601	—	2002	1412. 05	1070. 96
1991	653	—	2003	1688	991. 32
1992	673	—	2004	1794	1090. 6
1993	833	—	2005	2007	1472. 43
1994	839	—	2006	2125	1518. 12
1995	920	—	2007	2550	1891. 24

2008—2013 年瓮安县农村住户人均纯收入及生活消费支出一览表（农村）

表 5-7　　　　单位：元

指标名称	2008 年	2009 年	2010 年	2011 年	2012 年	2013 年
一、农民人均纯收入	3015. 07	3425. 34	4050. 62	4930. 38	5820. 06	6491. 81
（一）工资性收入	1065. 25	1331. 73	1732. 55	2364. 34	2806. 60	3597. 35
（二）家庭经营现金收入	1675. 98	1560. 34	1676. 49	2030. 10	2299. 83	2143. 57
（三）财产性收入	103. 99	117. 17	154. 20	160. 91	243. 64	89. 27

续表5-7

指标名称	2008 年	2009 年	2010 年	2011 年	2012 年	2013 年
(四) 转移性收入	169.85	416.10	487.38	375.03	469.99	661.63
二、生活消费支出	2459.72	2456.89	3173.69	3034.97	4494.83	4856.82
(一) 食品消费支出	1314.25	1109.12	1137.38	830.79	1976.80	1566.67
(二) 衣着消费支出	145.45	141.99	149.47	198.26	344.46	294.23
(三) 居住	331.88	943.33	936.23	675.22	481.35	898.76
(四) 家庭设备、用品及服务	120.80	149.16	211.02	232.96	295.35	410.39
(五) 交通和通信	189.60	231.99	204.09	389.22	479.36	747.24
(六) 文化教育、娱乐用品及服务	250.54	171.34	287.65	217.54	252.43	359.26
(七) 医疗保健	78.17	146.02	206.55	382.74	492.72	507.65
(八) 其他商品和服务	29.01	63.95	41.30	108.23	172.35	22.53

2008—2013 年瓮安县城镇住户人均收入及消费支出一览表（城镇）

表 5-8　　　　单位：元

指标名称	2008 年	2009 年	2010 年	2011 年	2012 年	2013 年
一、总收入	9106.02	10659.38	11607.23	13784.37	16572.33	20361.83
其中：可支配收入	8950.25	1079.76	11090.19	13475.59	15805.05	20017.36
(一) 工资性收入	3043.49	4595.45	4505.72	6575.24	8009.19	10492.74
(二) 经营性收入	1878.47	870.58	1401.58	3455.93	3541.33	4751.89
(三) 财产性收入	583.51	731.72	983.29	1051.82	721.66	2858.04
(四) 转移性收入	3600.55	4461.63	4716.65	2701.38	4300.16	2259.16
二、总支出	5813.40	9668.08	9722.39	11932.46	14834.16	15650.51
(一) 消费性支出	4964.15	6858.96	6825.79	7996.71	10046.07	9632.13
1. 食品消费支出	2349.03	3049.59	3075.30	3049.91	3822.34	3444.98
2. 衣着消费支出	469.85	826.44	773.39	939.14	1170.12	1124.91
3. 居住	796.00	753.95	681.46	678.34	1072.66	921.22
4. 家庭设备、用品及服务	196.31	448.15	643.59	789.84	768.28	792.50

续表5-8

指标名称	2008 年	2009 年	2010 年	2011 年	2012 年	2013 年
5. 交通和通信	318.01	593.86	490.08	934.02	1033.21	1069.90
6. 教育文化娱乐服务	426.74	479.97	457.87	809.92	1197.56	1641.65
7. 医疗保健	360.89	569.70	614.06	670.96	654.83	338.05
8. 其他商品和服务	47.31	137.29	90.01	124.59	327.08	298.92

2014—2016 年瓮安县住户人均收入及消费支出一览表（农村）

表 5-9

指标名称	单位	代码	2014 年	2015 年	2016 年
一、可支配收入	元	3701	7518.65	8324.16	9156
（一）工资性收入	元	3702	3803.96	4107.19	4108
（二）经营净收入	元	3781	2567.24	2296.69	2809
（三）财产净收入	元	3861	18.68	38.06	12
（四）转移净收入	元	3881	1128.77	1882.22	2227
二、消费支出	元	4202	7494.04	8132.88	10467
（一）食品烟酒	元	4203	2455.99	2489.51	2681
（二）衣着	元	4241	430.65	469.64	457
（三）居住	元	4251	1329.08	1537.41	2434
（四）生活用品及服务	元	4261	457.74	425.75	568
（五）交通通信	元	4271	1168.20	1533.03	1588
（六）教育文化娱乐	元	4285	1010.25	1198.23	1466
（七）医疗保健	元	4311	529.41	421.35	1175
（八）其他用品和服务	元	4321	112.72	57.97	97
教育文化娱乐占家庭支出比重	—	—	13.48	14.73	14.01
恩格尔系数（年底核算）	—	—	32.77	30.61	25.61

2014—2016 年瓮安县住户人均收入及消费支出一览表（城镇）

表 5-10

指标名称	单位	代码	2014 年	2015 年	2016 年
一、可支配收入	元	3701	21891.18	24124.00	26343
（一）工资性收入	元	3702	11547.41	13232.05	13882
（二）经营净收入	元	3781	4855.51	3468.25	4288
（三）财产净收入	元	3861	3739.72	4779.21	3799
（四）转移净收入	元	3881	1748.54	2644.50	4373
二、消费支出	元	4202	11731.36	11150.33	18238
（一）食品烟酒	元	4203	3681.82	3441.41	4308
（二）衣着	元	4241	1175.49	974.23	1415
（三）居住	元	4251	2327.00	2442.08	3031
（四）生活用品及服务	元	4261	698.32	534.25	1470
（五）交通通信	元	4271	1246.25	1115.18	4746
（六）教育文化娱乐	元	4285	1912.07	1920.67	2027
（七）医疗保健	元	4311	454.81	613.02	957
（八）其他用品和服务	元	4321	235.59	109.49	284
教育文化娱乐占家庭支出比重	—	—	16.30	17.23	11.11
恩格尔系数（年底核算）	—	—	31.38	30.86	23.62

二、农业产量调查

农作物产量抽样调查是以省、市、自治区为范围，按照随机原则，多阶段抽选调查网点，对农作物产量进行抽样实割实测调查的方法。农作物产量抽样调查工作的全过程分为以下三个基本阶段：一是抽选调查网点。采用多阶段抽样方法，即省抽县，县抽乡，乡抽村，村抽地块，地块抽样本。二是调查地块实割实测。丈量调查地块面积，计算抽样距离和核实面积系数；在调查地块内等距放置实测样本，割取样本内作物，进行脱粒，称量。三是推算产量。即先推算调查地块单产，然后按抽样阶段逐级往上推算产量。

调查点设置

1985 年 12 月—1990 年 11 月，计设 21 个调查点，即：

天文区白水村民组、马场村民组、水坑村民组调查点；草塘区木瓜河村民组、山林边村民组、新川村民组调查点；中坪区甘塘村民组、石板坳村民组、果园场村民组调查点；龙塘乡秀水坝村民组、下寨塘村民组、何家坳村民组调查点；桂花乡沙湾村民组、青杠林村民组、大寨村民组调查点；营定乡柏家寨村民组、后寨村民组、杨柳树村民组调查点；高枧乡水淹塘村民组、坝上村民组、落果坪村民组调查点。

1990 年 12 月—2000 年 11 月，计设 18 个调查点，即：

龙塘乡磨坪村村民组、何家坳村民组、桂林坝村民组调查点，中坪镇民庄村高坪庄村民组、背后坡村民组、张家湾村民组调查点；珠藏镇瓮水司村瓮水司村民组、大朝村民组、店子村民组调查点，玉山镇苟家庄村包家院村民组、大坡脚村民组、柏香村民组调查点；天文镇老街村白水村民组、老街村民组、官家坳村民组调查点；草塘镇凉水井村新仓村民组、周家岩村民组、木瓜河村民组调查点。

2000 年 12 月—2005 年 11 月，计设 8 个调查点，即：

农产量专业全县设草塘镇大寨坪村邓家院、中坪镇民庄村背后坡、永和镇龙山村烂田坡、玉华乡白岩村吹角岩、鱼河乡新场村大房、木老坪乡天堂村观山、银盏乡太坪村青龙嘴、牛场坝乡羊鹿村牛角土村民组 8 个调查点。

2005 年 12 月—2010 年 11 月，计设 9 个调查点，即：

雍阳镇河西村孙家院村民组，中坪镇珠砂村花桥村民组调查点，珠藏镇岗家槽村白果树村民组，松坪乡大山村大山村民组，白沙乡朝阳村张家坝村民组，岚关乡大坪村龙塘村民组，高水乡青杠林瓦房村民组，木引槽乡油房村漆树林村民组，牛场坝乡梨子坝村桐家湾村民组调查点。

2010 年 12 月—2016 年 11 月，计设 11 个调查点，即：

雍阳镇仙桥村瓦房子村民组，珠藏镇荣院村大南头村民组，天文镇高坝村刘家坪村民组，银盏镇尖山村罗家湾村民组，大林村滚水塘村民组，松坪乡金龙井村塘坝村民组，岚关乡岚关村白家榜村民组，高水乡市湾村新寨村民组，鱼河乡高枧村上街村民组，龙塘乡尖山村红岩潮村民组，小河山乡大河村竹湾民组调查点。

1988 年瓮安县农作物产量推算及调查点的调查情况

表 5-11　　　　单位：亩、千克

调查项目 / 作物名称	1988 年全县推算数			1988 年 21 个调查点合计		
	播种面积	亩产	总产量	播种面积	亩产	总产量
总　计	815589.8	—	—	6901.1	—	—
一、粮食作物合计	483326.1	142	68509587	4019.6	153	614011
1. 夏收粮食小计	144953.1	86	12486975	708.6	108	76609
其中：小麦	31756	124	3934237	217.9	120	26314

续表5-11

调查项目 / 作物名称	1988 年全县推算数			1988 年 21 个调查点合计		
	播种面积	亩产	总产量	播种面积	亩产	总产量
洋芋	98325	73	7157846	397.9	106	42035
2. 秋收粮食小计	338373	166	56022612	3311	162	537402
其中：水稻	143073	243	34794840	1308.4	231	302598
玉米	113727	142	16120553	1328.9	136	180930
大豆	46586	28	1325628	302.3	45	13705
二、经济作物合计	304719.7	0	0	2621.7	0	0
其中：油菜籽	155005	84	12965924	1558	61	94286
花生	2235	52	117283	26.5	40	1050
烤烟	130746	92	11996316	1010.2	118	119637
三、其他作物合计	27544	0	0	259.8	0	0
其中：蔬菜	20865	0	0	231.1	0	0

2011 年瓮安县农作物产量推算及调查点的调查情况

表 5-12　　　　单位：亩、千克

调查项目 / 作物名称	2011 年全县推算数			2011 年 11 个调查点合计		
	播种面积	亩产	总产量	播种面积	亩产	总产量
总　计	867322.5	229	198528000	2592.93	355	919245
一、粮食作物合计	715710	214	153126000	1921.38	244	469115
1. 夏收粮食小计	230100	149	34394000	272.5	150	40909.46
其中：小麦	60100	92	5505000	55.1	113	6204
洋芋	165000	173	28489000	210	162	34087
2. 秋收粮食小计	485610	245	118732000	1648.88	260	428206
其中：水稻	175005	307	53660000	596.34	264	157344
玉米	195000	250	48671000	1030.44	260	268357
大豆	10965	90	992000	—	—	—
二、经济作物合计	262830	102	26821000	504.06	78	39351

续表5-12

调查项目 / 作物名称	2011 年全县推算数			2011 年 11 个调查点合计		
	播种面积	亩产	总产量	播种面积	亩产	总产量
其中：油菜籽	170100	74	17726000	171.4	124	21207
花生	8340	113	942000	0	0	0
烤烟	72795	50	3654000	326.83	50	16404
三、其他作物合计	118882.5	445	52946000	440.02	1027	451688
其中：蔬菜	71677.5	158	11291000	293.12	618	181008

2016 年瓮安县农作物实际产量调查表

表 5-13　　　　单位：亩、千克

指标名称	代码	上年实际			本年			总产量为上年总产%	面积增减幅度（%）	单产增减幅度（%）
		播种面积	亩产	总产量	播种面积	亩产	总产量			
甲	乙	1	2	3	4	5	6	7	8	9
农作物总播种面积	01	2145.21	—	—	2180.52	—	—	—	1.65	—
一、粮食作物（薯类折粮）	02	1479.06	369.59	546646.01	1419.72	400.25	568246.21	1.04	4.01	8.30
（一）夏收粮食合计（薯类折粮）	03	55.94	240.97	13479.80	100.38	182.67	18336.60	1.36	79.44	-24.19
（二）夏收粮食合计（薯类折粮）	04	1423.12	374.65	533166.21	1319.34	416.81	549909.61	1.03	7.29	11.25
1. 谷物	05	1423.12	374.65	533166.21	1315.44	417.69	549452.22	103.13	7.49	11.48
（1）稻谷	06	359.23	389.40	139884.82	384.77	407.81	156913.31	112.17	7.11	4.73
中稻和一季晚稻	08	359.23	389.40	139884.82	38.77	407.81	156913.31	112.17	7.11	4.73
（2）玉米	10	1062.49	369.73	292833.39	928.97	422.23	392242.91	99.85	12.57	14.20
（4）高粱	12	0.20	200.00	40.00	1.7	174.12	296.00	740	750.00	-12.94
2. 豆类	15				3.7	105.24	389.39			
3. 薯类（不折粮）	20	1.20	1700.00	2040.00	0.2	1700	340	16.67	83.33	0.00
二、油料作物	23	40.07	143.30	5742.00	70.13	132.76	9310.43	162.15	75.02	-7.35
三、棉花	29	—	—	—	—	—	—	—	—	—
四、麻类合计	30	—	—	—	—	—	—	—	—	—
五、糖料	35	—	—	—	—	—	—	—	—	—
六、烟叶	38	354.20	151.63	53707.00	410.48	156.60	64279.32	119.69	15.89	3.28

续表5-13

指标名称	代码	上年实际			本年			总产量为上年总产%	面积增减幅度（%）	单产增减幅度（%）
		播种面积	亩产	总产量	播种面积	亩产	总产量			
七、药材类	40	5.90	114.58	676.00	24.23	121.75	2950	436.39	310.68	6.26
八、蔬菜（含菜用瓜）	41	261.41	528.18	138072.00	254.36	535.81	136289	98.71	-2.70	1.44
九、瓜果类	42	1.00	200.00	200.00	—	—	—	0	-100	—
十、其他农作物	46	3.57	2598.32	9276.00	1.6	2600	4160	44.85	-55.18	0.06

三、主要畜禽监测调查

主要畜禽监测调查是准确把握畜牧业生产形势，为宏观调控、制定产业发展政策、做好市场供应提供决策依据所开展的一项工作。

畜禽监测抽样调查主要有畜禽监测（牛中小型）摸底表（饲养量10~1000头）、畜禽监测（羊中小型）摸底表（饲养量50~1000头）、畜禽监测（生猪中小型）摸底表（饲养量100~5000头）、畜禽监测（家禽中小型）摸底表（饲养量200~10万只）、畜禽监测（生猪大型）（饲养量5000头以上）摸底表、生猪年饲养量小于100头，牛饲养量小于10头，羊饲养量小于50只，禽饲养量小于200只散养户摸底表6种表式。

2016年三季度抽样摸底调查统计，全县牛中小型10~1000头养殖户8户；羊中小型50~1000只计3户；生猪中小型100~5000头计35户；家禽中小型200~10万只计23户；生猪大型5000头以上2户；散养生猪小于100头、牛小于10头、羊小于50只、禽小于200只计118户。

四、居民消费价格调查

居民消费价格指数（CPI），是反映居民家庭一般所购买消费品和服务项目价格水平变动情况的宏观经济指标。在特定时段内度量一组代表性消费商品及服务项目的价格水平随时间而变动的相对数，用来反映居民家庭购买消费商品及服务的价格水平的变动情况。

居民消费价格统计调查的是社会产品和服务项目的最终价格。同人民群众的生活密切相关，在整个国民经济价格体系中也具有重要的地位。编制居民消费价格指数，是了解全国各地价格变动基本情况，分析研究价格变动对社会经济和居民生活的影响，满足各级政府制定政策和计划、进行宏观调控的需要，以及为国民经济核算提供参考和依据。

按国家统计局贵州调查总队贵州省发改委《关于新增5个县级调查点进一步提高我省居民消费价格调查网点代表性的通知》（黔调字〔2014〕87号）文件精神，从2015年1月1日起，对瓮安县新增居民消费价格指数（CPI）展开调查。根据《居民消费价格指数调查方案》，对瓮安县居民消费品中涉及衣、食、住、行、医、用、饮、娱8大类26

个小类，262 个基本分类，698 种与居民生活息息相关的商品进行价格跟踪调查（为期 5 年）。按方案规定，其中 309 种商品需每 5 天进行一次采价，212 种商品每 15 天进行一次采价，177 种商品每 30 天进行一次采价；每月需进行一次数据审核、录入、汇总评估和编制价格指数（CPI）工作。

瓮水办事处、雍阳办事处和猴场镇均设采价点，含农贸市场、超市、商场、个体工商户、农资经销点等 76 个商品销售点。

2016 年，共设采价点 110 个，其中农贸市场 2 个，超市 2 个，个体商户 95 个，行政事业单位 6 个，网络及虚拟采价点 5 个。

2016 年 1—12 月瓮安县居民消费价格调查报表

表 5-14

1 月		2 月		3 月		4 月	
环比（%）	同比（%）	环比（%）	同比（%）	环比（%）	同比（%）	环比（%）	同比（%）
100.2	101.3	101.1	102.0	99.8	101.4	100.0	102.0
5 月		6 月		7 月		8 月	
环比（%）	同比（%）	环比（%）	同比（%）	环比（%）	同比（%）	环比（%）	同比（%）
99.7	101.4	99.6	100.6	99.7	100.1	99.9	99.5
9 月		10 月		11 月		12 月	
环比（%）	同比（%）	环比（%）	同比（%）	环比（%）	同比（%）	环比（%）	同比（%）
100.3	99.6	100.5	99.9	100.0	100.4	100.2	100.9

五、规模以下企业调查

规模以下企业调查是了解规模以下工业生产经营状况及有关问题，在年主营业务收入 2000 万元以下的工业法人单位和全部个体经营工业单位中，采用按名录一阶段分层随机抽样和按行政区划分层随机整群抽样相结合的方法进行抽样调查。

规模以下企业调查的内容主要有：一是企业基本情况：包括组织机构代码、单位详细名称、登记注册类型、主要业务活动（或主要产品）、行业代码、单位所在地、区划代码、邮政编码和开业（成立）时间等；二是企业经济指标：包括主营业务收入、从业人员期末人数等；三是企业问卷：包括企业生产经营状况、招工情况和融资情况等。

个体经营户调查有内容主要有：一是样本村（居委会）基本情况：包括村（居委会）名称、邮政编码和区划代码；二是个体经营工业单位基本情况：包括单位名称、主要业务活动（或主要产品）和行业代码等；三是个体经营工业单位经济指标：包括从业人员期末人数、从业人员工资总额等。被调查单位通过联网直报平台报送数据。各地统计机构按照规定时间完成数据的审核、查询、验收，上报国家统计局。

按黔调字〔2008〕2 号文件《国家统计局贵州调查总队、贵州省统计局关于布置 2008 年规模以下工业抽样调查定报工作的通知》和黔南调字〔2008〕4 号文件《黔南州统计局、国家统计局黔南调查队关于布置 2008 年规模以下工业抽样调查定报工作的通知》要求，为满足国家及省、州国民经济核算的需要，决定在全县范围内开展规模以下工业抽样调查定报工作。

调查范围包括年主营收入（产品销售收入）500 万元以下的工业企业和全部个体经营工业单位。具体包括调查年份年初在册的年主营业务收入 500 万元以下的工业企业，全部个体经营工业单位以及当年新建的年主营业务收入 500 万元以下的工业企业和新增的全部个体经营工业单位。按照新的调查方案，年主营业务收入 500 万元以下的国有工业企业也纳人规模以下工业调查范围。用全县全部规模以下工业企业编制抽样框，按照对称等距的方法抽取调查网点。

2016 年，对瓮安县 13 个规模以下企业，18 个服务业，3 个建筑业，4 个小微企业进行追踪抽样调查。

2016 年瓮安县企业类调查点分布

表 5-15

企业	公司名称	单位负责人	联系电话	统计负责人	联系电话
规模以下工业	瓮安县皇廷建材有限公司	罗昌全	13595415262	何贤丽	15286289680
	瓮安县猴春辣食品有限责任公司	刘盛达	15085151978	雷　鑫	18722837387
	瓮安县美固窗业有限公司	朱仕林	13885437183	柳应清	15885581399
	瓮安县刘氏炉具加工厂	刘万平	13595443869	叶仕凤	18188146458
	瓮安县珠藏永发建材有限公司	刘仕洪	18385512877	卢洪波	18786381007
	瓮安县玉山镇农山泉饮用水厂	李泽平	18722858213	李朝强	13985070776
	瓮安县勇祥服装厂	宋泽勇	15885438479	周玲玲	13532856934
	瓮安县木材工业加工厂	李明贵	13765433379	王建秋	18985062997
	瓮安县聚成石材有限公司	陈绍江	18786381508	况兆竹	13378546117
	瓮安县城南家具厂	李克华	15086196168	张　静	13765787331
	贵州大妹子食品有限公司	胡正碧	18385512877	余　兰	15348589379
	瓮安县仙桥建材有限公司	杨胜全	13765488752	张宝谓	18798250897
	瓮安县猴场精品窗帘城	杨道林	13595415269	杨道林	13595415269

续表5-15

企业	公司名称	单位负责人	联系电话	统计负责人	联系电话
服务业	瓮安县乌江出租汽车有限责任公司	刘小明	13765764409	赵小艳	15329445993
	瓮安县建筑咨询设计有限公司	胡林刚	13985783823	旦光全	13885427598
	瓮安县急抓汽车租赁有限公司	张会琴	13096849416	刘中奎	13765432878
	贵州聚亿万新科技有限公司	黄　胜	13765784929	张国菊	18375112684
	贵州宇辰房地产有限公司	郭　云	18385566813	郭　云	18786377926
	瓮安县瓮水出租汽车有限公司	陈邦田	18385586933	雷　鑫	18722837387
	瓮安县联合运输有限责任公司	胡先禄	13985081017	尚广琴	18385597054
	瓮安县风云防雷安装有限责任公司	向祖才	13708545568	周　隽	18985778979
	瓮安县文化影业传媒有限责任公司	刘大纲	13985071238	张宝谓	18798250897
	瓮安县飞速网吧	夏　洪	2777284	李　燕	18722896518
	瓮安县奥斯卡影城有限公司	兰　江	2913668	朱前虎	18375016668
	瓮安县金鱼网络会所	陈宇祥	18786397501	刘爱苹	15185504010
服务业	贵州省瓮安水务投资有限责任公司	于　斌	2878341	冯其美	15285319898
	贵州省永和供销合作社	王　剑	13096844888	黄绍丽	15185477151
	贵州省瓮安县珠藏供销合作社	刘　松	18608542063	冯鸣山	15285382677
	瓮安县昌明物流有限公司	杨昌明	13885423900	杨巧珍	18985782606
	瓮安县七星汽修厂有限责任公司	包金国	—	柳应清	18198693331
	瓮安县正选传媒文化传播有限公司	李明阳	18285470669	何贤丽	15286289680
建筑业	瓮安县新桥广告有限公司	彭继群	18785420739	彭继群	18785420739
	瓮安县明辉水电开发有限公司	商　宇	—	周后建	13985061870
	瓮安县民用爆破服务有限公司	张永堂	—	罗顺碧	13379629567
小微追踪	瓮安县桐木村茶叶有限公司	谢玉宽	15885581399	柳应清	18198693331
	瓮安县袋鼠鞋类零售店	张辉荣	15286258373	张辉荣	15286258373
	瓮安县眼亮视家眼视光中心	管　朝	18096049629	管　朝	18096049629
	瓮安县丽人舍名媛美容馆	吴雅亭	13035556808	吴雅亭	13035556808

六、全国月度劳动力调查

为及时、准确反映我国城乡劳动力资源、就业和失业人口总量、结构和分布，为政府准确判断就业形势，制定和调整就业政策，改善宏观调控，加强就业服务提供依据，特开展全国月度劳动力调查。

劳动力调查采用分层、多阶段、与住房单元数多少成比例（PPS）抽样抽取村级单位（居委会或村委会），采用随机等距抽样的方法在村级单位抽取住房单元或住户组，并对抽中住房单元和住户组内的所有人员进行调查。

瓮安调查队于2015年7月对瓮安县劳动力展开调查工作。劳动力调查计设10个调查点，即：瓮水办事处茅坡村，猴场镇草塘社区，猴场镇马场坪村，珠藏镇鹤停村调查小区，珠藏镇青香林村调查小区，中坪镇高枧村，永和镇洗马塘村，建中镇果水村，平定营镇营定街村调查点。

劳动力抽样调查主要有：劳动力调查阅读评估用表一表，内容涵家庭户中户数、人数、户规模、16+岁常住人口，分作上月调查之城镇新户、老户、合计、本月调查新户、老户并合计。二表为区、市样本换户情况表，含老户空户中出租给企业办公、无人居住、原住户搬走、空房、全户外出打工半年以上、无人在家、空房、无人居住、学校搬迁、独居老人死亡、空房、准备出租及其他；新户换户含区域划分、不属于本调查小区、户主搬迁、现空房、拆迁换户、空房、无人居住、原地址非居住建筑物、多次上门无人、住户搬离原住址等内容。三表为样本失业人数表，含16~24岁、25岁以上、上月本月合计；其中城镇16~24岁、25岁及以上小计等内容，并按月上报，按年写出《农民工监测分析报告》。

劳动力调查月度评估用表

2016年12月瓮安县劳动力调查样本情况（表一）

表5-16

<table>
<tr><th rowspan="3" colspan="2"></th><th colspan="5">上月调查</th><th colspan="5">本月调查</th></tr>
<tr><th rowspan="2">合计</th><th colspan="2">新户</th><th colspan="2">老户</th><th rowspan="2">合计</th><th colspan="2">新户</th><th colspan="2">老户</th></tr>
<tr><th></th><th>城镇</th><th></th><th>城镇</th><th></th><th>城镇</th><th></th><th>城镇</th></tr>
<tr><td rowspan="4">家庭户</td><td>户数</td><td>46</td><td>23</td><td>9</td><td>23</td><td>9</td><td>46</td><td>23</td><td>9</td><td>23</td><td>9</td></tr>
<tr><td>人数</td><td>166</td><td>80</td><td>32</td><td>86</td><td>34</td><td>165</td><td>85</td><td>27</td><td>80</td><td>32</td></tr>
<tr><td>户规模</td><td>3.6</td><td>3.5</td><td>3.6</td><td>3.7</td><td>3.8</td><td>3.6</td><td>3.7</td><td>3.0</td><td>3.5</td><td>3.6</td></tr>
<tr><td>16+岁常住人口</td><td>119</td><td>60</td><td>24</td><td>59</td><td>26</td><td>125</td><td>65</td><td>18</td><td>60</td><td>24</td></tr>
<tr><td rowspan="4">集体户</td><td>户数</td><td>—</td><td>—</td><td>—</td><td>—</td><td>—</td><td>—</td><td>—</td><td>—</td><td>—</td><td>—</td></tr>
<tr><td>人数</td><td>—</td><td>—</td><td>—</td><td>—</td><td>—</td><td>—</td><td>—</td><td>—</td><td>—</td><td>—</td></tr>
<tr><td>户规模</td><td>—</td><td>—</td><td>—</td><td>—</td><td>—</td><td>—</td><td>—</td><td>—</td><td>—</td><td>—</td></tr>
<tr><td>16+岁常住人口</td><td>—</td><td>—</td><td>—</td><td>—</td><td>—</td><td>—</td><td>—</td><td>—</td><td>—</td><td>—</td></tr>
</table>

2016 年 12 月瓮安县劳动力调查样本换户情况（表二）

表 5-17

老户空户	出租给企业办公，无人居住	—
	原住户搬走，空房	—
	全户外出打工半年以上，无人在家	—
	空房，无人居住	—
	学校搬迁	—
	独居老人死亡	—
	空房，准备出租	—
	……	
新户换户	区域划分，不属于本调查小区	—
	户主搬迁，现空房	—
	拆迁换户	2
	空房，无人居住	1
	原地址非居住建筑物	—
	举家外出打工	2

2016 年 12 月瓮安县劳动力调查样本失业人数（表三）

表 5-18

	合计	16~24 岁	25 岁及以上	其中：城镇		
				小计	16~24 岁	25 岁及以上
上月	3	3	0	2	2	0
本月	4	4	0	3	3	0

七、贫困监测调查

农村贫困监测调查主要包括全国住户收支与生活状况调查，调查范围覆盖全国；国家农村贫困监测调查，调查范围为农村贫困地区。国家农村贫困监测调查和住户收支与生活状况调查、县（市）社会经济统计共同构成了国家农村贫困监测体系的主要数据来源。及时客观反映贫困状况、变化趋势和扶贫开发工作成效，为精准扶贫提供数据支持。

根据贵州省人民政府办公厅黔府办发〔2002〕99 号文件《关于开展新阶段农村贫困监测工作意见的通知》精神，瓮安属 82 个县市开展农村贫困监测调查工作之列。

按通知要求，农村贫困监测调查点自 2012 年 11 月—2017 年 11 月，设瓮水办事处茅坡调查小区，猴场镇草塘居委会调查小区，猴场镇马场坪村调查小区，珠藏镇鹤停村调查小区，珠藏镇青香林村调查小区，中坪镇高枧村调查小区，永和镇洗马塘村调查小区，建中镇果水村调查小区，平定营镇营定街村调查小区共9个调查点。按省州文件要求，实施农村贫困监测调查。

八、农民工监测调查

1997年2月起开展农民工监测调查。调查点与同期住户调查点中农村住户调查点吻合，按农民工监测调查表季度上报。

仅2016年农民工监测四季度得出：样本抽样调查人数为212人，较上年同期减少13人。其中本地非务工68人，较上年同期增加26人，增幅61.9%。本地非农自营16人，较上年同期减少2人。外出务工65人，较上年减少12人。就从事第一产业93人，较上年同期减少24人，减幅为20.51%；从事二产业65人，较上年同期增加8人；从事第三产业35人，较上年减少4人。

经统计调查，2016年本地非农务工人均年收入15155.07元，较上年同期增加4594.55元，增幅为43.51%；本地非农自营人均年收入37537.68元，较上年同期增加16121.02元，增幅为132.85%。

九、贫困乡镇调查

2011年9月22日，瓮安召开贫困乡镇调查启动会。10月2日召开调查培训会。随后在全县抽取10个乡镇30个村民组进行调查，即：

白沙乡白沙村石家院组，高坪村张家坝组，保护村关田组；高水乡市湾村下街组，高龙村小龙坑组，高寨坪村高寨坪组；建中镇果水村五谷土组，凤凰村杉木林组，鑫隆坪村养马组；老坟嘴乡红岩村两岔河组，木孔村下寨组，观塘村写字岩组；龙塘乡尖坡村坪子组，樱桃村坝坪组；木引槽乡新兴村郭家寨组、柏果树组，沿江村大寨组；牛场坝乡新华村坟林组，羊鹿村羊鹿组；松坪乡马场坪村老鹰组，松坪村大石板组，马场坪村马鞍山组；铜锣乡三新村新田坳组，河心村铜锣田组，群心村前进山组；小河山乡大田坝村龙英寨组，大河村黄泥屯组，石板坪村下石板坪组。

2012—2016年瓮安县贫困乡镇调查统计表

表5-19　　单位：元

年份 / 人均收入 / 县乡名称	2012年	2013年	2014年	2015年	2016年
瓮安县	4715	5377	6506	7863	9156

续表5-19

县乡名称＼人均收入＼年份	2012 年	2013 年	2014 年	2015 年	2016 年
白沙乡	5522	6309	6749	7978	8620
高水乡	5412	6192	6313	7846	8555
建中镇	5196	5941	6649	7874	9006
老坟嘴乡	5044	5772	5736	7162	7994
龙塘乡	4854	5520	7028	8533	9566
木引槽乡	4375	4983	5912	7193	7997
牛场坝乡	4348	4951	6205	7337	8147
松坪乡	4157	4716	7588	9699	10277
铜锣乡	4216	4781	7043	8253	8841
小河山乡	4096	4678	5881	7160	8012

十、委托调查

2008 年 8 月，为满足招商和卫生工作需要，打造良好服务环境，开展了瓮安县城服务环境满意度调查。

2011 年 1 月至 4 月，受中共瓮安县委委托，开展了“三个建设年”问卷调查。

9 月，协同农工、统计、烟草等部门对全县受灾状况开展抽样调查。

2011 年 3 月 21 日至 25 日，受黔南州委组织部委托，在瓮安 16 个县直机关，14 个事业单位，6 个乡镇开展了 2011 年黔南州领导班子和领导干部履行党建和干部工作职责满意度调查。

6 月 8 日至 9 日，协助完成省委组织部在瓮安开展的 2011 年贵州省领导班子和领导干部履行党建和干部工作职责满意度民意调查。

2011 年 6 月 26 日，受中共瓮安县委宣传部委托，开展了“追忆革命足迹，唱响红色瓮安”大型演唱会现场满意度问卷调查。

2012 年至 2014 年，受县政府委托，开展了瓮安县村级公益事业“一事一议”财政奖补试点项目区收支调查。

2013 年 1 月，受县政法委委托，在全县 21 个乡镇（办事处）开展了 2012 年度全县各乡镇群众安全感满意度调查。

2014 年 1 月，受县委政府委托，在全县 21 个乡镇（办事处）开展了 2013 年度全县各乡镇群众安全感满意度调查。

2月，受县政府委托，开展了黔南州第三次经济普查个体经营户抽样调查统计。

2015年3月，协助开展了瓮安县农村危房改造工程群众满意度调查。

6月，受文广局委托，开展了瓮安县文化服务群众工作满意度调查。

11月，协助瓮安县督促考核局委开展“下评上”满意度工作调查。

2016年10月，协助瓮安县委政法委开展瓮安县群众安全感满意度调查。

第六章　农村农业统计

中华人民共和国成立初期，县内农业部门遵照政务院统一部署，利用典型调查统计方法，沿用接管国民政府统计人员，进行农村农业社会经济统计。相随土地改革、合作社、人民公社化运动、改革开放、农村农业经济体制改革，农业统计随形势变化而变化。

第一节　农村社会经济统计调查历程

1954 年，县计划统计科建立，农业统计工作由政府主管部门统计科行使统计职责。1954 年至 1958 年，农业统计工作经历互助组、农业合作社、农村人民公社、大公社等各个历史时期农村经济体制改革的各种数据统计。其统计内容得到发展和完善，数字的真实性与统计质量逐步得到充实提高。直至“大跃进”“文化大革命”，农村经济社会统计均沿袭旧的统计方法。特别是“大跃进”“浮夸风”的盛行，农业统计数据失真，后经评估得到纠正。

1978 年 11 月，中共十一届三中全会后，随农村经济体制的改革深入，农村经济的快速发展，农村农业统计内容相继增多。

1985 年，国家统计局正式建立国民生产总值统计指标体系，县统计局按国家统计局的《国民生产总值方案》安排，初步计算出瓮安从解放后直至 1985 年各年度国民生产总值，并分别列出第一产业、第二产业和第三产业的增加值数据。其间，统计国民经济核算的核心指标仍以 MPS 的国民收入指标为主，而国内生产总值仅为一个附属指标。用以补充前者不能反映的非物质服务生产活动成果。

20 世纪 90 年代，为适应社会主义市场经济体制改革的需要，国家统计局在原有报表的基础上增加农村社会总产值、农业商品产值、农业增加值、农村经济收入分配和效益等方面报表。其间，县内畜牧业生产统计改由统计部门负责。

进入21世纪，瓮安县统计局开始实施国家统计局制定的《调查农村基本情况》的规定，结合抽样调查方法，以调查统计农村社会经济发展变化状况。2004年，国家统计局为全面反映国家惠农政策的落实，农村建设进程状况，在《县（市）社会基本情况统计报表制度》中，增加教育、卫生、社会保障和可持续发展方面的统计内容。2005年，在《县（市）社会经济情况统计报表制度》中，增加是否有卫生所、医疗参保人数、养老参保人数、享受最低保障人数等反应农村居民利益方面的指标内容。至2006年，农村统计报表达45种之多。

农村调查统计主要是通过农村住户抽样调查方法来反映农村经济，农村居民生活状况。早在20世纪50年代，县内曾一度开始对农民家庭收支进行调查。1962年，国民经济调整时期，县内也曾采取划类选点的典型抽查方法对农村社员户进行调查。中共十一届三中全会后，县内开始选用分层排队，等距抽样的方法对社员生产、社员收入、生活消费品实物消费量、耐用品消费量、社员现金收支情况进行调查。

1985年前，瓮安县统计局对农村经济调查设点开始调查统计。县统计局农经专业于境内设点5个，每点10户；1985年，相继于1991年、2001年、2006年、2007年在原基础上实施样本轮换，在原调查统计农村住户、农业产量、农业经济、面积调查、中间消耗调查、农产品价格调查、烤烟、油菜跟踪调查基础上，增加畜牧监测调查、农村住房剩余劳动力调查、农村劳动就业调查、外出务工调查等。进入2016年后，对农村进入城镇人口调查作为农村社会经济发展的重要调查指标。

第二节　农村农业统计

瓮安是一个传统农业县，新中国成立前，一直处于自给自足的自然经济状态。农业生产自生自灭，仅耕种田亩，人口国税隶属国民政府统计范畴。

中华人民共和国成立后，国家开始重视农业统计工作。1952年初，中央人民政府政务院财政经济委员会制定了关于农业生产、耕地面积、牲畜、农村人口与户数、劳动力、农田水利等基本情况的年报制度。是年6月，根据政务院统一部署，县政府人委会组织并开始第一次农业资源勘察工作。1954年，县计统科成立，“一五”期间，县内采用按行政区和地形分类选择典型村寨，以互助组和选区为基础，进行“数算”填报的方法进行农业统计调查。其各项农业统计数据客观且较真实。

1954年计统科成立，农业综合统计报表由农业部门移交综合统计部门填报。是年，统计报表中增加农业职工及工资、土地利用情况、主要农机具情况4种统计报表。为反映对个体农民社会主义改造进行状况，从人口和互助组织表分别列出农业生产互助组织表。其统计项目主要为：参加互助组织的户数、人口、耕地面积。在互助合作组织总数中，分列农业合作社、常年互助组、季节性互助组。其他统计报表仍由农业部门编制上报，同时转报统计部门。

1954年，省统计局安排增加自然灾害情况表，表含灾害作物面积，受灾人口，因灾致死人数、畜牧数、房屋损坏数、水利等内容和指标，并由统计部门和农业部门共同填报。

1957年年底，农村社会主义改造基本完成，农业统计报表指标体系更加完善和统一。其时，农业合作社已具备填表统计报送能力，农业统计以基层农业合作社为填报单位。同时增加多种综合统计年报表：一是农业合作社基本情况表，表含合作社社数、户数、劳动力等。并以合作社规模分列50户以下，51~100户，100户以上几个等级，按生产类别分列粮食作物，经济作物等，分列高级社、初级社个数和户数。再是农业生产合作社收益分配表，表含农、林、牧、副、渔业收入，生产费用支出，纯收入，公积金、公益金、社员分配和平均每人分配收入，根据农业生产合作社收益分配调查资料整理填报。三是林业统计资料，即林业生产情况表，表含林业面积、木材、薪炭林产量，并由林业部门移交统计部门编制上报。

1958年，农业统计报表转向以农业生产进度为中心，并新增农具改革和积肥3日报，秋播生产进度5日报，人民公社建立情况旬报，造林、牲畜、生猪发展、爱国卫生、土壤改良、公社建立食堂情况月报。

1960年，瓮安和全国一样，农村统计报表一度泛滥成灾，影响正常统计报表制度的执行。这一时期，除继续执行耕地面积及其变动情况、农作物产量、蚕茧生产、牲畜数量及其变动情况、生猪头数及其变动情况、家禽数量、畜禽产品总量和林业生产等常规综合年报表外，相应又增加系列统计报表。一是田间管理表，含追肥面积，追肥数量，浇水面积，除草面积；二是春耕进度表，含田土翻犁面积，施基肥面积，施基肥数量；三是播种进度表，含各种粮食作物，经济作物和其他作物的面积等；建立所谓高产卫星分产田卡片，大面积高产田组；四是劳力使用情况，含现有劳力数，从事农业劳动人数等。

其次是农村人民公社基本情况调查系列统计表。即公社建制、人口、耕地情况表、公社组织规模情况表、公社基本核算单位情况表、公社化后拆除和占用民房情况表、公社化前原高级社拖欠社员生产资料及生产投资价款情况表、公社基建占用耕地面积情况表、公社牲畜家禽饲养情况表、公社主要固定资产情况表、公社工业生产单位和劳动人数情况表、公社商业、饮食业、服务业机构人员及资金情况表、公社专业运输情况表、公社公共福利事业情况表、下放农村人民公社的全民所有制企业、事业单位和专职人员情况表和机关、学校、企业团体等农副业生产情况。

1961 年，遵照中共八届九中全会通过的“调整、巩固、充实、提高”八字方针，全国开始调整国民经济各部门中的比例关系。国家统计局针对各地自行滥发报表，私作统计口径，范围不同，影响统计数据质量的弊端，提出报表整顿措施。其间，瓮安县统计局严格执行了省、州统计报表整顿办法，精简繁多农业生产进度统计报表，使农村统计报表多，报表乱象得到控制，各种农业统计报表秩序基本得到恢复，走上正常轨道。

截至 1965 年，由统计部门编制的报表减少近 10 种。这一时期，按省、州统计报表规定，瓮安县统计局相关农业方面综合年报主要为：农村基本情况、耕地面积、主要农业生产设备拥有量、主要农机具、农业机械化和电气化情况、农作物实际产量、主要农作物按经济类型分组、粮食、大豆、油菜、棉花实际产量、蚕茧生产、牲畜存栏头数、林业生产、水产生产、农作物丰产情况、粮、棉、花生、油菜、烤烟单产分组等。

1966 年，开始“文化大革命”，综合统计部门机构遭到严重冲击，甚而被撤销。部门统计工作主要依靠农业主管部门负责。大部分报表停报，农业报表仅为几种，直至 1970 年才有所增加，1971 年后，农业统计综合年报表编制工作恢复正常。为全面反映《全国农业发展纲要》的执行情况，新增粮、棉、猪上纲要情况表、农业总产值统计表、农业现代化情况表、农村人民公社基本核算单位收益分配情况表、国营农、林、牧、渔场基本情况表、县农业生产情况表等报表。

第三节　改革开放后农村农业统计

1978 年 12 月，中共十一届三中全会召开，农村开始农村农业经济体制改革。特别是“联产承包”责任制实行后，助推了农村农业经济的快速发展，相伴农业经济的发展，农村统计工作任务相继加重。其间，农业报表制度得以逐步完善和加强。并相继建立起农业产量抽样调查队伍。20 世纪 80 年代，根据贵州省农业厅对农业统计制度的要求，增设了农村政社组织情况统计表，表中含政社已分开的乡、镇政府数和已改为经济组织的公社数、村数；政社未分开的人民公社数，生产大队数，生产队数；实行联产承包责任制的队数；未实行联产承包的队数、户数，社（乡）总户数、人口数。耕地面积情况表含年初耕地面积，当年增加耕地面积；当年减少的耕地面积和年末实有水田、旱地耕地面积。主要农业机械年末拥有量含农业机械总动力，动力机械，无动力机械；农业现代化情况含农业机械化、用电情况和化肥施用量；农作物播种面积和产量含粮食、经济作物、其他农作物；蚕茧、茶叶、蔬果生产情况。其间，瓮安县统计局按上级指示和本县实际，建立了农作物产量代表户调查制度（一般由县农业局农经股担任），使农村调查统计制度进一步完善。

1985 年，继全国统计工作会议后，国家统计局逐步修订完善国民经济和社会统计指标体系，将农业统计改为农村统计。其统计项目主要增加了价值量和社会经济效益方面的指标体系。其间，严格控制发往农村基层统计表，克服了报表多、乱，与指标重叠现象，相继减轻基层农村统计负担。而这一时期的统计为适应新形势下经济体制改革的需要，对农村统计报表制度的改革也逐步深化。国家统计局和中央涉农部门共同制定了“农村统计一套表”制度。是时执行农村统计年报有：农村基层组织情况、耕地面积情况、农业用电情况、化肥情况、蚕茧、茶叶和水果统计、农作物播种面积与产量、牧业生产情况、农业机械设备拥有量、农业总产值、农业净产值、现代农村社会总产值等十余种。内容主要有村组织填报的报表，报表有农村基层组织情况、耕地面积情况、主要农业机械拥有量、农业机械、用电、化肥、水利、林业生产情况、经济作物播种和粮食产量等；二是乡镇报表，有粮食产量、农业总产值、农村社会总产值、农村固定资产、农村经济收入分配与效益、农村交通、农副产品收购额；在校学生、农村病床、农民收入；乡镇企业总产值、总收入、利润、税金、主要产品产量。三是乡镇企业主要经济考核指标月报和经济社会计划执行情况公报，有社会商品零售额、农副产品收购量。乡镇企业总产值、总收入、财政收入、主要企业产值产量完成数等三大部分。遵照省州安排，瓮安统计局将“一套表”作为全县农村农业方面统计的基本报表制度。

进入 20 世纪 90 年代，按新国民经济核算体系的要求，国家统计局对农村统计报表制度作了修订。1992 年，在原有报表的基础上，统计部门新增农村综合年报达 8 种之多：

一是现价农村社会总产值，含现价农村总产值，并按产业部门分组：农业总产值含农、林、牧、渔业产值；农村工业总产值，含乡镇、村及村以下兴办工业产值，新建房屋，农田水利工程，其他建筑安装工程产值；农村建筑安装工业产值；运输业总产值，含乡、村及村以下运输企业产值；商业、饮食业总产值，含农村供销社、乡村、个体、农户办商业，饮食业产值。

二是农村总产值和农业商品产值，含农业总产值，分列种植业主产品产值，副产品产值；林业产值，分列林牧生长、林产品、村及村以下单位和农户木材采伐产值；牧业产值，分列牲畜增殖、增长、增重产值，家禽饲养、活家禽产品，其他动物饲养产值；

副业产值，分列采集野生植物、捕猎、农村家庭兼营工业产值；渔业产值，分列海水、淡水产品。统计计算农业总产值分别按1990年不变价，1992年现行价格计算，农业商品按1992年现行价计算。

三是农业增加值，含农业总产出，农业中间消耗，农业增加值、农业税金，国营、集体农业单位提取福利基金、公益金，农业生产固定资产折旧及大修理基金和其他涉及项目。

四是农业净产值，含农业总产值，物资消耗，农业净产值。该表各项指标分列为农业、林业、牧业、渔业。农业净产值按1992年现行价格计算，并附农业生产中间消耗分项目计算表和农业物质消耗计算表。

五是农村经济收入分配和效益，含农村经济总收入，分列农业、工业、建筑业、交通运输业、商业、饮食业、服务业。其他收入；含农村经济纯收入，分列国家税收，集体提留，农村居民纯收入，农村经济内部生产性积累；农村经济收入分配和效益，按乡、镇、村、村以下分列。

六是农村固定资产结构，含年末生产性固定资产原值，分列生产用房及建筑物，役畜及产品畜，铁木农具，农业牧渔业机械，工业机械、设备，建筑业机械，其他固定资产；年末非生产用房及建筑物原值。农村固定资产按乡一级、村一级、村以下分组。

七是县（市）农村经济卡片，主要含乡镇个数、全县总人口、乡村人口、户数、劳动力、土地面积、农业机械总动力、机耕面积、化肥、农药、农用薄膜、农村电力使用量、农作物播种面积及产量；农村社会总产值；乡镇企业个数、人数、总产值及各项经济效益指标；农村商业机构、人数；农副产品收购、出售量；农村中小学数；社会总产值。按行业分别列国民收入、财税收入、社会商品零售额等指标。

八是沿海开放县和农副产品出口生产基地农村社会经济卡片，此项涵盖内容因瓮安县不沿海、不沿边，无出口农产品，统计局有表而未曾填报。

1993年，国家对农村报表制度个别内容进行调整，报表及指标内容仍相对稳定，其主要报表有：农村基本情况及农业生产情况，含乡镇政府数，村民委员会数，人口数，劳动力构成及使用去向；用电情况；农业化肥施用量，并分设实物量与折纯量。《耕地面积》，含年初耕地面积，当年增加耕地面积，当年减少耕地面积，年末实有水田、旱地耕地面积；当年社队基建和社员建房用地。

第四节 21 世纪农村农业统计

进入 21 世纪，随着改革开放的深入，农业经济体制发生巨大变化。

2000 年，根据省州统计局相关规定，在原畜牧业统计报表基础上新增特种畜牧养殖情况表、特色农业生产情况表两种报表。2001 年，农业统计报表内容保持稳定，国家和省统计部门只对个别内容进行补充和修订，新增设农业产值综合统计报表制度，将原农村牧渔中间消耗表纳入本制度。其间，将原试行农产品价格调查、农产品价格指数的编制和主要农产品中间消耗调查表纳入正式统计制度。在主要农林牧渔统计中，增加林业生产情况表、规模户畜牧业生产情况表、散养户畜牧业生产情况表，并实行半年报。并增加渔业生产情况，实施季报。按国家统计局统一部署，将涉及产值和中间消耗的报表纳入农业产值综合统计表制度，乡村社会经济调查统计中修订的内容为：从 2001 年起，年报开始施行地方点农村固定资产投资调查，执行国家统计局制定的农村固定资产调查方案。上报内容增加 50 万元以上投资单位基层报表和村基本情况表年报。取消乡村劳动力转移情况表、调查基本情况表、调查村基本情况表。

2002 年，按国家统计局统一安排，农林牧渔统计报表制度中增加耕地面积情况表、非农户农作物播种面积情况表、农业主要产品生产情况表三种表式。农业主要产品生产情况表的内容和指标主要为：粮食，分列夏粮、秋粮；经济作物分列棉花、油料、麻类、甜菜、药材和其他主要经济作物；其他农作物分列为蔬菜、瓜类、青饲料与其他。按统计表式在以上农作物在合计数下分列播种面积、平均单产、总产。

2003 年，农林产值综合报表制度中，首将农林牧渔业总产值表中的竹木采运指标统计范围扩大为全社会。增加农林牧业服务业分组，相对修订和调整了农产品价格调查报表制度，其表名为农产品集贸市场价格表。

其间，在农林牧渔业统计报表制度中，一是将农业主要产品生产情况表及茶叶、水果生产情况表中增加牧草、冬枣、樱桃等品种；二是增加特色农业生产情况表、特色林业生产情况表、特色渔业生产情况表等 3 种表式。2004 年、2005 年，遵照省、州统计部门相关指示，结合本地实际，诸如地膜覆盖面积、良种良法推广面积，常用机械，田土面积，农村用电，基本医疗参保人数，基本养老保险人数，保障生活标准人数等项目。

2005 年，既是农村经济体制改革取得巨大成果之年，又是继续深化，农业传统产业在发展中淘汰，新兴农业产业在改革大潮中不断新生的重要年份。农业经济统计表式与之所含内容、指标，伴随新兴产业的出现，传统产业的淘汰逐步增加。诸如乡村从业人员，过去只是从事于种植、养殖、林业加工等方面。随之改革深入，农村从业人员便向服务饮食业、农商、交通运输、邮电信息和仓储运输物流业等发展。农村经济种植、养殖朝规模型，蔬菜水果朝反季节，多种形式的土地流转使用，合作社之类股份制、非公有制发展。其间，瓮安联系矿产资源的丰厚条件，农村农业中的矿山开采业、建筑业、轻工加工业均成为农村农业经济发展方向，形成随农村农业经济调查、统计工作也不断更易和分类、分指标类型的表式变动。

2006 年，农村统计在县（市）社会经济基本情况的统计制度，在补充资料中再度修订并加以完善。一是在县（市）社会基本情况统计报表制度中，修订部分指标名称，将“国有及年销售收入 500 万元以上的非国有工业企业”修订为“规模以上工业企业”；“限额以上批发零售贸易业商品销售总额”修订为“限额以上批发和零售商品消费总额”。二是在县（市）社会基本情况补充资料统计报表制度中，新增“年末总人口”和“常住人口”两项指标，删减 43 项指标。因此，县（市）社会基本情况补充资料统计表制度的指标数由原来的 150 个修订为 109 个。随着统计系统体制改革的深入，为理顺统计局，农调队涉农统计职能分工，其间，依据国家统计局《关于印发国家统计局省级调查总队与同级统计局业务分工协作的基本原则和主要调查任务的通知》精神和省、州相关指示，瓮安县统计局与调查队对有关统计业务进行了移交。其内容有农业增加值核算，农林牧渔业生产情况（全面统计），地方住户调查，地方全面小康监测等。

第五节　农村住户抽样调查

县内关于农村住户抽样调查始于 20 世纪 50 年代中期。1955 年至 1956 年间，瓮安统计科根据国家统计局制发的关于 1953 年度农民家庭收支调查方案的精神，瓮安县统计科便开始农村住户调查工作。其间，调查内容为实物收支、产值、消费与积累等项内容和指标。

1958 年，县内农村实现人民公社化，社员收支与消费发生变化。根据当时形势，瓮安县统计局按省、州指示，取消原有调查中的农民副业生产、收入、消费与积累的相关表册。增加了人民公社基本情况，人民公社收益分配情况，人民公社增减产情况等报表。

1962 年，国民经济处于调整时期，县统计局根据国家统计局《1962 年农村人民公社社员收支调查实施办法》，采取划类选点的办法试行。以经常性登记收集材料的方法，对

1961 年社员家庭收支情况进行一次性回忆调查，并填报社员基本情况、社员户家庭副业生产情况、社员户收入、社员户支出年报。1964 年，按省、州指示，瓮安县统计局抽选农业户实施调查。调查表明，1961 年全县农民人均纯收入 125 元，1963 年 96 元，1964 年 108 元。

1966 年，“文化大革命”开始，农村住户调查工作被迫停止。

中共十一届三中全会后，1979 年，瓮安县统计局根据省统计局相关指示精神，结合国家统计局制发《农村经济典型调查方案》的规定，在县内抽选农村社员户进行调查。调查报表主要有社员副业生产情况、社员户收入情况、生活消费品实物消费量、耐用物品拥有量和社员户现金收支情况。经调查，农民人均纯收入 1979 年为 270 元，1980 年为 275 元。

为使统计适应我国经济形势的发展，国家统计局会同有关部门，于 1984 年发出通知，要求各地建立城乡两支抽样调查队，进行职工家庭收支、职工生活费用价格指数、市场物价和农产量抽样调查；农村住户、农村经济基本情况等方面的抽样调查。

瓮安县农村抽样调查队成立于 1984 年 8 月，城市物价调查点（全省七个调查点之一）设立于 1984 年 12 月。在此之前，该调查由瓮安县统计局内设农经专业、农业专业和物价统计专业开展的农民家计调查、农户收支调查、农作物产量抽样调查以及物价指数调查等来完成。

农业产量、农村住户抽样调查

根据国家统计局制发的《农村住户调查方案》精神，农民家庭收支调查正式改为农村住户调查，并实行专业设置管理办法。1984 年 8 月，瓮安县农村抽样调查队内设农村住户专业和农业产量专业。1989 年 4 月，因扩大抽样调查的范围和内容，更名为瓮安县农村社会经济调查队，内设农村住户专业、农业产量专业、农经专业。2001 年 1 月专业设置有住户专业、农产专业、农经专业及面积调查、中间消耗调查、农产品价格调查、烤烟跟踪调查等调查业务。2007 年 12 月新组建国家统计局瓮安调查队，专业设置有农村住户专业（含贫困监测），农业产量专业（含畜禽监测），规模以下工业，三产业企业景气调查及服务业调查专业。2012 年 9 月，为适应新形势下调查工作，国家在全国范围内进行城乡一体化调查工作的启动，瓮安调查队于 11 月起正式开展城乡住户调查新选网点的调查工作。

样本轮换

国家调查方案规定，样本轮换在一般情况下每5年进行一次。从1985年开始实行第一次样本轮换，起止时间为1986年至1990年。1990年进行第二次样本轮换；起止时间为1991年至2000年。2000年进行第三次样本轮换，起止时间为2001年至2005年。2005年进行第四次样本轮换，起止时间为2006年至2010年。2007年国家统计局进行机构改革，重新组建调查队，并再次进行样本轮换，更换样本的起止时间为2008年至2012年。2012年12月，为开展城乡一体化调查，又一次进行新的样本选点。

调查网点设置

1985年前，县统计局农经专业在全县设5个农村住户调查点，每点各10户，对设点50户开展农民家计调查。1985年起，县农调队根据总队调查方案要求，在全县分别设12个农村住户专业调查点，21个农产量专业调查点。1991年起更换网点调查，分别设7个农村住户调查点，18个农产量调查点。2001年对调查范围和调查内容再次进行更换，农村住户专业、农产量专业、农经专业、面积调查、中间消耗调查、农产品价格调查、烤烟跟踪调查等调查网点不断更新。农村住户专业全县设10个调查点，农产量专业全县设8个调查点与住户点重合。2006年又一次更换，全县设7个农村住户调查点，9个农产量调查点。2007年12月重新组建国家统计局瓮安调查队后，全县设10个农村住户调查点（含贫困监测），31个农产量调查点（含畜禽监测），30个规模以下工业，二、三产业企业景气调查及服务业调查点。2012年12月实行城乡一体化调查方案后，全县抽选样本点12个调查小区（4个居委会、8个村委会），每个小区分别抽选10户固定记账户，全县共120户抽样调查户。

自农村抽样调查以来，瓮安县统计局始终把农村抽样调查结果作为探测农村经济结构的温度计，作为瓮安农村社会进步的标尺。其间，以调查的各种统计和核算方法，把农民人均纯收入作为农调最为重要的指标。“六五”期末的1985年，瓮安农民人均纯收入仅315元，至“七五”期末的1990年增加至601元，较“六五”期末增加90.7%；“八五”期末的1995年，农民人均纯收入920元，较“七五”期末增加53.07%；“九五”期末的2000年，农民人均纯收入1641元，较“八五”期末增加78.36%；“十五”期末的2005年，农民人均纯收入2006.68元，较“九五”期末增加22.28%；“十一五”期末的2010年，农民人均纯收入4050.62元，较“十五”期末增加101.85%；“十二五”

期末的 2015 年，农民人均纯收入 8324 元，较“十一五”期末增加 314.7%。

1949—2016 年瓮安县国民经济主要指标（农林牧渔业总产值）

表 6-1　　　　单位：万元

年份	农林牧渔业总产值	农业	林业	牧业	渔业
1949	1988	1243	328	406	1
1950	2256	1403	334	518	1
1951	2631	1599	351	680	1
1952	2657	1458	364	834	1
1953	3053	1819	373	859	2
1954	3328	2039	384	903	2
1955	3888	2556	383	947	2
1956	4308	2922	386	998	2
1957	4474	3092	409	971	2
1958	4618	3073	415	1127	3
1959	3347	2200	208	937	2
1960	2913	2125	41	745	2
1961	2725	2119	33	569	4
1962	2588	1973	34	579	2
1963	2047	1525	24	496	2
1964	2528	2051	26	449	2
1965	3064	2549	33	479	3
1966	3430	2501	69	857	3
1967	3427	2231	48	1148	3
1968	3080	2131	58	8888	3
1969	2929	2092	58	776	3
1970	3602	2537	62	1000	3
1971	4558	3353	58	1145	2
1972	4480	3340	80	1057	3
1973	6137	4901	151	1084	1
1974	6065	4200	114	1720	2
1975	5388	3211	156	2019	2

续表6-1

年份	农林牧渔业总产值	农业	林业	牧业	渔业
1976	5279	2984	231	2060	4
1977	6752	3962	353	2435	2
1978	7636	4937	248	2448	3
1979	7467	4792	236	24369	3
1980	7239	4772	213	2251	3
1981	8867	5973	321	2579	3
1982	9274	6767	184	2318	5
1983	9493	6573	471	2432	17
1984	10828	7747	953	2075	53
1985	10532	7495	605	2385	47
1986	13010	79527	608	2837	38
1987	14171	10160	589	3373	49
1988	18769	12459	418	5830	62
1989	22011	14803	425	6691	92
1990	21935	13735	644	7486	70
1991	29037	20695	566	7683	93
1992	30234	20214	1960	7981	79
1993	40891	28855	840	11063	133
1994	58535	38933	2134	17291	177
1995	59584	46789	2626	10064	105
1996	61399	48283	3626	11043	247
1997	64348	44491	3141	16454	262
1998	65751	43391	3244	18845	271
1999	66165	44118	3206	18452	389
2000	67268	—	—	—	—
2001	65244	47009	—	—	—
2002	56844	39956	—	—	21849
2003	68608	—	—	21840	—
2004	79650	—	—	29670	—
2005	87158	—	—	37721	—

续表6-1

年份	农林牧渔业总产值	农业	林业	牧业	渔业
2006	92379	—	—	43100	—
2007	123641	70481	3322	40838	—
2008	128598	60502	2600	62034	836
2009	14748	70206	18051	6603	877
2010	113522	84420	1575	27527	—
2011	178450	87173	2525	34015	—
2012	198687	112101	3111	46568	2484
2013	225957	128215	3489	55023	4995
2014	281076	174658	3650	47520	7850
2015	30900	183800	3800	48700	8500
2016	44140	23970	4300	64700	9600

2000—2016年瓮安县主要经济指标统计表

表6-2

年份	地方财政支出		社会消费品零售总额		城镇居民人均可支配收入		农村居民人均可支配收入（农民人均纯收入）		金融机构各项存款余额		金融机构各项贷款余额	
	绝对值（亿元）	增长（%）	绝对值（亿元）	增长（%）	绝对值（亿元）	增长（%）	绝对值（亿元）	增长（%）	绝对值（亿元）	增长（%）	绝对值（亿元）	增长（%）
2000	0.94	-1.4	2.89	14.0	—	—	1641	0.5	5.59	68.7	5.78	40.0
2001	1.12	19.5	3.02	4.7	—	—	1483	-9.6	6.32	13.0	5.66	-2.0
2002	1.47	31.4	3.32	9.8	—	—	1412	-4.8	7.52	18.9	5.63	-0.6
2003	1.82	24.0	3.76	13.33	—	—	1688	19.5	9.02	20.0	3.87	-31.1
2004	2.25	23.3	4.21	12.0	5355	—	1794	6.3	11.88	31.7	4.20	8.3
2005	2.99	32.8	2.98	-29.2	6801	27.0	2007	11.9	15.82	33.1	4.78	13.9
2006	3.86	29.0	3.40	14.1	7230	6.4	2125	4.7	19.82	25.3	5.58	16.7
2007	4.72	22.4	4.00	17.5	8278	7.5	2550	11.6	24.11	21.6	6.35	13.7
2008	7.01	48.5	4.12	28.0	8950	5.6	3015	9.0	32.41	34.4	6.74	6.2
2009	9.20	31.2	6.29	6.8	10070	7.1	3425	8.0	38.45	18.6	10.02	48.6
2010	12.47	35.6	7.46	20.6	11090	9.8	4050	17.7	44.04	14.5	16.07	60.4
2011	15.10	21.1	9.00	20.6	13475	9.8	4930	21.7	53.95	22.5	24.25	50.9

续表6-2

年份	地方财政支出		社会消费品零售总额		城镇居民人均可支配收入		农村居民人均可支配收入（农民人均纯收入）		金融机构各项存款余额		金融机构各项贷款余额	
	绝对值（亿元）	增长（%）	绝对值（亿元）	增长（%）	绝对值（亿元）	增长（%）	绝对值（亿元）	增长（%）	绝对值（亿元）	增长（%）	绝对值（亿元）	增长（%）
2012	18. 81	24. 6	10. 46	16. 3	15805	17. 3	5791	17. 5	63. 35	17. 4	34. 44	42. 0
2013	19. 91	5. 9	11. 91	13. 8	20017	26. 6	6492	12. 1	80. 61	27. 2	45. 55	32. 3
2014	22. 77	14. 3	13. 44	12. 9	21891	10. 4	7519	11. 9	93. 03	15. 4	62. 05	36. 2
2015	32. 44	42. 5	18. 84	12. 0	24124	10. 2	8324	10. 7	119. 03	27. 9	87. 29	40. 7
2016	21. 35	5. 96	21. 42	13. 7	26343	9. 2	9. 56	10	148. 21	24. 5	112. 67	29. 1

2000—2016年瓮安县主要经济指标数据表

表6-3

年份	粮食总产量（万吨）	农林牧渔业总产值（亿元）	工业总产值		规模工业增加值		规模工业企业个数（个）	固定资产投资总额		财政总收入		地方财政收入	
			绝对数（亿元）	增长（%）	绝对数（亿元）	增长（%）		绝对数（亿元）	增长（%）	绝对数（亿元）	增长（%）	绝对数（亿元）	增长（%）
2000	17. 24	6. 73	7. 13	-9. 0	2. 09	-25. 7	22	1. 53	15. 1	0. 81	-3. 3	0. 50	-21. 4
2001	16. 89	6. 52	7. 52	5. 6	1. 72	-18. 0	18	1. 98	28. 9	0. 72	-11. 8	0. 49	-2. 5
2002	8. 4	5. 68	8. 24	9. 5	1. 86	144. 6	120	2. 18	10. 2	0. 82	13. 9	0. 51	3. 3
2003	18. 20	6. 86	9. 34	13. 4	1. 24	-33. 3	20	2. 31	6. 2	1. 01	23. 3	0. 63	24. 9
2004	18. 30	7. 90	8. 91	-4. 6	1. 96	58. 0	22	2. 91	25. 8	1. 16	15. 4	0. 73	15. 0
2005	18. 30	8. 76	12. 30	38. 0	3. 11	58. 7	36	3. 68	26. 7	1. 63	40. 6	0. 85	16. 6
2006	18. 66	9. 28	15. 79	28. 4	3. 11	0. 0	35	4. 22	14. 5	2. 01	22. 8	1. 05	23. 9
2007	19. 24	10. 07	23. 58	49. 4	5. 55	78. 7	40	5. 70	35. 1	2. 41	20. 0	1. 16	10. 6
2008	20. 08	12. 86	29. 58	25. 4	6. 46	16. 3	37	7. 06	23. 9	3. 26	35. 2	1. 59	36. 7
2009	20. 82	14. 07	39. 11	32. 3	7. 51	29. 1	40	15. 17	115. 0	4. 54	39. 5	2. 43	53. 1
2010	21. 21	16. 53	51. 64	32. 0	10. 70	29. 1	44	20. 93	136. 6	5. 81	28. 0	3. 38	39. 2
2011	14. 26	17. 85	81. 07	57. 0	14. 88	22. 0	40	47. 41	86. 87	7. 53	29. 5	4. 71	39. 3
2012	16. 78	19. 87	95. 12	17. 3	25. 15	32. 5	53	69. 82	47. 3	11. 31	50. 2	7. 35	56. 1
2013	15. 97	22. 60	110. 11	15. 8	32. 00	23. 1	50	89. 20	27. 8	15. 12	33. 7	8. 98	22. 2
2014	18. 17	28. 10	156. 74	42. 3	40. 94	19. 3	67	118. 34	34. 2	17. 57	16. 2	9. 84	9. 5
2015	18. 48	30. 90	191. 00	21. 9	41. 93	13. 8	54	147. 56	24. 7	20. 15	14. 7	11. 62	8. 1
2016	18. 56	41. 14	277. 3	7. 8	35. 15	13. 2	54	124. 85	21. 2	21. 35	5. 96	12. 50	5. 96

第七章　工业交通邮电统计

中华人民共和国成立后，随着社会主义事业的不断发展，工业、交通运输，物资统计等制度逐步建立。1952 年国家统计局规定，工业报表为国营、地方国营及公私合营 1952 年度总结编制说明、企业概况、生产、主要产品收拨与结存、劳动情况、主要原料及燃料结存、电力收支、动力设备、金属切削机床、企业职工住宅及福利设施情况等 10 种，物资报表主要产品与结存、主要原材料及燃料收拨及电力消费情况、电力收支等 4 种，直至 1965 年无大变化。

1966 年，“文化大革命”开始后，其工业、物资报表中断。直至 1968 年年末，工业只剩下 3 种报表，物资仅存 1 种报表。

中共十一届三中全会后，工业、交通、物资各种报表逐步恢复和完善，工业统计范围和统计内容得到不断扩大和充实，基本形成生产、经营、消耗、效益诸方面的统计指标体系。1980 年前，交通运输与邮电统计分散在各分管职能部门，未成为系统体系。1982 年，能源产品和流通从物资统计中分离。1985 年，开始试算交通和邮电产业。

20 世纪 90 年代，瓮安县统计局按国家统计局初步架构出与国际接轨的新国民经济核算体系，相应在工业统计中建立工业增加值，企业经济效益及资金量方面全部指标实施统计。在统计手段上由原始的珠算、计算器改用计算机处理。1998 年，按国家统计局按隶属关系实施乡及乡以上工业，村及村以下工业统计报表体制实行改革。以规定将全部国有企业及年产品销售收入在 500 万元以上的非国有企业，均列入县统计部门的统计范围，实行全面统计。年产品销售收入 500 万元以下的企业，个体工商户，纳入国家直属调查企业，实施抽样调查。是年，按国家统计局建立全国 5000 家工业联网直报制度（时瓮安无大型企业）。

2004 年，瓮安执行全国实施第一次经济普查，工业统计取消基层年报，以普查资料汇总取得当年工业年报数据。

2006 年，是实施“十一五”时期节能降耗目标第一年，国家加强对能源消耗检测力度。是年，按国家统计局增加的能源平衡表（实物量）（标准量）、主要耗能工业企业产品能源消耗情况表、单位工业增加值（GDP）能耗5种报表，工业综合年报4种报表实施统计年报。

第一节　解放后至“文化大革命”结束的工业统计

1949年12月瓮安解放后，1950年至1952年，贵州均处于巩固政权，剿匪清匪的局势，加之贵州工业体系极端薄弱，针对当时多种经济成分并存的实际，瓮安相对开展了以主要部门收集、调查私营工业和手工业方面数据估算，不执行定期表格报送制度。

1952年，瓮安县政府贯彻国家统计局颁布的《国营、地方国营及公司合营1952年度总结编制说明》，执行的综合年报有：企业概况、生产、主要产品收拨与结存、劳动情况、主要材料及电力消耗情况、电力收支、动力设备、金属切削机床、企业职工住宅及福利设施情况10种，当时瓮安对国家统计局要求的上述统计内容基本全无，无统计报表。

1953年，为反映私营工商业的生产经营及社会主义改造情况，按贵州省府和国家统计局制发的《私营大型工业企业定期统计报表编制说明》，对总产值，主要产品销售情况，职工人数及工资，主要原材料燃料消耗情况等进行统计。其时，瓮安县仅从民国期间接收的瓮安铁锅厂，仅职工数十人，为唯一的统计对象实施统计。

是年，贯彻执行《一九五三年私营工商业年度综合报表实施方案》，由刚成立的瓮安县计划统计科会同工商管理部门联系瓮安实际对私营大型工业企业一览表、总产值、资本额及营业额、主要产品产销情况、职工人数及共组、主要生产设备6种年报和各工业部门开工、订货、统购、专卖、包销、收购、经销等分配情况附表进行调查统计。执行国营、地方国营、公私合营工业企业定期统计报表制度（分大、小型企业两种）。其中大型企业综合报表计12种，小型企业综合报表仅工业生产主要情况季报1种。

1954年，贯彻执行国家统计局制发的《重点企业技术经济财务报表制度》和《地方国营重点企业成本统计制度》，并协助有关部门贯彻执行国家统计局与中华全国合作社联合总社制定的《手工业生产合作社、供销合作社（组）的报表说明》，对域内资金、产值、主要产量、劳动工资、固定资产等内容指标进行统计。其间，瓮安统计科统计报表业务均为后者。

1955年，落实贵州省统计局相关指示，报表增加相关加工、订货、统购包销、收购及经销等指标内容统计。并作为领导和部门对私营工业企业的生产指导、分配、加工订货依据。1956 年，社会主义改造基本完成，全部工业企业均实行月、季度和年报统计制度。1957 年，工业年报综合范围扩大至全部工业企业及手工业。执行国家统计局和贵州省统计局的要求，县内综合汇总独立核算工业企业年报达 10 种以上。主要有工业总产值、主要产品产量、职工人数及工资、职工工资构成、动力设备、主要专业生产设备、工业固定资产等等。

1958—1960 年，是全国“大跃进”时期，按国家统计局提出的“统计必须为政治服务，为生产服务”的号召，瓮安县工业统计增加许多进度类工业报表。出现“以进度为纲”的态势。如建立工业生产和钢铁生产的进度旬、月报；反映技术革新和技术革命而建立起来技术革新，新产品试制的生产旬报等。其间，将人民公社工业也纳入统计范围。由于报表繁多、错杂、计算方法不一，加上人为因素，造成工业生产数字严重失真，瓮安尤以钢铁产量为最。仅三年的“左”倾冒进，导致国民经济的大失调，并酿造成严重的三年困难时期。

1961 年，全国进入经济调整时期。遵照中央“拉长轻工业战线，恢复发展传统手工业，缩短重工业战线”调整方针和“以农业为基础，以工业为主导”发展国民经济的总方针，按国家统计局发出的《关于调整工业统计报表的通知》等文件，对工业统计报表作了一系列改革。对统计指标的分组体系和产品目录进行了多次调整。相继增加手工业统计分组，改进了对轻工业的统计，精简了重工业统计等。在产品产量目录中增加日用品和支农品等指标。相应精简调整后的 1965 年工业综合统计年报近 10 余个指标栏目，按栏目实施县内工业统计。

1966 年 5 月，“文化大革命”的“5 · 16”通知发出，全国开始“文化大革命”。这一时期，由于“左”的思潮泛滥，统计被批为“报表挂帅”，对工业统计工作造成严重破坏。工业统计报表几乎中断。1966 年至 1968 年三年间，工业综合年报只剩下工业总产值、产量、劳动生产率 3 项内容的报表。

1970 年 5 月，国家计划委员会根据周恩来总理指示，发出了《关于建立统计报表制度的通知》，继此，工业统计得到恢复，并逐年完善。是年，瓮安县和全国一样，工业报表主要有全民所有制企业独立核算工业企业一览表、工业总产值、主要工业产品产量、主要工业品生产能力、主要生产设备几种报表。1971 年，增加工业企业劳动生产率、主要工业产品质量及技术经济指标、工业新产品试制情况、全民所有制独立核算工业企业主要财务指标等 5 种报表。1972 年，根据实际需要，再增工业企业利润及成本、工业企业固定资产和流动资金等几种报表。其后，瓮安统计部门按上级要求，工业报表又略有增加。

第二节　改革开放后的工业统计

1978 年 12 月，中共十一届三中全会召开，拨乱反正，使中国经济步入社会主义现代化正确轨道。伴随整个国民经济的调整和经济体制改革的进展，工业统计工作得以加强。其统计范围不断扩大，内容不断充实，逐步形成涵盖生产、经营、效益等诸方面完整配套的工业报表体系。1979 年开始，为便于横向经济联合与专业化协作生产，在工业统计报表中执行新的大中小型工业划分标准，计 59 个大类，109 个中类，153 个小类。

随着改革开放的深入，经济体制的改变，在工业综合年报中，各种分组越来越细。经济类型分组中，由过去的全民、集体两组增加到全民、集体、全民与集体合营、全民与私人合营、集体与私人合营、中外合营、外资经济等几十种。在工业总产值中，增加个体经营工业户数及产值；轻工业分组中，增加轻工业生产重工业产品产值、重工业生产轻工业产品产值。1981 年，瓮安县统计局按上级指示，为与历史有可比性，改按 1980 年不变价计算，同时保留 1970 年不变价格实施统计计算。1984 年，按中共中央、国务院《转发农牧渔业部关于开创社队企业新局面的报告通知》精神，农村乡镇工业统计范围包括公办工业、村办工业、部分社员联营工业，其他形式的合作工业和个体工业企业，将农村人民公社工业改为农村乡（社）办工业纳入统计范围。鉴于第二步利改税的实施，增加了部分财务税务指标统计。

1985 年，按国家统计局规定，贵州省工业统计年报与全国性工业普查第二次工业普查摘要表的形式布置下达，而各年报表的口径范围、指标解释、分组及各项目录，一律以工业普查中的有关规定为准。其间，年报内容指标扩大，其中按工业门类分组项目由过去的 10 余个增加到几十个；工业行业大类由过去的几十个增加到 200 余个；小类由 100 多个增加至 500 余个。其间，统计报表均采用 1980 年不变价和现行价进行计算。

进入 20 世纪 90 年代，随国民经济迅速发展和经济体制的改革深化，按国家统计局继续做好社会总产值，工农业总产值和国民收入统计的同时，抓紧建立第三产业产值统计，初步构架与国际接轨的新国民经济核算体系，即（GDP）核算指示。在工业体系年报中增加了工业增加值统计，以其替代以国民收入为中心的国民经济核算体系。相应增加企业经济效益和企业资金流量的部分指标。在工业汇总统计手段上初步使用计算机汇总。1990 年，年报开始使用 1990 年不变价，保留 1980 年不变价的过渡。其间，对农村轧花、碾米、磨面、屠宰、缝纫 5 种加工业按加工费计算工业总产值，按县以上工业产值的方法计算。大中型规模企业改为特大、大一、大二、中一、中二5个档次实施统计上报。

1992年，工业统计综合报表达20余种，包括全部乡及乡以上工业企业和生产单位及工业生产销售总量指标，全部全民所有制、乡及乡以上集体所有制独立核算企业主要经济指标，其他经济类型独立核算的主要经济指标，全部工业企业和生产单位数及工业总产值，工业企业主要产品产量，村办工业企业主要指标等。按上级规定，实行定期报表达10余种，其中有月报、季报。是年，按省州规定，在年报统计中实行“一套表”的年报组织方式和办法。其间，国家统计制度中涉及工业企业的所有报表均由县统计部门负责安排布置进行统计收集，然后将相关专业统计资料转到相关部门整合年报。

1995年，国家统计局为全面测算、考核工业经济效益的变化状况，从年报开始对工业经济效益的评价体系（工业经济效益指数）进行修订。由1992年的6项考核评价指标改为7项，即总资产贡献率、资本保值增值率、资产负债率、流动资产周转率、成本费用利润率、全员劳动生产率、工业产销率。1997年，按国家统计局探索工业发展速度的计算方法，开始利用主要工业产品指数。由于产品产量口径范围及代表性方面的局限性，瓮安统计局按国家、省、州统计的试算部署，和全国一样与实际出入较大。

1998年，遵照国家统计局按隶属关系实施乡及乡以上工业和村及村以下工业的统计体制进行改革，规定为全部国有企业及年产品销售收入在500万元以上的，非国有企业列入地方政府统计部门的统计范围（其产品产量仍要求为全部工业的统计范围）实行全面统计。年产品销售收入500万元以下的企业、个体工商户，纳入国家直属企业调查机构进行抽样调查。取消非独立核算工业企业的报表制度，实现生产指标统计范围与财务指标的统计范围并轨的指令。在统计分组上，按国家统计局，国家工商行政管理局联合规定，工业统计报表由原经济类型划分改为按等级注册类型划分。原经济类型分组主要包括国有经济工业、集体经济工业、其他经济类型工业（含私营经济、联营经济、股份制经济、外商投资经济、港澳台投资经济、其他经济）、城镇合作经营、城镇个体、村办工业、农村合作经营、农村个体、私营工业等9大类进行统计并制表上报。按等级注册类型分组包括国有、集体、股份合作、国有联营、集体联营、国有与集体联营、其他联营、国有独资公司、其他有限责任公司、股份有限公司、私营独资、私营合伙、私营有限责任公司、私营股份有限公司，还有外资等23个大类实施统计。是年，国家统计局建立了全国5000家工业企业联网直报月报、季报、半年报制度。其间按上述两种方法分类，瓮安县统计局按分类目录结合瓮安实际，实施统计和报表制。所涉工业企业、股份制、国有、私营达30余户。

1998年至2001年，工业基层统计年报表主要为7种。其报表名称及主要指标内容为：法人单位基本情况，主要为企业的各种属性内容指标，如法人代码，经济类型，隶属关系等。工业企业生产销售总值及主要产品产量，主要指标内容为现价产值，不变价产值，销售价值，新产品产值，高新技术产品产值等。工业企业财务状况，主要内容为反映企业效益状况的指标，如现金流量指标，资产流量指标等。主要工业技术经济指标，按主要工业技术经济指标目录填写。主要工业产品生产能力，按主要工业产品生产能力目录填写。主要工业产品销售量与库存量季报，按主要工业产品销售量与库存量目录填写。大中型工业总产值调查表，按国民经济行业分类代码小类填写。虽国家统计局制发的表式或目录涵盖面极广，但瓮安县20世纪90年代发展滞后，县统计局所填项目、栏目较少。

2002年，瓮安县统计局根据省、州统计局指示，鉴于整个贵州，乃至黔南工业落后的实际，其表式和报表项目、栏目基本保持国家统一制发表式，无大的变化和变动。

2004年，全国实施第一次经济普查，根据省、州统计局以普查汇总资料取代当年工业年报数据的要求。瓮安县统计局按上级指示，取消基层工业统计中有关报表和项目。其间，实施的主要综合年报有：县（市）工业企业主要经济指标、工业增加值2种。基层定期报表主要有工业产销总值及主要产品产量月报，工业企业主要经济指标月报，主要工业产品销售量与库存量季报，工业企业高新技术产品季报，工业中间投入指标填报补充表5种。

2005年，主要综合年报有县（市）工业企业主要经济指标、工业增加值、规模工业以上工业企业增减变动原因一览表、主要产品产量和生产能力几种。主要工业基层年报表有：法人单位基本情况、产业活动单位基本情况、工业企业生产销售总值、工业财务状况、信息化情况主要指标等。其间，基层定期报表主要是工业产销总值及主要产品产量月报，工业企业主要经济指标季报，工业企业高新技术产品概况季报，工业中间投入指标填报补充表季报等。

2006年，工业统计综合年报增加了规模以下工业主要产品产量报表，基层年报增加了规模以上工业主要产品生产能力年报。2006年年末，工业综合年报、工业基层年报分别为4种和6种。

2007年后，工业年报、季报、月报表式、项目、栏目未曾改动，保持原有表式和报送时间。

2012年，工业企业统计报表制度坚持以一套表制度为核心，坚持统一规范的原则，全面实行一套表联网直报制度。工业企业改革后报表主要有：B204-1工业产销总值及主要产品产量月初报表，B203财务状况月中报表，B204-2主要工业产品销售与库存月初报表；B103-1财务状况（非成本费用调查单位填报）的年报表，B103-2财务状况（成本调查单位填报）的年报表5种报表。

第三节　交通运输与邮电统计

中华人民共和国成立，直至中共十一届三中全会召开，交通运输与邮电行业统计一直分散在各业务部门，没有完整的报表体系。

1978 年 12 月，中共十一届三中全会召开，随经济体制改革和对外开放，对内搞活，以发展为第一要务政策的落实。交通系统外的运输工具数量已占绝对优势，多种经济成分并存，各种经济组织相继出现。其间，跨部门的交通运输和邮电事业越来越多。相关部门对交通运输、邮电专业统计报表制度逐步向行业过渡。政府统计部门在协同各行业部门搞好统计工作的基础上，主要从事综合统计报表的编制工作。

20 世纪 80 年代末，按省统计部门交通统计报表制度规定，瓮安县统计局恢复非交通系统重点单位自有载货汽车运输量统计，时有瓮安铁厂车队、县粮食局车队、县商业烟草车队、县磷肥矿山车队等。并对拥有 10 辆机动车以上的机关、企事业单位重新建立统计报表制度。

1981 年，瓮安统计局联系上级指示和瓮安实际，县统计局发布的统计公报中，首次将 1980 年公路货运周转量统计范围扩大到全社会。

1983 年，国家统计局在非交通系统独立核算运输单位中建立统一的基层统计报表制度。这一时期，瓮安县境内的交通运输和邮电统计报表指标体系内容包括生产量指标。主要为货运量、货物周转量、客运量、旅客周转量、换算周转量、货物吞吐量、邮电业务量；产值指标内容主要为总产值、净产值；生产条件内容指标有公路线路里程、邮路及农村投递邮路长度，电路、长途电信线路长度、交通运输和邮电所有设备；其工具、设备运用指标内容有时间利用、载重能力利用、单位产量、停留时期、燃料消耗、邮电设备利用指标等。质量指标内容有水运货差率、邮电延误率、电报服务差错率，以及反映交通和邮电各方面的速度安全指标。经济效益指标主要涵盖生产成果、劳动力投入、资金占用、成本投入、能源消耗。服务水平指标内容有交通运输、邮电网服务水平，如报纸、电报传递速度，电话普及率，农村邮电通信等。

1987 年，瓮安县统计局遵照国家统计局，省统计局相关表式，对 1985 年至 1987 年货运量、周转量、农村邮电通信等进行统计和报表。

20 世纪 90 年代，相随交通运输和邮电事业发展，各种报表指标体系的内容大量增加。作为瓮安县统计局这一综合部门加强了经济效益，价值量方面的统计工作，充分发挥业务部门搞好专业统计报表的优势。其间，精简了综合统计部门专业性较强的报表指标。1993 年，通过精减后的交通运输和邮电综合年报仅为 5 种，而定期报表 2 种。其报表名称及主要内容指标为交通运输企业基本情况年报表，其中含企业法人代码、企业详细名称、法人代表、企业通信号码、企业详细地址、经济类型（分 12 类）、行业类型、隶属关系（分 8 类）、企业规模、企业营运状态、企业正式开业时间等。交通系统主要有公路运输企业年报表，内容含营运汽车（其中载客汽车、普通载客汽车、专用载客汽车）、轮胎式拖拉机、摩托车、其他机动车、载货挂车、客运量、旅客周转量；货运量、货物周转量、客车总行程、货车总行程、货车总车日等。瓮安无铁路运输、码头客运运输，故此类报表从未向上级按规定报送。

交通邮电报表中财务状况年报是瓮安县统计部门向上报送表格的又一重要业务。报表主要含资本金、流量资产合计、固定资产合计、累计折旧、长期负债、所有者利益、销售收入、营业成本、管理费费用、财务费用、利润总额、应付工资等栏目。其次是主要财务指标季报表，其内容含主营业多收入、营业成本、营业税金及附加、主营利润、其他业务利润、利润总额等。再者是运输、邮电生产量月报表，主要涵盖货物运输量、货物周转量、客运量、旅客周转量、邮电业务总量等。

1998 年，交通运输和邮电行业体制实施改革，交通部、邮电部、贵州省交通厅对交通运输和邮电统计报表体系进行了改革。修订后交通运输和邮电综合统计年报计 5 种，定期报表 2 种。报表名称及主要指标内容有：民用车辆拥有量年报表，表含民用载客汽车、普通载货汽车、专用载货汽车、其他专用汽车、特种汽车、轮胎式拖拉机、摩托车、其他机动车、载货挂车等，以上指标总计数分列私人所有数。民用运输船舶拥有量，含机动船、客船等，指标总数中分列交通部和私人所有数。全社会客货运输（吞吐）量年报表，表含客运量、旅客周转量、货运量、货物周转量、旅客吞吐量、货物吞吐量。合计数中分列公路运输、铁路运输、水上运输等。独立核算运输企业主要运输工具及设备年报表，表含运输车辆、运输船舶及设备等。按国家统计局、省、州统计局规定，以上指标总计数中分列经济类型和专业类型。再者为独立核算运输企业财务状况年报表。表含独立核算单位数、资本金、资产、负债、所有者权益、职工福利基金、管理费用、财务费用、利润总额等，并按经济类型和专业类型分组，在合计数中分列公路、水运、港口。独立核算交通运输企业生产情况和主要财务指标季报表。表含客运量、旅客周转量、货运量、货物周转量、旅客吞吐量、货物吞吐量、营运业务收入、营运成本、营运税金及附加、营运业务利润、利润总额等。再者是运输、邮电、港口生产量月报表，在上述表中运输的指标外，增加邮电业务总量。这一时期，月报、季报、年报各种表式内容重叠极多。填报中，瓮安统计局仍按其要求，结合实际填报并按时上报。

2001 年，根据上级统计部门要求，将运输、邮电生产量改为月报表的“计费邮电总量”，指标改为“邮电业务收入”。2003 年，交通运输和邮电综合年报表达 5 种。主要为民用车辆拥有量、民用运输船舶拥有量、全社会客货运输（吞吐）量、独立核算运输企业主要运输工具及设备和独立核算运输企业财务状况。而定期报表为 4 种，即独立核算交通运输企业生产情况和主要财务指标季报表，运输生产完成情况月报表，新增邮电生产完成情况月报表，民用车辆拥有量年报表。其中民用车辆年报表指标主要为汽车数(其中载客、载货汽车、其他汽车)、电车、摩托车、农用运输车、拖拉机、挂车、其他类型车辆。指标体系中分列营运、非营运、特种、进口、个人、新注册、报废数。再就是邮电生产完成情况表，表含邮电业务总量、移动电话户数、固定电话户数、函件数等。

2005 年，交通邮电业务综合定期报表包括独立核算交通运输企业生产情况和主要财务指标季报表。综合年报包括民用车辆拥有量、独立核算运输企业财务状况。其独立核算交通运输企业生产情况和主要财务指标，季报含客运量、旅客周转量、货运量、货物周转量、营运业务收入、营运成本、营运税金及附加、营运业务利润、利润总数、所得税。年报民用车辆拥有量内容与民用车辆拥有量季报相同。是年，独立核算运输企业财务状况年报指标，主要涵盖企业个数（包括企业亏损数)、资本金合计、流动资产合计(包括存款)、长期投资、固定资产合计、固定资产原价合计、累年折旧（包括当年)、无形及递延资产合计（包括无形资产)、资产合计、负债合计、流动负债合计、长期负债合计、所有者权益合计、营运业务收入、营运业务利润、管理费用（包括税金、财产保险费、待业保险费)、财务费用、利息支出、营业利润、利润总额（包括应交所得税、转作奖金的利润、应付利润)、本年应付工资总额和本年应付福利费总额。报表按经济类型和专业类型分组，其经济类型分为国有经济、集体经济和其他经济；专业类分组为公路运输、水上运输和港口。

在交通运输报表中，县统计局结合瓮安境内无铁路、无水运、无港口的实际，有表而不填不报。

2006 年，交通运输邮电业统计报表基本维持 2005 年报表表式和内容。统计年报包括民用车辆拥有量、独立核算运输企业财务状况两种报表，取消独立核算交通运输企业生产状况和主要财务指标。综合定期报表仍为独立核算交通运输企业生产情况主要财务指标。

21 世纪，伴随国有企业、集体企业的改制，瓮安境内国有、集体交通运输企业相继解体。客运、货运、其他运输车辆除原属国有企业的客运总站外，均实施交通邮电主管部门宏观管理。以运管部门客货运、出租车自行组建的公司实施车辆拥有量，客货运总量，客货周转量进行统计，并按上级要求实施季报、年报。非营运、特种、进口、个人、新注册、报废等仍按省、州统计部门要求实放报表填报制度，基本无大的变化和变动。

第八章　物资与能源、非公有制经济统计

计划经济时代，物资与能源统计成为县级统计部门的主要业务之一。瓮安县统计局相关物资能源统计走过计划经济，“文化大革命”后多种经济成分并存，计划经济为主，其他经济形式作补充和改革开放后市场经济的时代。其报表制度，统计口径和渠道也随着经济社会发展的变化而变化。

第一节　解放初期物资能源统计

中华人民共和国成立之初，为适应国家物资分配计划管理的需要，县内首先在工业企业方面开展物资统计工作。

1951 年，刚解放的瓮安县，县工商部门根据省和专署的安排，制定私营手工业企业定期统计，并实行报表的制度，包括工业相关材料（半成品）等。1952 年，贯彻国家统计局制发的《国营、地方国营及公私合营 1952 年年度总结编制说明》，在工业、基本建设统计报表制度中设物资统计报表。工业报表统计中，其物资年报主要有主要产品收拨与结存、主要原材料及燃料收拨与结存、主要原材料燃料及电力消费情况、电力收支 4 种。基本建设报表制度有基建用材收拨与结存。虽然国家统计局有相应的统计报表制度，但瓮安仍处于剿匪以巩固新生政权工作中，加之仅县供销合作社接管的铁锅厂一家企业和分散的私营手工业，其报表统计数据失真较为严重，且统计不够全面。

1954 年，随国营经济在境内的发展和物资计划的分配供应逐步扩大，境内统计机构相继建立。瓮安县计划统计科按国家统计局要求，将分散在工业和基本建设等专业统计制度中的物资统计内容分离出来，建立物资供应统计报表制度。其间，贯彻执行物资定期统计报表为：主要产品收拨与结存、供货计划执行情况、生产用原材料、燃料收拨与

结存 3 种报表。年报有产品收拨与结存、供应计划执行情况、生产用原材料、燃料收费定额执行情况、基本建设用材料收拨与结存 4 种年报表。其时，上级年报所统计的主要物资有汽油、煤炭、水泥、原木、锯木等 20 余种，而瓮安统计仅为煤炭、原木、锯木等。

1955 年后，遵照国家统计局《物资供应统计报表制度》的要求，县内物资统计报表逐步增加了诸如废金属收拨与结存、废金属调入、已完成工程项目主要材料费、超定额与多余物资、旧机电设备库存等统计内容。

1957 年，根据国家、省、州物资定期报表的产品实际供货量、生产用原材料、燃料收拨与结存、主要原材料、燃料消耗定额执行情况、单位产品电耗定额执行情况、基建用材收、支、存、废金属收拨结存、废金属调入、需用单位新机电设备收支结存、旧机电设备库存情况、电力收支情况、主要原材料、燃料节约与超支情况等表式进行统计。物资综合报表主要为产品收拨与结存、主要产品实际供货量、生产用原材料、燃料收支与结存、主要原材料、燃料消耗定额执行情况、基建用材料收、支、存、需用单位新机电设备收支与结存、旧机电设备库存情况、电力收支情况、已完成工程项目主要原材料消费情况、主要原材料、燃料节约与超支情况。定期报表与年报内容相同，仅为报送时间不同，数据增减不同。

1958 年，执行国家经济委员会、国家统计局《关于建立物资动态快报制度》通知精神和贵州省统计局的具体要求，瓮安县和全省一样，在“大跃进”中增加重点企业主要物资订货合同到货旬报、主要物资消耗与库存五日报等进度统计报表。其间，为反映工业在农村人民公社的发展，又增加农村人民公社产品产量与结存、农村人民公社主要物资消费与结存年报表。为反映国家物资分配和增产节约运动，再增加产品供货执行情况、煤炭地区调拨情况、主要金属材料使用情况、主要物资节约与超支等年报表。其间，为适应块块为主，条块结合的物资管理体制需要，增加按主管部门、行业分组主要货物调入、调出和消耗量等为主要内容的指标。到 1960 年，物资报表达 18 种之多。

1961 年，根据国家国民经济调整的“八字”方针，面对物资管理工作需要，国家对物资管理统计进行改革。县统计按增加产品供货统计，主要为物资到货、供应机构库存，遵照国家统计局编制主要物资资源与需用平衡表实施统计报表。1965 年，对物资统计报表进行精简，取消设备供应、机电产品材料消耗等内容报表。其指标改由通过调查和重点调查方法取得。取消主要物资收、支、存明细表，将物资消耗定额表列入工业技术经济报表之中。

经过精简，除快报外，县统计部门只保留产品收拨与结存、生产用物资收支与库存、基本建设用物资收支与库存、供应机构物资收支与库存、集体所有制企业、事业单位物资收支与库存、农村人民公社主要物资数量 6 种基层表和主要物资消费量、物资消费与库存、集体所有制企业、事业单位及农村人民公社物资消费与库存等 3 种综合报表。

1966 年 5 月，“文化大革命”开始，物资统计报表基本中断。从 1970 年起，恢复物资报表统计制度。1971 年，县内只有主要物资消费量与库存量 1 种报表。1972 年，陆续恢复并增加物资消费、库存、产品收拨与库存、主要产品供货计划执行情况、全民所有制单位生产用主要物资使用方向、物资消耗定额执行情况、新机电产品设备库存情况、新机电设备、产品使用情况、废金属回收调拨情况等报表。至 1977 年，物资年报达 9 种，定期报表为 8 种。

第二节　改革开放后物资能源统计

1978 年 12 月，中共十一届三中全会召开，提出以经济建设为中心，迎来改革开放。为适应经济社会发展，瓮安县物资能源统计也随之从计划经济逐步向商品经济、市场经济过渡。对物资统计报表制度作了全面改革、充实，进一步健全和完善物资统计指标体系。

联系实际，瓮安县统计局自 1980 年起，增加了反映经济效益的价值量报表及指标，如工业产品销售与库存总量、物资与库存总值的报表等。

其间，为适应能源开发、节约建设、降低能源消耗，按国家统计局规定编制了能源平衡表新规新表，从 1985 年起，增加主要物资调拨情况报表。是年，物资统计综合报表达 10 余种，报送主要指标包括工业产品收拨与结存，表含本年生产量、企业自销量、拨出量、盘盈盘亏、年末库存量、库存积压。并按 50 个品种目录填表：即全民所有制单位物资消费与库存，含本年消费量（其中生产消费、基本建设消费）、年末库存量（其中包括生产材料库存、基本建设材料使用库存、供应机构库存、物资部门库存、生产企业产品库存），年末待验收入库量、本年直接拨交农村量；生产用主要物资使用方向，含按“使用方向目录”的物资品种，分列用于炼焦、炼铁、炼磷肥、加工成品油、发热供电使用方向，按全民所有制企业、集体所有制企业分组；集体所有制单位物资消费与库存，其内容与全民所有制报表相同；生产用主要物资按国民经济行业分组消费量，含全民、集体所有制单位填报；工业产品销售与库存总值，含年初库存总值，本年生产量总值、销量总值（其中企业自售，售于省外、供应出口、售于农村）、年末库存总值（其积压值），按工业行业分类目录分列，由全民、集体所有制单位填表；物资消费与库存总值，含工业企业单位数、本年实际现价工业总产值、年初库存量总值、年末收入量总值、本年消费总值、本年拨出量总值、拨交农村总值、其他增减额、年末库存总值。在本年消费总值中，分列生产用、基本建设用、供应机构、物资部门；新机电设备（产品）库存与使用情况，含年初库存量、年末库存量（其中积压设备）、年末待验收入库量、本年使用量、直接拨交农村量、按全部机电设备（产品）总金额，属于进口设备金额分列；主要物资地区调拨情况，含收入量、拨出量。按煤炭、焦炭、磷矿、磷肥、原燃油分列；主要物资资源与使用平衡表，含资源总量（其中年初库存量、生产量、调入量）、使用总量（其中消费量、农村生产生活用量、调出量）、年末库存量；能源平衡表，含可供本地消费能源量（其中年初库存、一次性能源生产量、外省市调入量、进口量）、加工转换投入产出量（其中火力发电、洗选煤、炼焦等）、损失量（其中运输和配电损失）。最终消费（其中物资生产部门、人民生活消费、用于加工非能源），平衡差额。列入平衡表的有原煤、焦炭、油料、电力、热力、非能源 18 种。按地区能源实物量平衡表、能源标准量平衡表、地区工业、交通和邮电通信分行业能源消费量（实物量）、地区工业、交通和邮电通信分行业消费量（标准量）4 种表分别编报；供货合同执行情况，含合同数、交货量、欠交量、合同外供货量、合同预交量，按 22 种主要物资分列统计上报。

1985 年，执行能源、物资定期统计表有：主要物资与库存月、季报表，供货合同执行情况季报表、城镇集体所有制单位物资消费与库存半年报，新机电设备使用、库存情况半年报、重点工业企业能源消费季报等。

20 世纪 90 年代，经济体制发生变化。随社会主义市场经济体制的逐步形成和改革开放的进一步深入，大部分生产资料进入商品流通领域，物资统计报表在原有基础上又增加了工业品销售与能源统计报表制度。统计报表指标内容主要包括下列诸方面。物资统计报表包括主要物资消费库存量，分列全民和集体所有制单位本年的消费量、年末库存量。原燃料进、耗、存，以平衡表的形式分列年初库存量、收入量、消费量、拨出（销售）量、调往省外量、直接出口量、盘亏盘盈量、年末库存量。生产用主要物资使用方向，分列主要物资消费量的使用方向。生产用主要物资按国民紧经济分组消费量，分列钢材、原木、煤炭、燃油料、电力等 18 种主要物资的消费量。地方单位中央直供料消费与库存、物资消费与库存总值、供销机构物资购销库存总值，按行业分类列出企业单位数、本年收入总值、消耗总值、拨出（出售）总值、盘盈盘亏值、年末库存总值。工业产品销售与库存总值，工业企业产品销售情况，分列产品销售数量、金额。

能源统计表包括工业企业生产用能源消耗情况，分列 18 种能源折合标准煤的消耗量、总用水量。能源平衡表，含 18 种能源平衡式分列年初库存、本年收入量、生产量、销售或拨出量、运输和运输损失、盘盈盘亏、年末库存量。

1995 年 1 月，全国开始并进行第三次工业普查，遵照国家统计局规定，物资能源年报以工业普查数据为准。第三次工业普查原材料、能源消费统计共设报表两张，即原材料、能源消费表和能源加工转换表。为研究国民消费结构，消费规模和水平，主要原材料、能源消费目录由年报的48种扩大到262种。同时增加农副产品、金属制品和各种复式分组。由于表式变动，能源消费概念包括原始消费和中间消费两大部分。原材料、能源消费设置两类指标，即价值量指标和实物量指标。1996年，能源统计表含工业企业能源购进、消费及库存年报表，填报范围为规模以上全部工业企业，分列21种能源折合标准煤的消费量。主要指标内容有年初库存、购进量、消费量、年末库存量。

2003年，重点耗能工业企业能源购进、消费及库存半年报改为年报，并增加工业企业主要能源消费量与库存量季报表。填报范围为规模以上全部工业企业，分列6种能源消耗量。其主要指标内容有年初库存量、购进量、季末累积消费量、季末库存量，其补充资料为工业取用水量指标。

2004年，能源报表主要包括规模以上工业企业能源购进、消费及库存附表、工业企业主要原材料及水消费表。其规模以上工业企业能源购进、消费及库存表的内容主要为：原煤、精洗煤、其他洗煤、型煤、焦炭、其他焦化产品、焦炉煤气、原油、汽油、煤油、柴油、燃料油、液化石油气、炼厂干气、其他石油制品、热力、电力、其他燃料和能源合计、年初购进量、消费量、年末库存量以及参考折标系数和采用折标系数。规模以上工业企业能源购进、消费及库存附表其主栏内容与规模以上工业企业能源购进、消费及库存一致，横栏内容为：工业生产消费量、加工转换合计、火力发电、供热、原煤入洗、炼焦、炼油、制气、液化燃气、加工型煤、能源加工转换产出。规模以下工业企业能源购进、消费及库存内容与规模以上工业企业能源购进、消费及库存内容相同。工业企业主要原材料及水消费表指标为："主要原材料消费"和"水消费"。主要原材料消费包括生铁、钢材、钢材重复轧制、钢丝、铜、铅、锌、铜材、铝材，年初库存量、本年购进量、本年消费量和年末库存量。"水消费"包括地下水及地表水、自来水、其他水和重复用水量。

2005年，根据国家统计局相关规定和省、州指示，能源统计报表综合年报表主要有：工业企业能源购进、消费与库存、工业企业能源购进、消费与库存附表和工业企业水消费表。

基层定期报表有工业企业主要能源与库存季报表。工业企业能源购进、消费与库存年报表，表含原煤、精洗煤、其他洗煤、高炉煤气、其他煤气、天然气、液化天然气、原油、汽油、煤油、柴油、燃料油、液化石油气、炼厂干气、其他石油制品、热力、电力、其他燃料和能源合计，横栏包括年初购进量、消费量、年末库存量以参考折标系数和采用的折标系数。其间，瓮安县统计局根据表式栏目，联系实际，有则填，无则空，填写上报。

工业能源统计年报还有工业企业能源购进、消费及库存附表，其主栏内容与工业企业能源购进、消费及库存表一致，其横栏内容为工业生产消费量、加工转化合计、火力发电、供热、原煤入洗、炼焦、炼油、制气、液化天然气、加工型煤、能源加工转化产出等。工业企业水消费内容包括取水总量（包括地下水、地表水、自来水、管道供应的未达标处理水、中水、海水和其他水）、重复水。工业企业主要能源消费与库存指标内容含煤炭、原油、汽油、煤油、柴油、燃料油、焦炭、天然气和电力，年初库存量、本季度累积消费量和季度库存量。

能源统计对一个工业不发达和欠发达的瓮安县，2005 年前，几乎无上规模型工业企业，瓮安县统计局按上级规定表式，择有而填，舍无则不报，持续时间较长。

2006 年，伴随经济社会发展，特别是粗放的劳力密集，生产原始的经营模式，能源消耗和浪费极为严重。针对实际，国家在“十一五”规划中提出节能降耗，并制定实现目标。面对“十一五”节能降耗目标的第一年，国家统计局对能源统计报表制度内容作了部分修订。是年，瓮安能源消耗量能源平衡表（实物量）和能源平衡表（标准量）首次纳入统计报表范围，并实施半年报。其统计范围包括辖区内主营业务收入（产品销售收入）500 万元及以上的法人工业企业，同时增加主要耗能工业企业单位产品能耗情况、单位（GDP）工业增值能耗 2 种报表。

能源统计和节能统计开始至 2016 年，随着改革开放的深入，一批规模型工业逐步入驻瓮安，特别是 2008 年 6 月 28 日后，金正大、芭田等大批能源消耗大户落户境内。能源统计从过去冷清变成热火。瓮安县统计局遵照国家、省、州相关能源统计表式，在发展中适应变化，在发展中增强、加强统计，为地方经济、节能减耗、节能减排提供了可靠科学数据。

2012 年，按国家和省统计局要求，能源统计全部实行联网直报。主要报表为：101-1 调查单位年报表；B104-3 主要工业产品生产能力年报表；205-3 主要能耗工业企业单位产品能源消耗情况季初报表；205-4 工业企业用水情况半年报表；205-1 能源购进、消费与库存月初报表；201-2 能源加工转换与回收利用月初月报表 6 种报表。

第三节　非公有制经济统计

1978 年 12 月，中共十一届三中全会后，国家经济体制在不断的改革中发生巨大变化。全民所有制经济、集体所有制经济逐步朝国有民营、集体所有民营，甚而朝非公有经济转化过渡。

特别是进入 21 世纪后，非公有经济发展迅速，覆盖面之广，行业之多成为经济体制转型的趋势。为适应这一发展，贵州省统计局根据国家统计局相关精神，制定了贵州省非公有（民营）经济统计核算的相关制度。其间与省工商行政管理局、省国家税务局、省地方税务局联合下发了《贵州省非公有（民营）经济核算制度的通知》，要求全省县及县以上各级统计部门按季度测算非公有经济和个体私营经济增加值。根据这一精神，瓮安县统计局于 2003 年开始正式实施。

非公有经济核算制度主要内容涵盖非公有经济和个体私营经济当期与上年同期的增加值，占 GDP 比重和增长幅度。统计中各项指标均按三次产业分组。分列为农林牧渔业、工业（其中分规模以上、规模以下工业）、建筑业、交通运输仓储及邮电通信业、批发零售餐饮业、社会服务和其他行业。

经济体制的改革，县境内凭借煤、磷矿产资源优势，基本上形成煤化工、磷化工、铝化工等矿产品采掘、加工、深加工、产品转换的非公有经济工业体系。其农产品加工、副食品加工等上规模型企业多达上百家，加重了县统计局对非公企业的统计工作，统计核算工作。

按中央和省、州制定的非公统计制度，瓮安县统计局有关非公统计核算，一直处于全州领先地位。

第九章　固定资产投资建筑业与房地产开发统计

1949 年 12 月，瓮安解放，接管国民政府政权。时民国县政府设“民、财、建、教”四科室，其城乡建设及建设统计工作由当时的建设科负责。

1950 年 8 月，县政府设工商科，政府部门临时机构设基建科，固定资产投资统计基本处于无序状态。或由投资单位自行统计，或由在计划经济条件下按划拨经费统计，最后由统计部门汇总上报直持续到 1980 年。

1980 年后，基本建设统计和更新改造统计合并为固定资产投资统计。20 世纪 90 年代，瓮安县统计局负责组织实施全社会固定资产投资，建筑业、房地产统计、收集、整理和提供统计调查数据。

随社会经济发展和城市建设速度的加快，建设领域内容不断增加，统计范围不断扩大，统计调查方法也随之变动而多样。进入 21 世纪，2003 年，瓮安县统计局根据上级安排，基本形成完整的统计体系。

2004 年，按照国家统计局和贵州省统计局统一部署，对固定资产投资，建筑业与房地产开发统计制度进行修订和规范，统计报表及指标设置使之更加完善。

第一节　解放后至 2000 年建设及固定资产投资统计

瓮安解放初，新政府接管国民政府政权的建设科，其基建并固定资产投资由其负责。1952 年，根据国家指标，为反映县内生产建设的恢复和发展，由县政府办公室按上级指示贯彻执行全国统一的公营和公私合营工矿企业基本建设统计报表制度，瓮安境内既无公营，也无公私合营，仅知政策而无报表。

1953 年至 1957 年，国家制定第一个经济社会发展“五年计划”，为满足各级领导及时观察投资计划的执行情况，国家统计局和贵州省统计局建立了比较全面的基本建设统计指标体系。

1954 年，瓮安县计划统计科建立，基本建设统计由计划统计科负责实施。其间，按上级要求，主要报表有基本建设单位目录一览表、基本建设完成情况、投资建设完成情况、主要工程项目投资计划完成情况、房屋建筑面积和竣工面积情况、建筑安装工程主要原材料收支情况、职工人数及工资等。1954 年至 1956 年，先后增加了新增能力计划执行情况、国家计划投资规定外的基建完成情况、按用途的国家投资计划和动用固定资产计划完成情况等报表。

1957 年，为减轻基层负担，按照精简报表，提高数字准确性的原则，国家统计局对基层建设统计制度进行修订。是年，县统计部门编报的基本建设统计综合年报减少为建设单位一览表、国家投资完成情况、按用途分的国家投资计划和新增固定资产计划完成情况、国家新增生产能力（或效益）计划完成情况、房屋建筑面积竣工情况、国家投资计划外的基本建设完成情况、职工人数及工资等 7 种报表。

1958 年至 1960 年，受“大跃进”“高指标，瞎指挥，浮夸风”影响，基本建设估报、虚报情况十分严重，统计数据严重失真。其间，为及时反映基本建设持续“大跃进”的成绩成果，建立了为政治运动服务的中心工作进度统计，盲目地增设基本建设旬报、周报、日进度报表及反映工业投资“小土群”“小洋群”建设和“技术革新，技术革命”等统计报表。在此期间，正常的基本建设统计报表体系被打乱。1960 年，基本建设统计报表由 1958 年 10 余种减为 6 种，其中 2 种报表为反映农村人民公社基本建设情况。

1961 年，终于从所谓的政治热情和激情中走出，因三年自然灾害的教训，统计数据失真造成经济建设重大失误，其间，基本建设统计工作恢复了常态，重新步入正轨。国家统计局对报表作了适当精简，取消资金来源表和基本建设统计报表制度中所谓反映“小土群”“小洋群”建设的中心工作进度统计表。至 1964 年，基本建设统计的综合年报主要为建设项目一览表、按事业种类分列的投资和新增固定资产完成情况、按用途和建设性质分列的投资和新增固定资产完成情况、施工和投入生产的项目建设个数、施工和竣工的房屋建筑面积和价值、本年新增生产能力或效益等 6 种。

1966 年 5 月，“文化大革命”开始。其间，正常的基本建设统计工作受到严重影响，只保留建设项目情况一览表、基本建设主要新增能力（或效益）两种报表。

1978 年 12 月，中共十一届三中全会召开，为适应国家宏观经济管理，合理安排建设规模、项目的需要，国家统计局 1980 年将基本建设统计逐步扩大到全社会，改为固定资产统计，并新建立全民所有制单位更新改造措施统计报表制度。按上级规定瓮安县统计局编报固定资产投资统计综合年报达10余种。其报表名称及主要指标内容为基建投资，新增固定资产和未完工程平衡表，表含计划总投资，开始建设至本年年底累计完成投资，新增固定资产，本年末未完成工程，累积完成投资，按投资额、管理体系分组。按投资来源、构成和建设性质分列的本年投资资产完成额和新增固定资产，表含本年实际完成投资额，本年新增固定资产，资金来源分列国家投资，国内贷款，利用外资、自筹和其他投资；资金构成分列建筑安装工程、设备、工具、器具购置；建设性质分列新建、改建、扩建；并按管理系统分组，国内贷款、利用外资、自筹和其他投资资金分析表，表含本年投资完成额、分列国内贷款、利用外资、自筹和其他投资。按国民经济部门（行业）分列的基本建设投资和新增固定资产，表含实际完成投资额，本年新增固定资产，分列生产性建设，非生产性建设。施工和建成投产（或交付使用）的项目个数，表含本年施工项目数，并按投资额和国民经济部门（行业）分组。施工规模和新增生产能力（或效益）明细表，表含建成投入生产的建设项目和单项工程名称，建成投入生产日期，本年新增生产能力（或效益）。

大中型项目一览表，表含全投、单投、全部停、全部缓、部门停缓项目、隶属关系、建设地址、建设性质、大型或中性、计划总投资，开始建设至本年底累计完成投资，新增固定资产建设规模和新增能力。施工和竣工的房屋建筑面积及竣工房屋价值，表含房屋面积、其中本年新开工面积，竣工房屋价值，竣工固定资产，按项目、管理部门和州、县分组。基本建设一览表，表含开始建设、投产、停缓日期、计划总投资、累计及本年完成情况、投资来源情况、本年新增固定资产、新增能力（或效益）。县以上集体所有制单位的投资和房屋建筑面积，表含项目数、计划总投资、投资完成情况，在项目合计数中分列生产性建设，非生产性建设，本年完成投资额中全民所有制单位补足额，本年实际新增固定资产，按国民经济部门（行业）分组。

1985年，遵照国家统计局对基本建设统计制度改革的意见，全国统一汇总标准表指示。将固定资产投资及各种指标体系集中反映到固定资产投资完成情况一览表的一张表内。其间，按国家、省、州统计局安排，县内编报固定资产投资各种报表达20余种，主要内容是：

全民所有制基本建设统计有按国民经济行业分的基本建设投资、按资金来源分的基本建设投资、基本建设本年施工规模和生产能力（或效益、基本建设本年新增生产能力（或效益）明细表、基本建设房屋面积及竣工房屋价值、基本建设大中型项目一览表。

全民所有制更新改造措施统计有：按国民经济行业分列的更新改造项目个数和投资、按用途分的更新改造投资、按资金来源分的更新改造投资、更新改造平衡表、更新改造房屋建设面积及竣工价值、半年施工三千万元以上更新改造项目一览表、大中型工业企业更新改造项目和投资、更新改造本年施工规模和新增效益。

全民所有制其他固定资产投资统计有：其他固定资产投资、其他固定资产投资本年施工规模和新增能力（或效益）。

集体所有制固定资产投资统计有：城镇集体所有固定资产投资、城镇集体所有制新增能力或效益、农村集体所有制固定资产投资。

私人固定资产投资统计主要为城镇和工矿区私人建房情况、农村私人投资情况。

1987 年至 1989 年三年间，瓮安相关固定资产投资报表基本无变动。

进入 20 世纪 90 年代，固定资产投资统计报表更加完善。基本上形成一套以投资效果为中心，全面反映投资过程和效益指标的投资统计体系。内容涵盖固定资产建设项目、固定资产投资价值量、新增生产能力或效益、市镇农村、全民、集体所有制建筑房屋面积的竣工价值、建设性质、隶属关系、主要用途、开工时间地址、经济行业等，并使用计算机超级汇总。其间，瓮安县统计局编报的综合年报主要是：基本建设投资统计表月报，表含计划投资、年初累计完成投资、新增固定资产项目个数、房屋建筑面积、新增生产能力等。基本建设拨款情况月报、表含自年初累计完成投资合计，包括国家预算内投资资金、国内贷款、自筹资金、其他资金等。本月新开工及复工 100 万元以上基本建设更新改造项目一览表月报，表含计划投资、自年初累计完成投资、新增固定资产、项目个数、房屋建筑面积等。

固定资产投资月报除上述外，还有更新改造财务拨款、更新改造投资完成额按资金来源分月报。

固定资产统计季报有：其他固定资产投资统计表、基本大中型项目一览表、限额以上更新改造项目一览表。半年报有中央与地方合建的中央投资、城镇集体固定资产投资统计表、城镇和工矿区和私人建房拨款 3 种报表。

1992 年后，瓮安统计局开始建立农村、集体 5 万元以上项目统计，在年报中增加农村集体固定资产投资统计表。1994 年根据上级安排，停报月报表基本建设拨款情况和更新财务拨款情况表。

1995 年后，固定资产统计报表制度年报综合表中增加基本建设规模及新增生产能力（或工程效益）明细表、更新改造建设规模及新增生产能力（或工程效益）、国有单位其他固定资产投资规模及新增生产能力（或效益）4 种报表。

1997 年开始，固定资产投资主要内容包括基本建设投资、更新改造投资、房地产开发投资、其他固定资产投资、城镇（城关镇）私人建房投资。其中基本建设投资、更新改造投资、其他固定资产投资的统计起点，由计划总投资（或实际需要总投资）5 万元以上调整为 50 万元及 50 万元以上。

第二节　21 世纪固定资产投资统计

随着改革开放的深入，社会经济体制发生根本性转变，为有效掌握固定资产投资的取向，提供有效、真实的数据，为政府和主管部门提供宏观调控能力，瓮安县统计局按国家、省、州统计部门指示和安排，进入 21 世纪，统计编报的固定资产年报表主要有：

年报综合表，表含城镇和工矿区私人建房情况、基本建设投资完成情况、更新改造投资完成情况 3 种报表。其统计范围为计划总投资（或实际需要总投资）50 万元及 50 万元以上的基本建设项目。更新改造范围为计划总投资获实际需要总投资 50 万元及 50 万元以上更新改造单位（项目）。其他固定资产投资统计范围除基本建设、更新改造以及城镇工矿区私人建房投资以外的固定资产投资。城镇工矿区私人建房投资统计范围为县城、乡镇、工矿区所辖区内的全部私人建房。农村固定资产投资统计范围包括农村 50 万元及 50 万元以上项目的全部投资活动。

2004 年，固定资产投资在 2003 年统计制度修改的基础上，又进行新修订。一是固定定资产投资报表中取消“基本建设，更新改造，其他投资”分组；二是农村 50 万元以上项目统计与现行固定城镇固定资产投资统计基层年报统一范围，统一表式，统一指标，并新增加农村固定资产投资统计基层表；三是取消基本建设项目中大中小型划分标准。

2005 年，固定资产投资年报取消报表中的基本建设和更新改造这一直延续多年的指标内容。并在固定资产投资综合统计年报中取消城镇和工矿区私人建房情况表，增加农村非农户固定资产投资完成情况表。2006 年，固定资产投资统计基层表项目基层表编码由原来 11 位增加到 17 位。其中，前 12 位由省、州、县具体到村委会建设地址，后两位是开工年份编码，最后 3 位为项目顺序编码。使项目编码更加具体，并保证项目编码的唯一性和稳定性，

2006 年后，固定资产统计项目有增有减，特别是非公固定资产投资。其间，固定资产统计在原基础上的报表制度，统计方法也相继改变。瓮安县统计局按省、州规定，认真履行其报表制度。结合瓮安实际，2010 年后，域内加大招商引资、煤矿、磷矿、铝土矿开采中的矿井建设，煤、磷、铝的深加工上规模企业大量涌入，固定资产投资逐年加大。报表制度、统计制度更加健全和完善。数字的真实性、可靠性得到进一步加强，为地方政府宏观管控经济社会发展发挥了决策、指导的参谋作用。2010 年，固定资产投资 20.91 亿元，较上年同期增加 73.07%；2011 年，完成固定资产投资 47.41 亿元，较上年

同期增加 83.56%；2012 年，完成固定资产投资 698210 万元，较上年同期增加 47.3%；2013 年固定资产投资 892000 万元，较上年同期增加 27.8%；2014 年，完成固定资产投资 1183367 万元，较上年同期增加 20.7%；2015 年，完成固定资产投资 147.56 亿元，较上年同期增加 24.69%；2016 年，完成固定资产投资 124.85 亿元，较上年同期减少 16.4%。

2015 年 1 月 15 日，按经济部门相关规定，投资统计以财务支出法和形象进度法同时实施联网直报。财务支出法以一套表内规模以上法人单位为主，形象进度法以亿元以上投资项目为主。联网直报数据仅作参考。仍以常规报送 50 万元以上投资数据为主。报表为：财务支出法联网直报法人单位非金融资产投资情况 TV501 表，按每月月初报送；形象进度法，即亿元以上建设项目基本情况 TV502 表，每月月初上报；三是 50 万元以上投资项目，仍采用各项目所属单位，上报统计局后，再经统一录入上报的 H201 固定资产投资情况表。

2016 年 1 月 15 日后，继续以财务支出法和形象进度法联网直报。财务支出法上报数据仍作参考。形象进度法将 5000 万元以上投资项目全部纳入联网直报。5000 万元以下，500 万元以上投资仍采用常规报送，主要报表有：财务支出法非金融资产投资情况 206-2 半年报表；形象进度法固定资产投资情况 206-1 月初月报表；500 万元以上，5000 万元以下投资采用的常规方式固定资产投资情况表（206-1 表）。

1949—2016 年瓮安县固定资产投资一览表

表 9-1　　　　单位：万元

年份	全社会固定资产投资	国有经济投资	县属单位投资	集体经济投资	城乡个人投资
1949	9	—	—	—	9
1950	15	—	—	—	15
1951	26	10	5	—	16
1952	38	18	10	—	20
1953	50	25	15	—	25
1954	65	35	20	—	30
1955	78	38	25	10	30
1956	92	52	35	10	32
1957	105	39	23	25	4
1958	80	35	20	25	120
1959	76	26	16	29	30

续表9-1

年份	全社会固定资产投资	国有经济投资	县属单位投资	集体经济投资	城乡个人投资
1960	85	30	20	20	35
1961	207	60	25	60	87
1962	140	60	30	30	50
1963	276	118	80	47	110
1964	327	193	153	58	135
1965	446	152	124	94	200
1966	338	124	87	63	151
1967	360	120	80	77	163
1968	218	83	56	50	85
1969	470	150	107	107	213
1970	598	240	190	120	238
1971	937	317	365	235	385
1972	829	245	208	200	384
1973	912	295	243	220	397
1974	895	303	200	197	398
1975	946	276	226	230	440
1976	843	233	195	193	417
1977	940	242	200	245	453
1978	983	244	204	264	475
1979	905	133	103	269	503
1980	987	188	108	287	512
1981	897	40	40	314	543
1982	1062	109	109	355	598
1983	1292	305	205	374	613
1984	1505	462	362	398	645
1985	1672	599	499	405	668
1986	1847	763	563	413	671
1987	1425	306	206	437	682

续表9-1

年份	全社会固定资产投资	国有经济投资	县属单位投资	集体经济投资	城乡个人投资
1988	1735	581	381	456	698
1989	1788	584	284	489	715
1990	2556	1296	1096	502	758
1991	2962	1312	1012	792	853
1992	4762	2228	2018	1494	1040
1993	5471	3831	3131	450	1190
1994	5493	3794	3415	246	1453
1995	8610	5495	4495	1504	1611
1996	10155	7073	6693	1162	1920
1997	12462	6437	4135	3723	2302
1998	9159	4933	3938	1311	2915
1999	13319	5393	2577	1298	5749
2000	15326	5579	—	33745	6373
2001	19750	6698	6698	2273	6977
2002	21748	7094	7094	2760	4410
2003	23100	5359	5359	10501	2855
2004	29055	8501	8501	6310	3220
2005	36455	4803	4803	6864	18751
2006	42155	—	34335	—	7820
2007	45967	—	46277	—	4040
2008	70538	—	57991	—	4670
2009	151749	—	88387	—	56162
2010	26263	24794	209117	—	—
2011	482300	151876	474100	—	12855
2012	723350	其中固定资产投资 698210，房地产投资 53398			
2013	1048576	其中固定资产投资 892000，规模以下项目投资 127189，房地产投资 173835			
2014	1430000	其中固定资产投资 1183367，工业投资 558380，房地产投资 168857			

续表9-1

年份	全社会固定资产投资	国有经济投资	县属单位投资	集体经济投资	城乡个人投资
2015	1845654	其中 50 万元以上固定资产投资 1475586，500 万元以上固定资产投资 1030116，房地产投资 196942			
2016	1632542	其中固定资产投资 1248501，房地产投资 229971（500 万元以下固定资产投资未统计）			

第三节　建筑业统计

中华人民共和国成立之初，国家未设单独建筑业统计制度，仅在基本建设统计制度中设建筑和机械设备安装工程。统计按以自营方式进行的建筑业安装工程，以包工方式进行的建筑和建筑安装工程工作量，职工人数及工资，建筑安装工程主要材料收支等指标和内容实施统计。而瓮安虽处黔中，但经济落后，无建筑队和建筑安装队伍，故无统计。

1952 年，经国民经济的恢复，发达地区产生了一批国营建筑安装企业和勘察设计单位，国家统计局和工程部为反映建筑企业和工程进展，联合制发承包企业统计报表制度。1956 年，虽国家统计局和财政部联合制定建筑安装工程成本计算表，编报按工程种类分析的建筑安装工程成本和按成本项目分析的建筑安装工程成本两种报表，而瓮安解放初仅有零散施工队，故无建筑工程、成本等报表。

1957 年，国家建立了比较完善的承包企业施工统计体系，当年综合统计年报表有：建筑安装企业基本情况一览表、承包工程量计划完成情况、按发包单位分列的工作量及计划完成情况、房屋面积竣工情况、建筑安装工程质量事故情况等 9 种报表。其间，县内仅有雍阳、草塘有农村建筑队，随人民公社化的进程，各公社相应做副业成立各自建筑队，其主要工作为修墙搭灶，烧瓦做砖，仍无统计和形成报表制度。

1958 年，县统计部门按国家统计局制发的小型建筑生产单位基本情况综合表上报。是年，为适应“大跃进”需求，增加自营建设单位节约浪费调查表、发明、技术改进、合理化建议情况、快速施工、建筑企业自办工厂、主要技术指标等 5 种报表。1959 年，基本建设管理体制发生变化，建设单位（甲方）与施工单位（乙方）合并，实行投资大包干，取消承包关系，加之基建项目大上大下，使建筑业统计合并到基本建设统计报表内。

1961 年，国家对建筑统计进行精简，取消反映“大跃进”时期情况的报表和指标内容。并随国民经济调整，基建规模压缩，基建项目减少，建筑业统计报表和统计分组也相对精减。1964 年，施工单位季报有：施工量和劳动生产率、公共单位成本主要指标完成情况。综合年报有：施工单位一览表、建筑安装工人工种构成和技术等级情况、建筑机械能力承担工程量、施工单位附属建筑机构维修能力情况等报表。

1966 年“文化大革命”开始后，建筑统计一度中断。1970 年，为适应施工管理的要求，由县革委会生产指挥部统计组和主管相关部门向国营施工企业布置填报生产任务完成情况表，主要指标内容有自选完成建筑，建筑安装工程量，职工人数，劳动生产率，房屋建筑面积，施工安全质量等内容。

随着改革开放，20 世纪 80 年代，建筑业已成为发展生产力，增加收入的重要产业。国家统计局从 1982 年起，重新恢复“文化大革命”期间中断的建筑业统计。县内统计部门于 1983 年开始贯彻执行建筑业统计报表制度。1985 年，建筑业统计制度得以逐步完善。其间，建筑业年报主要含两部分：一是全民所有制建筑安装企业和自营施工单位执行的报表有主要经济效益完成情况、建筑生产完成情况一览表、建筑业净产值、工程质量及事故情况、主要施工机械设备实有完好情况、财务成本完成情况附表、工程成本构成、建筑业产值价格指数附表、建筑业承包责任制推行情况等；二是集体所有制安装企业执行的报表有城镇集体所有制建筑安装企业生产情况、城镇集体所有制建筑安装企业财务承办完成情况、建筑业净产值、建筑业承包责任制推行情况等报表。

1990 年，建筑业统计上报开始计算机处理，其主要内容包括建筑业基本情况、生产成果、生产条件、劳动力构成、财务成本、经济效益、产品价格指数、管理体制改革进程等。

1993 年，国家统计局将建筑业统计纳入“一套表”统计制度。是年按规定的年报有建筑业基本情况表、建筑业生产情况、财务状况、劳务情况、原材料、能源消费与库存、附营工业产品生产、销售、库存、附营交通运输业运营情况、附营批发、零售贸易商品销售与库存，其他附营主要情况等报表。

1994 年，国家统计局对建筑业统计制度重新修订，废除“一套表”制度，改为主要反映建筑业企业本身的生产经营情况。其间，瓮安县统计局遵照国家、省、州要求，建筑业统计年报主要有建筑业企业生产情况、建筑业施工单位生产情况、建筑业企业财务情况、建筑业企业房屋建筑工程生产情况等 4 种。

1998 年，根据上级安排，瓮安县统计局编报建筑业年报中相应增加建筑业企业建筑材料消耗情况表，同时取消了附营建筑业施工单位生产情况报表。

进入 21 世纪，建筑业报表基本处于稳定状态，无大调整。其间，为全面掌握劳务分包企业生产经营情况，建筑业统计报表制度综合年报增加劳务分包建筑企业生产经营情况报表，同时取消建筑业企业建筑材料消耗情况表。

2003 年，瓮安县统计局编报的建筑业综合年报统计表有建筑业生产情况、建筑业企业财务情况、建筑业企业房屋建筑完成情况、劳务分包建筑企业生产经营情况等。其统计范围为域内具有建筑业资质的独立核算的总承包和专业承包建筑业绩劳务分包建筑企业。2004 年，建业统计表中以“万元”为计量统一改为“千元”。各项年报表式以当年《第一次全国经济普查方案》为准。而基层表要求建筑业企业无论是否有工作量，均实行季报。

2005 年，建筑业报表按经济普查有关规定，对个别指标进行调整。其间，填报综合年报表包括建筑业企业生产情况、建筑业企业财务状况、劳务分包建筑业企业生产经营情况、建筑业房屋建筑完成情况等。

2006 年，建筑业年报除原报几种报表外，又增加信息化情况主要指标，其填报范围为具有建筑业资质的独立核算建筑业企业（包括劳务分包企业）。

2012 年起，建筑业统计全部实行联网直报。其报表主要有：按季度网报的建筑业生产经营情况 C204-2 表，房屋竣工面积及价值 C204-2 表，财务状况 C203 表 3 种季报表。

2015 年，再增加联网直报法人非金融投资 IV501 表，2016 年，改名为金融资产投资情况 206-2 表。

随着改革开放的深入，固定资产投资在瓮安迅速增长，外地具有资质的建筑业企业，独立核算劳务分包企业大量涌入域内。其间建筑业各种报表制度基本保持稳定，唯企业大增，统计报表业务量逐渐增大。瓮安统计局面对增大业务，加强了建筑业统计力量，一直走在全州建筑统计工作前列。

第四节　房地产开发统计

房地产开发统计，瓮安县起步较晚。20 世纪 90 年代末，随国民经济结构调整，投资经济得到迅速发展，进而带动房地产开发事业。1993 年，为反映房地产开发的经济规模、速度，国家统计局开始在固定资产投资统计报表制度中增加商品房建设投资统计表月报，其报表设置较为简单，主要含商品房投资额，商品房销售额，商品房销售面积，商品房建筑竣工面积 4 项内容指标。1994 年，“商品房建设投资统计表”改为“房地产开发投资完成情况”，并在报表中增加“商品房销售建筑面积”一项指标。为全面了解房地产开发情况，加强对房地产开发的宏观调控，在后几年中，不断对该指标进行补充和完善。

1999 年，瓮安县统计局按省、州安排，在执行固定资产投资统计制度中又增加房地产开发经营情况，旨在反映房地产企业的资产、负债、损益状况。

2003 年，瓮安县统计局相关房地产开发综合年报有房地产开发投资完成情况年报，在投资额和新增固定资产部分内容主要包括计划投资，本年计划投资，房地产开发投资，新增固定资产，本年购置土地面积。在本年资金来源合计部分含上年结余资金，本年资金来源小计，含国家预算内资金、国内贷款、债券、利用外资、自筹资金、其他资金等。各项应付款合计包括在房屋建筑、销售面积部分含房屋施工面积、房屋竣工面积、商品房销售面积、商品房空置面积、竣工房屋价值、商品房销售总额。按用途分为住宅、办公楼、商业营业用房和其他。

房地产开发经营情况年报，在实收资本和年末资产负债情况部分，主要包括资产总计、固定资产累计折旧、负债合计、所有者权益合计。在损益情况部分，包括经营收入总计、经营成本、销售费用、经营税金及附加、其他业务利润、管理费及财务费用、投资收益及营业外收入、盈利外支出、利润总额、经济适用房减免税费。在实收部分，包括集体资本、法人资本、个人资本等。其间，瓮安房地产开发具有二级资质以上为福建、重庆、本地建筑公司数家，均以互联网实施年报，提高了房地产开发统计年报质量。

2005 年，根据上级安排，其报表内容有增有减。一是将固定资产投资统计报表制度中的房地产开发统计内容单列，新建房地产开发统计报表制度。原房地产开发投资情况调整为房地产开发企业（单位）投资、资金、土地情况和房地产开发企业（单位）施工、销售和空置情况，取消与法人单位基本情况相重叠内容。2007 年至 2008 年，瓮安统计局房地产统计年报有《房地产开发企业单位施工、销售和空置情况、房地产开发企业（单位）投资、资金和土地情况、房地产开发企业（单位）财务情况几种。

2010 年后，瓮安县凭借资源优势，“招大商，引大资”，大型磷化工、煤化工、铝化工企业入驻县域。人口骤增，经济繁荣，房地产开发从 2011 年的 7 家至 2012 年增至 23 家，2015 年增至 40 家。2015 年全年完成房地产总投资达 19.69 亿元，建筑规模 197 万平方米，销售商品房 14652 套。其间，房地产开发统计报表无大改变，仅有小调整，瓮安县统计相伴域内经济发展，于房地产开发统计做出应有报表，完成上级规定表式，及表式内容的半年报和年报。

2012 年，房地产开发全部实行联网直报。报表主要有：每月月初联网直报的房地产开发项目经营情况 X204-1 表，房地产开发企业资金和土地情况 X204-2 表。2015 年增加联网直报法人单位非金融资产投资情况 IV501 表。

2016 年，将 2015 年联网直报法人单位非金融资产投资情况 IV501 表改为非金融资产投资情况 206-2 表。

第十章　贸易、金融与旅游统计

中华人民共和国成立后，人民政府开始实行商贸统计工作。1950 年，县内执行中央合作社事业管理局制发的《全国合作社统计报表暂行办法》，建立商业统计。1951 年，执行政务院财政经济委员会与国家贸易部制定的国营贸易企业定期统计报表制度。1954 年，执行《私营商业定期统计报表编制说明》。1955 年，在对饮食业普查基础上，增加分经济类型饮食业零售额统计指标。1957 年，县内商业部门执行贵州省统计局和贵州省商业厅联合制发的贵州省服务系统统计制度，建立餐饮业统计。1966 年“文化大革命”开始，直至 1970 年，餐饮业统计中断，1971 年开始恢复。

1993 年，国家对商业统计制度实施改革，推行“一套表”制度。首次将对外贸易及物资供销业纳入统计范围，“商业统计”更名为“批发零售贸易业统计”。1998 年至 2000 年，国家统计局对批发零售贸易业统计进行两次主要内容修订：一是将企业基本情况统计范围为法人单位基本情况和产业活动基本情况，把企业“大、中、小型”规范为“限额以上”和“限额以下”；二是在消费品零售额统计表中增加“股份制经济”“外商投资及港澳台投资经济”两项指标。从 2001 年开始至今，通过对批发零售贸易业统计制度的不断完善，县内基本形成比较完整的反映内贸、外贸、住宿、餐饮业基本情况为一体的统计指标体系。

第一节　批发零售贸易业统计

境内贯彻执行中央合作事业管理局制发的《全国合作社统计表暂行办法》，其综合年报表有基层合作社收购农副产品计划完成情况月报、基层合作社收购运销农副产品季报、基层合作社零售商品销售与库存月报、基层合作社零售商品进出状况季报、基层合作社人事季报、基层合作社社数、社员、资金季报等 6 种。

1951 年，县内执行政务院财政经济委员会与国家贸易部制发的 1951 年国营贸易企业定期统计报表制度。其综合报表由国营专业公司购、销、存（日、旬、月）报表、国营专业（零售）公司商品流转月报表、国营零售公司商品购、销、存报表、国营贸易机构商品调拨月报表、国营贸易网点报表、国营贸易机构商品流转费月报表、国营贸易机构职工动态月报表、国营贸易机构提拔干部季报表、国营贸易机构职工奖惩半年报表等 13 种。

1952 年，执行政务院财政经济委员会制发的国营贸易企业统计制度，国营商业系统执行的综合统计年报有商品购销库存、商品购销存分月数、商品调拨、商品加工、贸易网点等 5 种。

1953 年，进入第一个五年计划时期，随着商业机构和经营范围的调整，商业统计工作得到逐步完善。1953 年，国家加强对私营工商业的社会主义改造工作。为取得私营商业的统计资料，县内工商、税务对私营商业基本情况、私营的商业主要商品经营情况进行调查统计。1954 年，瓮安县计划统计科建立，县内执行私营商业定期统计报表编制说明。对私营专营批发商业销货额、私营商业主要商品购销情况进行调查统计。其间，为观察、把握公、私商业在商品流转过程中所占的比重和变化，执行国家统计局制发的全社会商品流转比重计算方法，增加纯商业机构分商品种类的批发额和零售额、主要商品零售量公私比重和社会商品零售额公私比重年报表。1956 年，对私改造结束，以上报表终止。

1957 年，县内药材部门执行国家统计局和卫生部联合制发的《中药材统计制度》。是年，在建立各种经济成分的商业统计基础上，进一步健全和完善了社会商品流转与商业方面的综合平衡统计。商业综合统计报表达 13 种之多。其中由政府统计部门汇总上报的报表有社会商品零售总额、全社会农副产品采购情况、主要商品零售总额、全社会农副产品采购情况、主要商品社会零售量、社会商品购买力、居民货币收支平衡表、农民基本货币收入、各种经济类型商业机构综合表、公私合营、合作社及私营商业、饮食业、服务业基本情况和饮食业基本情况、主要消费品产销平衡表等。

由各商业业务部门汇总上报的报表有国营商业商品流转、国营、合作社营及公私合营商品库存两种报表。

1958 年，对私改造结束后，伴随“大跃进”，商业部门管理体制及组织机构发生变化，出现商业机构上下不对口，统计资料前后不可比状况。为此，国家统计局、商业部（原贸易部）和国家供销合作总社（原全国合作社）报经国务院批准，将国营商业和供销合作社作为一个统一整体，确定以“国内纯购进”和“国内纯销售”为基础的商品流转报表指标体系。统一对国营和合作社商业的基本要求。此后，县统计局和各商业部门执行省州商业、供销合作社、粮食、医药、新华书店等部门的统计制度。

1959 年，根据省州统计部门要求，县统计部门执行贸易综合统计制度，定期报表有社会商品总额月报表、社会商品零售额月（季）报表、主要商品社会零售量月（季）报表、商品流转月（季）报表、非商业机构经营的商品购销存季报表 5 种。

1960 年，县内执行贵州省统计部门商业综合年报编制办法。综合统计报表有社会商品零售总额分对象月（季）报表、社会商品零售总额分类，主要商品社会零售量分月（年）报表、社会商品购买力总表、居民货币收支平衡表、城市其他阶层居民净货币收入计算表、农村人民公社货币收支平衡表、农副产品及农村工业品采购表、主要消费品产、销售平衡表、消费品消费构成表、商业、饮食业及服务业机构情况等 10 余种。

1961 年至 1965 年，国民经济由于三年灾害遭到严重损失，处于国民经济调整时期。其间，逐步恢复正常的统计制度。社会商品零售报表中增加派购、议价收购量等指标，以反映当时市场存在各种价格购销额及其所占比重。至 1965 年，商业综合年报有社会商品零售额、社会商业零售量、全社会农副产品采购、社会商品购买力部分指标计算表、社会商品购买力总表、居民货币收入平衡表、农村人民公社生产队大队货币收支及社员生产性货币收支表、其他阶层居民净货币收入计算表等 8 种。

1966 年，“文化大革命”开始，其间，商业定期统计报表只保留社会商品零售电信月报表。继后，商业报表一度中断。1969 年，商业统计报表工作开始恢复社会商品零售额统计报表。1970 年，按贵州省革命委员会生产指挥部制发的国民经济综合统计年报制度，恢复农副产品采购统计。1972 年，又相继恢复社会商品购买力 3 张报表和社会商品零售量报表的统计。其间，在商业部门统计恢复商品购销存总值、主要商品购销存数量报表。

1977 年，各种商业统计报表全部恢复。县统计部门汇总上报商业综合年报有社会商品零售总额、社会消费品零售量、社会商品购买力总表、居民货币收支平衡表、农村生产大队货币收支及社员生产性质货币收支表、社会农副产品采购 6 种报表。由部门统计汇总上报的年报有商业部门购、销、存总值、商业部门主要商品购、销、存数量、主要商品生产消费平衡 3 种报表。

第二节　改革开放后批发零售贸易业统计

1978 年 12 月，中央十一届三中全会召开，揭开改革开放、以经济建设为中心的序幕。其后，出现多种经济成分并存，多种商品流通渠道，多种经营方式，多种交易价格并存的新局面。集体贸易和个体商业迅速发展，工业部门自销业务不断扩大。同时，居民和社会集团购买力也呈现较快增长态势。为把控和适应经济形势的变化，1979 年，国家进一步完善机构网点统计，增加商业企业机构、人员、商业零售网点、人员、饮食业、服务业机构、人员统计年报。1980 年，增加城市售给社会集团各类消费品总额月报，并执行国家统计局会同国家经济委员会联合制发的工业商品零售统计报表，扩大了主要消费品产销平衡商品范围。其间，先统计系统和各业务主管部门执行国家统计局会同有关部门制发的国营商业、供销合作社、国营粮食机构、新华书店、水产供销企业、药材公司等多套统计制度，部门统计得以加强。

1981 年，商业统计报表增加工业部门零售额和主要商品零售量、集体所有制商业商品购、销、存、重点商业企业主要经济指标 3 种月报。1983 年，供销合作社恢复集体所有制性质，将其由全民所有制商业统计改为集体所有制性质的供销社商业统计。并新增全民所有制商业和供销社商业经济效益主要指标统计报表。1984 年，社会商品购买力统计中农村生产性货币收支表改为生产性质收支表，扩大主要消费品产销平衡统计商品范围。

1985 年，取消全民所有制商业农副产品议价收售和销售量报表，在工业部门商品零售额和主要商品零售量统计报表中，增加集体商业销售和个体销售指标，其报表名称改为工业部门对集体、个体商业商品销售和零售。

1986 年，商业统计报表制度变动较大，对社会商品购买力统计中的指标进行了调整。将农村（村民组）集体组织的货币收支从原农民生产性货币收支表中划出，增加农民与村组集体之间的货币指标。将原居民货币收支平衡表和农民生产性货币收支表分别改为非农业居民货币收支平衡表和农民货币收支平衡表，同时由年报改为半年报。对社会消费品分类零售额及主要消费品零售量年报的指标口径进行调整，规定在消费品零售中，不再包括各自加工复制品的含量，将工业部门对集体，个体商业销售和零售改为工业部门产品销售与库存表。

1987 年至 1989 年间，随着改革开放的深入，经济体制相继发生变化。其间，为全面反映社会分配、消费状况，统计报表中增加反映社会生活吃、穿、用、行分列的零售额。并新增非商品主管部门商品领域流转的情况报表，非商业主管部门的全民所有制商业商品购、销、存报表，社会集团消费品零售总额月报。同时取消过去商业、饮食业、服务业向经济联合组织主要指标的电信年报；工业、建筑业、饮食业、服务业、农副产品收购年报；农村饮食业、服务人员经营收入年报等。

1991 年，随体制改革，按省、州统计部门要求，瓮安县统计局建立以商业企业为核算单位“商品总购进”和“商品总销售”统计报表制度。在各种商品流转总额统计报表中，增加商品购进总额、商品销售总额、对国内商业批发销售指标等。在商品流转数量统计报表中，相应增加进口和接收进口、对国内商业批发销售等指标，进一步扩大商业统计覆盖面。初步形成以商品流转、商业经济效益，商业机构人员三部分为主要内容较为完善的商业统计指标体系。

1993 年，伴随商业管理体制和商品流通体制的改革，国家对商业经济指标体系和调查方法实施重大改革，进一步理顺政府统计与部门统计及各专业统计之间的关系，推行“一套表”制度。“商业统计”更名为“批发零售贸易业统计”。首次将对外贸易业、物资供销业纳入贸易统计范围。通整合，制定以了解批发零售贸易企业生产经营活动为主的报表制度。形成以批发零售贸易业基本情况、商品购存、企业财务状况、附营企业经营情况为主的指标体系。国家取消社会商品购买力总表、非农业居民货币收支平衡表、农民居民货币收支平衡表。

1994 年，批发零售贸易报表制度进一步完善。暂停“批发零售贸易企业基本情况”统计。对商品购进销售库存统计的类值和商品目录进行调整，增加生活消费品和润滑油商品统计。取消“牛和牛肉”“羊和羊肉”“茶叶”“合成洗衣粉”4 种商品统计。1995 年，恢复企业单位统计，开始实行小型批发零售贸易抽样调查，将商品购销存统计范围由大中型批发零售贸易企业扩大到除个体以外全部批发零售贸易企业。

1996 年，在商品购销存中增加“以省外购进”和“对省外销售”指标，在商品零售额统计中增加居民购买住房指标。暂停企业（单位）基本情况和网点人员统计。相关数据由第一次全国基本单位普查资料加工取得。1997 年恢复批发零售贸易业商品购、销、存年报表，新增个体批发零售贸易业商品销售统计，并在消费品零售额统计中增加“生产资料销售额”指标。

1998 年，国家统计局对批发零售贸易统计内容进行重新整合，按变化将企业（单位）基本情况规范为法人单位基本情况、产业活动单位基本情况统计；将企业的大、中、小型划分范围为限额以上和限额以下，并制定统一限额标准。取消商品购、销、存类值、数量年报表和消费品零售额年报。同时取消网点、人员统计；商品流通部门主要经济指标统计；农副产品购进、批发零售贸易业购进、其他购进内外销售等指标进行统计。其间，还取消了钟表、眼镜、生活电器、自行车、摩托车、汽车等类值分组。

是年起，对商品数量采用双指标报送，既填报实物量也填报价值量。在消费品零售总额统计中取消居民购买住房、生产资料销售、对农民的农业生产资料销售等指标以及除个体、私营以外的其他经济类型分组。

1999 年，新增商品交易市场统计和批发零售贸易业、餐饮业网点、人员统计。取消批发零售贸易业商品购进、销售、库存总额月报。调整商品分类，新增儿童玩具类、化肥类。消费品销售额统计增加贸易业限额以上，贸易业限额以下和国有及国有控股分组。

2000年消费品销售总额统计增加股份制经济，外商投资及港澳台投资分组。2001年，贸易业商品销售年报增加连锁情况调查，主要包括连锁门店、配送中心等情况为内容的指标。新增重点批发零售贸易业统计报表。其间，瓮安域内既无股份制贸易业，也无外资港澳台分组，无实际内容填表。

2002年，新增限额以上连锁零售业和餐饮业经济情况和限额以上连锁零售业和餐饮业售卖门店和配送中心情况分布统计，统计中取消价值量指标，实行单指标报送。

2003年，县内按省州要求，基本形成一套为市场经济发展服务，以反映内贸、外贸市场变化发展，监测批发零售贸易业基本情况和经营情况的完整贸易统计指标体系。其报表主要包括法人单位基本情况，产业活动单位基本情况，批发零售业商品购、销、存，批发零售业餐饮业人员情况，社会消费品零售总额，限额以上连锁零售业经营情况，配送情况，重点批发零售贸易业商品销售、库存等统计指标报表。

2004年，批发零售统计与前基本无变化。均以第一次全国经济普查方案为准，取消限额以上批发零售贸易业商品销售、库存表，增加限额以上住宿餐饮业经营情况。调整批发零售商品分类目录，在食品、饮料、烟酒类项下增加粮油类，单列汽车类。

2005年，按国家统计局对批发零售贸易业统计内容进行部分调整规定，在限额以上批发和零售业商品购进、销售、库存总额表中，增加补充年末零售营业面积。在批发零售业销售总额和分销售额表中的销售合计，批发额指标中均增加上年同期指标，限额以上批发零售贸易业商品销售、库存表实施报表。

2006年按国家统计局和贵州省统计局对批发零售贸易业统计方法制度和内容进行范围调整和修订内容。在法人单位基本情况中，将控股情况细分为国有控股、集体控股、港澳台商控股、外商控股。在亿元以上商品交易市场成交情况表中的食品、饮料、烟酒类中增加粮油类、肉禽蛋类、水产品类、蔬菜类和干鲜果品类。同时将限额以上批发零售业商品销售分类情况表调整为商品零售总额表式。其中，把经济成分分组调整为共有经济和非公有经济两大类，数量表只上报商品销售量和库存量，必报商品由40余种减少为20种。

是年，国家统计局对限额以下批发零售企业及个体户执行新的抽样调查方案。按新方案规定实施月抽样调查，以取得限额以下批发零售企业和个体户的综合数据。

2007年，根据上级指示，统计工作由完成国家统计调查任务、封闭式统计向统计任务服务地方党委、政府，开放式转变。随县统计局域网的建成，商品零售批发统计进入网络报表。2008年，商品零售统计工作报表各项指标均以第二次全县经济普查数字为基础，并按省州相关商品零售统计报表制度报送上级。其间，相关社会商品零售统计报表基本无变化。

2012 年，遵照国家统计局和省、州统计部门安排，县统计局建成“企业一套表”上报制度体系，将商品零售企业纳入规模以上 41 户，工业企业限额以上 8 户批发零售住宿餐饮企业，资质以内 3 户建筑企业和 15 户房地产开发企业的“三上”企业进行联网直报统计，直至 2016 年。

第三节　住宿餐饮业统计

新中国成立初期，县内商业统计制度和服务系统统计制度中没有餐饮业统计指标。1955 年，在饮食业进行普查基础上，增加分经济类型的餐饮业零售额统计指标。

1957 年，县内服务部门执行贵州省统计局和省服务厅联合制发的相关文件，始填国营饮食、服务业企业月报表。其主要指标为实有经营单位、实有人员数、购进总值、销售总值、毛利、费用、工资、纯利润。1958 年，根据省服务厅（即今商贸厅）又制发了相关公私合营合作化饮食业，服务业定期统计的报表制度。其涉及饮食业统计指标报表将近 6 种。内容为经济类型的商品销售额、机构、从业人员、从业人员工资总额、定股资金、公积金、公益金积存等。

1960 年至 1963 年，按上级指示，县计划委员会统计科执行贵州省统计局制发的有关统计部门商业综合年报的通知。主要内容涵盖经济类型（全民、集体）的餐饮业机构，人员统计指标。1966 年“文化大革命”开始后，餐饮业统计一度中断。1969 年，随着社会商品零售额统计报表的恢复，饮食零售额也相应恢复统计。1979 年，随全放开大趋势，恢复饮食业和服务业机构及网点统计内容，增加饮食业、服务业机构、人员统计年报。至 1986 年，其饮食业统计仅饮食业、服务业机构、人员 1 张年报表。主要指标内容包括饮食、服务业机构、网点、人员及经济类型分组和饮食业零售额等项指标。

1987 年，瓮安县统计局增加商业、饮食业、居民服务业经营状况年报。主要指标涵盖营业收入、折旧、利息、税金、净收入，分组标志有“饮食业”和“个体”。1989 年后，取消原有多张报表，在社会商品零售额统计表中只保留“饮食业零售额”1 项指标。

20 世纪 90 年代，相随商业餐饮业机构改革深入，报表相应发生变化。1993 年至 1997 年，曾增加餐饮业企业基本情况年报和餐饮业企业商品销售情况年报；取消餐饮业、服务机构人员年报；1996 年又增加餐饮业机构、网点、人员年报和餐饮业财务状况年报。1999 年，又重新制定批发零售贸易、餐饮业网点、人员情况年报，取消餐饮业销售情况月、季报。

2000年，恢复餐饮业经营月报。2001年增加餐饮业连锁情况调查内容。2002年，再增加限额以上连锁零售业和餐饮业配送情况。限额以下餐饮业实行抽样调查，餐饮业统计范围进一步扩大。基本形成反映餐饮业统计范围经营状况。基本形成以反映餐饮业基本情况和经营状况的主要指标体系。其间，相随经济体制改革、改制，原从业人员进入劳动服务中心，完全朝民营转变，故瓮安相关餐饮统计基本处于空挡状况。仅对餐饮、服务业实行工商企业法人单位进行统计。仍按上级布置表式和要求，以主管部门填报月报、季报、年报。

2004年，住宿餐饮业纳入贸易统计报表制度。住宿餐饮业年报表式与其他专业一样，均以《第一次全国经济普查方案》为准。住宿餐饮业增加限额以上住宿餐饮业经营情况月报表。2005年，国家统计局及省统计局对住宿餐饮业统计方法和制度内容进行扩大和修订，“餐饮业销售情况表”改为“星级住宿和限额以上餐饮业经营情况表”，其统计范围扩大到住宿业。“限额以上餐饮业财务状况表”改为“星级住宿业和限额以上餐饮业企业财务状况表”。财务指标按经济普查“限额以上住宿和餐饮企业经营情况表”进行调整，“限额以上住宿和餐饮业经营情况表”改名为“星级住宿业和限额以上餐饮业经营情况表”，并增加按行业分组为“社会消费品零售总额表”。在行业分组中，增加住宿餐饮业分组。按国家统计局和省的要求，其间瓮安县域内无星级餐饮并住宿宾馆，瓮安统计局和主管部门只知其表未填表。其餐饮住宿指标，瓮安仅为一般客栈、私营餐饮食宿，故无表上报和统计。

2006年，国家统计局决定对限额以下住宿和餐饮企业及个体户实施新的抽样调查方案。方案规定，对限额以下住宿及餐饮企业和个体户实行月度抽样调查。其间，相关部门根据国家统计局和省统计局指示，选点抽样，实施月度调查统计，基本上取得限额以下住宿及餐饮企业和个体户综合数据。

随经济的发展，餐饮住宿均按星级限额以上统计，除全县评定的天池宾馆、东利酒店、名豪酒楼、水电宾馆4家星级餐饮住宿企业实行统计外，瓮安县域内虽各式各样所谓宾馆数十家，餐饮服务业上百家，均为个体小打小闹经营，甚而连税收也实施减免，其服务餐饮业全免，无餐饮业、住宿业、服务业，按国家和省、州统计指标，均为限下指标。唯只抽样调查，提供上级所需数据，基本停止统计。

2012年，全面实施企业一套表制度。以推进企业一套表全面实施为核心，以统一规范为原则，改进统计制度和方法。对工业全面实行联网直报，主要有B103-1财务状况年报表，B103-2财务状况年报表；B204-1工业产销总值及主要产品产量每月月初月报表；B203财务状况表；B204-2主要销售与库存季初上报的季报表。直延续至2016年。

第四节　旅游统计

瓮安旅游统计起步较晚。

2001 年 12 月，瓮安县旅游局建立，2012 年，组建瓮安县旅游发展中心，实施部门统计按要求上报相关部门。

自旅游局组建后，按照国家统计局、国家旅游局联合制定的旅游相关统计规定，对涉外娱乐场所、涉外酒店（饭店）进行了抽样调查和评估推荐。对其行业监督、审查进行统计调查。

2002 年至 2006 年，根据国家旅游局《关于开展黄金周假日旅游预报工作的通知要求》，按省、州、县要求，并按省、州旅游统计口径，科学准确地对全县旅游行业和相关产业的接待能力、收入、游客人数及时进行统计并上报。

经统计数据表明，2001 年旅游局组建以来，直至 2005 年，旅游仍处于自由发展阶段，收入甚微，且旅客有限。

2006 年至 2010 年，伴随瓮安三届“龙狮文化艺术节”和名优农产品产销会的举办，瓮安县“龙狮艺术文化”和“中国民间文化艺术之乡”旅游活动成为贵州品牌，经统计达 500 余万人次。

随着旅游业的开发，旅游宣传片《悠游乌江》《红色记忆》《多彩贵州，乌江画廊》等宣传，旅游人数成几何级数增加，瓮安县统计局和主管部门加强对旅游人数、收入的统计和按规定制定相关报表。经统计，2008 年，接待游客 36.2 万人次，经营收入 45.6 万元。2009 年，接待游客 46.5 万人次，旅游经营收入达 5.51 亿元。

瓮安县虽对旅游统计起步较晚，但随境内旅游开发和发展，统计部门和相关旅游管理部门相对加强了旅游接客、经营统计业务统计。2010 年，经对县内各景区统计，接待游客量 119 万人次，其旅游经营收入达 6.3 亿元。2012 年，经主管部门统计，接待游客 133 万人次，旅游收入达 10.74 亿元，较上年增加 32.5%。

2013 年，共接待游客 171.7 万人次，较上年增加 29.1%，旅游收入 13.91 亿元，较上年增长 29.5%。

2014 年，全年接待游客总人数 212.98 万人次，旅游收入 17.8 亿元，较 2012 年增长 28%。

2015 年，全年接待游客 277.16 万人次，较上年增加 26.1%，全年旅游收入 22.45 亿元，较上年增加 26.1%。

2016 年，共接待游客 406.96 万人次，全年综合旅游总收入 35.7 亿元，较上年同比分别增长 58.7%、59%。

第十一章　物价、财政统计和其他统计

中华人民共和国成立之初，遵照上级指示，县内商业部门曾组织实施过商品批发物价指数的统计编制工作。1956 年社会主义改造结束，瓮安仍未被省物价局和商业厅列入物价编制单位。“文化大革命”时期，物价统计工作中断。

第一节　物价统计

1973 年后，物价统计工作由县工商部门实施统计。1980 年，县设物价局，物价统计工作由其负责。

中共十一届三中全会后，物价统计报表制度得到恢复。县内按上级指示编制包括平价、议价和市场价职工生活费用价格指数，零售价格指数。20 世纪 80 年代中期，贵州省城市抽样调查队在瓮安设立物价调查点，负责调查相关零售价格指数。1994 年，对流通消费价格统计制度进行改革，将居民消费价格指数和商品零售价格指数分列编制，形成两套独立的统计调查方案。

进入 21 世纪后，对居民消费价格指数和零售价格指数进行调整。居民消费价格指数基本分类由原来 200 余个增至 250 余个，代表商品计 600 余种。商品零售价格指数的调查分类由原来 210 余个增至 220 个，代表商品达 500 余种。

工业品价格统计

中华人民共和国成立后，由于实行计划经济体制，相当长的一段时间，工业品价格一直实行指令性计划价格。

进入20世纪80年代，随经济体制改革的不断深入，国家开始实行指令性计划，指导性计划和市场调节相结合的计划管理体制，价格管理体制也逐步形成以国家订价、计划外超产加价、浮动价、市场调节等多种形式并存的价格机制。为及时掌握工业品价格水平和变动趋势，以便向各级领导机关和政府部门提供、反映价格改革的进程、效果、存在问题，并为国家制定价格政策，运用价格杠杆调节经济活动提供依据。按国家统计局《关于城市抽样调查几项工作安排的通知》精神，贵州省统计局决定将工业品价格统计工作移交各级相关物价主管部门进行经济调查。

按照国家统计局城市社会经济调查总队制定的《工业品价格调差方案》要求，瓮安县统计局按省的部署，会同相关部门对域内工业品居民消费价格指数，工业品零售价格指数进行抽样调查，并上报。

1996年，按国家统计局城市社会经济调查总队制定的《工业品价格调查统计方案》要求，工业品出厂价格表和原材料、燃料、动力购进价格报表的表式中取消了国家订价、浮动价格和市场价格的内容。企业只填报当月产品、产量、销售额以及计算出的平均销售价格。

2000年，为满足用价格指数缩减法计算工业发展需要，工业品价格调查方案相继调整，增加了编制工业品出厂价格代表指数的主要产品。其间，调查编码使用国家行业分类的标准编码。取消每月调查一次混合平均价格的方法。2002年，按贵州省统计局的要求，对省内行业进行调查。而瓮安统计局面对瓮安薄弱的工业产品，基本未曾参加和接受抽样调查编码工作。

2004年1月，国家统计局开始正式采用价格指数调整法计算工业发展速度。根据省统计局安排，瓮安县工业品价格调查仍属空白。

2006年，伴随经济发展，国家统计局城市司下发新的工业品价格调查标准库和调整后的产品目录，而瓮安统计局和物价局在工业价格统计方面，只进行生活资料工业品、生产资料工业品数百种价格执行中的监测和执行情况统计。

流通消费价格统计

瓮安解放后，1953年，瓮安主要执行贵州省商业厅编制的主要商品批发物价指数表。其商品主要包括粮食、副食品、纱布、燃料器材、棉布、工业器材、杂项和土特产8个大类，数十种商品价格指数。

1954年，县内开始由主管部门实施零售物价指数报表制度。1956年，省商业厅对各种物价指数编制和统计工作交由省统计局主管。

1960 年至 1962 年国民经济遭到重创，为稳定职工生活，保证财政收入，国家对部分消费品实行暂时性高价经营措施。从 1962 年起，物价统计工作增加包括国营平价、高价、议价和集体市价社会商品零售物价指数报表。随着国民经济实行“调整、巩固、充实、提高”八字方针的贯彻落实，国家经济状况逐步好转，其间，物价统计工作也得以恢复。1966 年，“文化大革命”开始，物价统计工作又遭中断，直至 1973 年，物价统计才得以再次恢复。

中共十一届三中全会后，随全党工作重心向经济建设的转移，物价统计工作报表制度得到全面恢复。瓮安县统计局和相关部门根据国家统计局制发的物价统计报表制度精神，严格执行编制的相关牌价、议价、市场价和职工、居民生活费用价格指数与社会零售价格指数物价的监测和落实，并按规定实施统计报表。

1994 年，国家统计局对流通消费价格统计制度进行改革。将居民消费价格指数和商品零售价指数分别编制，形成两张独立调查统计方案和指标体系表式，原有的物价统计报表停止编报。按上级规定，对流通消费价格实施选定的调查点和代表商品进行定时、定点、定人的直接调查。并遵循所采价格资料真实、可靠和准确的原则进行资料采集。而居民消费价格统计范围主要包括居民用于日常生活消费品的商品价格，服务项目价格。并分为食品、衣着、家庭设备及用品、医疗保障、交通和通信、娱乐、教育和文化用品、居住、服务等多个类别，其中包括 35 个中类，26 个小类，共列 300 余种调查商品。而居民消费价格指数计算方法采用加权算术平均法，逐一计算单项商品的小、中、大类指数及总指数。并按省、州统计局和相关物价部门表式实施月报、季报和年报。

商品零售价格调查统计范围包括各种经济类型的工业、商业、餐饮业和其他行业的零售商品价格。分为食品、饮料香烟、服装鞋帽、纺织品、中西药品、化妆品、书报杂志、文化体育用品、日用品、家用电器、首饰、燃料、建筑装潢材料和电子产品 14 个大类，其中包括 29 个中类，11 个小类，计 300 多种代表商品。商品零售总额的计算方法仍用加权算术平均法计算。并按省、州要求，填报相关月、季、年报表。1998 年，停止编报集市贸易价格指数相关报表。

2001 年，按国家统计局再次对居民消费价格统计进行改革，开始编制以 2000 年为固定对比基期的居民消费定基价格指数。居民消费定基价格指数为月报，要求与商品零售价格指数同时于当月 30 日前上报。指数计算按对比期的不同分为以 2000 年价格为 100 的定基价格指数；以上年同月价格为 100 的同比价格指数；以报告期上月价格为 100 的环比价格指数；以上年 12 月为 100 的价格指数。居民消费定基价格指数的计算方法为基本分类指数用几何平均法计算，小、中、大类及总指数用固定权数加权平均法计算。其居民消费价格总指数，非食品价格指数、服务项目价格指数，扣除鲜菜鲜果总指数，消费品价格指数要求，瓮安县统计局、物价局对上述价格的调查、统计中居民消费价格，商品零售价格等 8 个大类，40 余个中类，250 余个基本分类，600 余种代表性商品，遵照省、州要求，定期完成布置的相关任务。2001 年，按上级规定停报城市居民基本生活费用价格月报表。

2003 年，国家统计局对商品零售价格统计进行改革，开始编制 2002 年为固定对比基期的商品零售定基价格指数。商品零售定基价格指数为月报，要求当月 30 日前上报。其间，县统计局和相关的物价局严格按 2002 年价格 100 的定基价格指数，以上年同月价格的 100 同比价格指数，以报告期上月价格为 100 的环比价格指数，以上年 12 月价格为 100 的价格指数等，并按基本类别指数用几何平均法计算；小、中、大及总指数用固定权数加权平均法计算，按省、州规定完成调查、统计报表任务。

其间，瓮安统计局会同相关部门按国家、省、州统计局和相关调查统计安排，对各种经济类型的工业、商业、餐饮业和其他行业的零售商品价格；食品、饮料香烟、服装鞋帽、纺织品、家用电器及音像器材、文化办公用品；日用品、体育娱乐用品、交通通信用品；家具、化妆品、金银珠宝、中医药品及医疗保健用品、书报杂志及电子出版物、燃料、建筑建材及五金等 16 个大类，45 个中类，225 个基本分类，共 550 余种代表商品，分别进行调查统计。

2006 年，贵州省组成企业、农调队等，根据国家统计局相关精神，又对贵州工业品价格、居民消费定基价格指数、商品零售定基指数实施调查统计。而瓮安县统计局仅以块块管理的瓮安县农调队参与其中。

是年后，随着市场经济体制的完善，以市场供求配置各种资源，瓮安县统计局对物价调查统计基本终止。联系实际，瓮安县主管部门物价局于 2010 年 11 月与发展改革局合并后履行物价监督、监测管理职能。而系统性物价调查统计月、季、年报表基本停报。

第二节　人口统计

1953 年，在第一次人口普查基础上，瓮安县实施人口统计制度。

自 1953 年开始，相关人口县内统计的主要有常住人口、出生、死亡、迁入、迁出。根据公安部制发的《城市户口管理暂行条例》精神，通过户口管理，并在城市建立户口报表制度。而在农村，通过土地改革和农业合作化运动，采取多种方法，对人口进行比较准确的调查。同时在 1953 年第一次人口普查基础上建立并完善了定期的人口统计报表制度。

1954 年，按照国务院颁发的人口统计年报要求，县内由新建立的计划统计科进行人口变动统计。在《人口变动情况》统计表中，主要统计指标为域内为户数、人口数、性别、出生、死亡、迁入、迁出、婴儿死亡和城乡人口数。

1957 年，按国家、省的指示，人口统计报表达 8 种之多。即县（市）户口及人口数，含农业户、城镇户、山区户、男女人口数；县级单位人口分组统计，含城镇名称、户数、男女人口数，并按 20 万以下，21 万～50 万人，51 万～80 万人，81 万人以上分组；县（市）人口自然变动情况统计，含人口出生、死亡、自然增加等；县（市）人口机械变动统计，含人口迁入、迁出，增加或减少人数；人口按年龄分组统计，含 15 个年龄组死亡人数和所占比重。家庭雇佣人员统计，含雇佣的户数、受雇人数、受雇人月平均工资等。

1958 年，国务院颁布《中华人民共和国户口登记条例》，从此，以法律形式保障了户口登记制度，确定了以户口登记为经常性人口统计报表制度。

1965 年，根据国务院统计局“统计工作要加强调查研究，精简报表”的指示精神，人口统计综合年报只保留含镇数、集镇数非农业人口、农业人口的镇人口统计表和含人口出生、死亡、自然增加数的人口自然变动统计表两种报表。

1966 年，“文化大革命”开始后，人口统计工作曾一度中断。20 世纪 70 年代初，贵州省公安机关军管会布置人口统计表，自此，人口统计报表制度逐步恢复。1975 年后，人口统计报表包括县、镇人口数、人口年龄分组、人口自然变动情况等近 10 种报表。

1978 年 12 月，中共十一届三中全会后，人口统计工作得到恢复和规范。1980 年，人口统计综合年报为 6 种，报表名称及主要内容为：城镇人口统计表，含集镇数、人口总数、非农业人口、农业人口；非农业人口增减情况统计表，含年末非农业人口和非农业增加数（其中出生、迁入、招工、招生、职工家属投靠、随军家属、知青病困、落实政策返回、复员转业、解放军、解除劳教等）、非农业人口减少数（其中死亡、迁出、退休、知青上山下乡、服兵役、逮捕等）；人口年龄分组，含不满 1 岁到 69 岁以上各年龄组的男女数；县死亡人口年龄分组，含不满 1 岁到 69 岁、70 岁以上各年龄分组的男女人口数；人口自然变动情况表，含人口迁出、迁入相抵增加、减少的人口数。1982 年，域内开展第三次人口普查，经此次普查，人口统计指标进一步健全和完善，又新增文化程度、职业、婚姻、生育等内容统计指标。

1990 年，第四次全国人口普查开始，通过此次普查，不仅查清了域内各类人口数据，并搞清了人户分离情况。纠正了许多户口登记项目差错，同时解决一大批历史遗留户口登记问题。基本摸清超计划生育人口数，其他出生不报户口的状况。对农村实行居民身份证基础上，又实行户口簿管理制度，为提高经常性人口统计数字质量打下基础。

1991 年，按省州规定，人口统计年报达 12 种。报表名称及主要指标有：人口及其变动情况统计表、市人口及其变动情况统计表（两表指标相同，含总户数、总人口数、总人口数中男女人数），出生（出生中男女人数和本年出生数）、出生中未落常住户口小孩数（其中本年出生数）、死亡（男女数分列）、迁入（含省内、省外迁入）、迁出（含迁往省内、省外）。人口变动情况审查报告表，含上年年末总人口数，1991 年 1 月 1 日至 12 月 31 日变动数（指标与上相同）。其中 1991 年总人口比上年增减数，年底总人口应有数、实有数、实统计数。非农业人口增减情况统计表，含上年末非农业人口数，本年末非农业人口数，增加人口数（其中出生、非农业人口迁入、农业人口转非农业人口数、招生、招工、征用土地、随军家属、科技干部家属、职工居民家属、落实政策、煤矿井下工人家属、复员转业、刑满释放改除劳教、其他），减少人口数（其中死亡、非农业人口迁出、服兵役、逮捕、劳动教养、其他）。未落常住户人员统计表、乡镇企业职工统计表、人口自然变动情况、行政区划及其变动情况统计表、人口年报统计质量调查报告，1992 年，人口统计年报表取消人口自然变动情况表。

1991 年，瓮安县撤区并乡，自此人口统计也相应发生变化，按新行政区划统计。其间，人口统计出现相关的公安、计生主管部门按工作需要多表填报，多表统计状况，而法定人口统计数据唯县统计局数据。

1994 年后，人口报表域内公安机关执行贵州省公安厅制发的相关人口管理、户籍管理、非农业人口、农业人口管理统计表式，并实施年报。县计划生育部门则按省、州计划生育部门要求，注重于出生人口、死亡人口、育龄妇女、人口自然增长率方面表式的调查统计，故出现人口统计报表中人口数量与相关主管部门调查统计相互不符，形成县统计局客观表式统计的权威和真实性。

2000 年后，相关部门增设农业人口从事非农业情况的统计和乡镇企业职工统计表。2002 年，人口年报取消人口年报统计质量调查报告相关表式。

随着改革开放的深入，继 20 世纪开始的“打工潮”，流动人口逐年增加，按相关部门指示，取消未落户常住户口人员统计表，市县辖镇人口统计表，乡镇企业职工统计表，人口年龄统计表。仍保留人口变动情况审查报告表，非农业人口增减情况统计表，农业人口从事非农业情况表，行政区划及其变动情况统计表等。其间，统计局、公安局、县计生委按各自上级制定表式填报。

2005 年后，随经济体制改革、改制，“打工潮”的进一步盛行，农业人口、非农业人口已从过去的两个概念逐渐消失。随市场经济发展以市场调节配置各种资源的加速，人口渐而向大中城市、县级城镇聚集，形成城镇人口和农村人口两个新概念。相随人口迁徙变动的具体实际，所谓农业人口、非农业人口变化为城镇人口和农村人口，故人口统计渠道、表式也发生变化。仍按公安、计生、统计三渠道遵照上级制定表式实施上报。其间，公安、计生人口报表若出现不相符，仍以县统计局发布的人口数据为法定数据。

第三节　财政金融统计

1949 年 12 月瓮安解放，接管国民政府文教科、财粮科、建设科。

1950 年 4 月，将接管旧政权财粮科分为财政科、粮食局，财政科正式建立，并负责财政统计事宜。其后，财政、金融、保险机构几经撤合。1958 年 9 月，财政科、税务局、保险公司合并为财政税务局；1962 年 10 月，撤销财政税务局和各区财政税务所，设财政局。1970 年 5 月，财政税务机构再次合并，其财政统计业务工作步入正轨。

财政统计

自县财政科建立后，域内进行过 3 次较大的清产核资普查活动。其间，统计工作完全由财政部门全权负责。统计部门仅为辅助。第一次是 1962 年瓮安县开展的全县清产核资统计工作，第二次是 1971—1974 年的全县工业、商业、行政、事业、集体手工业等 143 个单位的清产核资普查统计工作。第三次是 1982 年进行的全县清产核资工作，主管部门财政局和统计局承担全部统计业务。

1990 年年末，瓮安县财政局在几经撤合过程中统计业务步入正轨，并内设办公室、预算、综合计划、文教行政财务、企业财务、农业财务、国有资产管理股、财政信用资金管理所，并实行分口管理的财政业务统计。

1993 年，瓮安县开始清产核资，其对象为县属国营工业、商业、粮食、交通、物资、供销、文化及其他企业，含资金来源属财政拨款或借贷、贷款购买资产、银行贷款或接受馈赠的以及业专用基金建造的资产和无偿调入的各项财产统计。清理内容有固定资产、流动资产、专用资金、无形资产等。清产中，结合新《企业会计准则》和《企业财务通则》的实施，以国际通行的“资产=负债+所有者权益”的合计平衡公式，建立了资产负债表、损益表、财务状况变动表以及相关附表为特征的统计报表体系，进一步规范了财务会计统计。

1994 年，全国实行“分税制”改革，其间，瓮安县财政部门编报的财政统计表主要有财政收入完成情况表，表含工商税收增值税、营业税、个人所得税、证券交易税、土地增值税、城市维护建设税、房产税、屠宰税、车船税、资源税、土地使用税、印花税、固定资产投资方向所得税、农牧业税、企业所得税、农业特产税、契税、国有企业上缴利润、国营企业计划亏损补贴、能源交通建设基金、预算调节基金、基本建设贷款归还收入、专款收入（其中排污费、水资源费、教育附加）。

其次是财政支出完成情况，表含基本建设支出、企业挖潜改造资金支出、简易建筑费、地质勘探费、科技投入 3 项费、流动资金、农村水、工、建、交、文教、卫生、科学事业费、其他事业费；抚恤和社会救济、国防支出、行政管理、公检法司支出、价格补贴、其他支出、专款支出等。

第三是财务统计报表中财政收支完成情况表，表含本年预算收入、实际完成收入、本年预算支出、实际完成支出。1978 年至 2000 年，均由各单位分别进行会计核算和统计报表工作。

进入 21 世纪，随经济社会的发展，瓮安财政部门实行相关的预决算制度改革。相应扩大政府财政收支范围，将政府预算外收支纳入财政收支范围，更加全面、准确的反映政府财政收支活动，形成一套较为规范、合理的财政决算统计体系。其间，于 2001 年 12 月，开始筹备“会计集中核算制”工作，2003 年开始启动，共建核算账 36 套，进行财政统计报表。财政部门编报的主要财政统计报表有全县财政收入完成情况表，县本级地方财政收入完成情况表，县本级财政支出完成情况表，财政预算外资金收支决算表，负债情况统计表，使全县各单位、部门、企业会计决算统计数据利用工作深入开展，有效地促进了全县会计决算统计水平的提高。

2007 年，县内全面实施部门预决算制度。县内各部门、各乡镇根据统一编制预决算统计表，报财政部门审查，财政统计制度得到完善和认真落实。

2009 年，瓮安财政部门共建财务核算账 180 套。9 月，省、州将瓮安县列为非税收入收缴管理改革试点县，并明确县林业局、卫生局、环保局、财政局、瓮安中学、卫生监督所、疾控中心 7 个单位为第一批改革试点单位。2010 年 3 月，又相继增加发改局、水利局、建设局、旅游局、卫生局、资本营运公司、文体广播局等 18 个单位和试点 7 个单位同时上线运行。其间，财务统计报表有增有减，形成全县财政统计统一的操作模式和表格报送模式。

2010 年 4 月，瓮安制定《瓮安县国库集中收付制度改革会计核算暂行办法》《瓮安县国库集中收付工程流程》《瓮安县国库集中收付中心印鉴管理制度》《瓮安县国库收付中心档案管理制度》，是时，财务统计应上线 93 个单位全部启用非税系统，安装非税终端系统 52 个单位。2012 年，全县 110 个应上线单位的信息全部纳入“贵州省财政非税收入收缴管理系统”进行管理，安装政府非税收入收缴终端系统 38 个，新建 1 个费税收入网点。

2012 年，全县 110 个应上线单位信息全部纳入“贵州省政府非税收入收缴管理系统”进行管理。其间，财政统计报表根据省州要求仍保持财政收入完成情况，表含财政总收入，其中，税收收入（增值税、营业税、企业所得税、个人所得税、烟叶税、非税收入）、一般预算性收入情况，国税、地税完成情况，支出完成情况，支出表含一般预算性支出，即一般公共服务、教育、科学技术、社会保障和就业、医疗卫生、环境保护、农业水事务和其他等，使财政统计更加规范和完善，并至 2016 年。

第四节　教育、卫生和文化统计

1949 年 12 月，瓮安解放，接管国民政府政权教育科。1951 年 8 月改为文教科，1956 年 3 月，分设为文化科、教育科，其间，教育统计由教育科承担并实行统计报送。

教育统计

1949 年 12 月，瓮安解放，接管国民政府教育科。1951 年更名为文教科，自此，全县中小学教育统计工作由文教科负责。教育统计工作使用贵州省教育厅下发统一表式。日下主要有完全中学、高级中学、初级中学、职业学校概况，小学及幼儿园概况，学龄儿童入学、失学，巩固率概况等。20 世纪 90 年代，行政区划发生变化，进入 21 世纪，行政区划在度撤并，2013 年后，瓮安县城区扩大，其间撤销瓮安中等师范，增加职业学校，并实行行政区划中小学整合。根据教育部和贵州省教育厅确定的教育报表指标系统，瓮安县联系自身实际，完善了原有的教育统计报表制度。1957 年至 1966 年间，其报表内容主要有中学、中等师范、小学教育综合年报表。主要指标内容有学校数（含公办小学数、民办小学数）、教职员工数（含公办教师、民办教师）、学生人数、学校基本情况等。

“文化大革命”开始后，县内教育事业遭到冲击，教育统计工作一度遭到破坏，并处于不正常运转状态。

中共十一届三中全会后，教育统计工作得到全面恢复和发展。这一时期，教育部采取一系列措施，进一步健全和完善了教育统计工作制度，并增加统计指标内容。主要有小学及初中入学率、巩固率、合格率、优秀率、教职工人数，其中分列，民办教师、公办代课教师人数、小学初中教师学历统计、学历达标等。

随着教育事业的发展，20 世纪 80 年代，教育统计报表指标也随之增加，诸如各类学校教职工负担学生及专任教师学历情况；各类学校女学生、女教师职工比，学生数、毕业人数；招生数、校办工厂；学校占地面积、建筑面积等。

改革开放的深入，经济社会的发展，特别是“教育为本”国家大计的提出，域内教育勃然兴起。其间，按省、州教育部门的要求，县年报教育统计涵盖全县普通初中、高中、职业技术学校、公办教师、民办教师、公办代课教师、职校专任教师、公办小学、民办小学、小学教学点、各类学生人数、入学率、巩固率、毕业率、升学率、学校校舍、占地面积；教学设施、实验、图书馆藏书；教育经费开支使用等各种表式。

2001 年，根据教育部和国家统计局部署，教育事业统计报表进行改革，改革后的报表分为基础教育报表、中等职业教育报表、高等教育报表。基础教育报表统计范围主要有幼儿园、小学、初中、高中、特殊教育学校。中等职业教育报表包括普通中专、成人中专、职业高中和调整后的中等职业学校。高等教育报表范围包括普通大学、学院、成人高校、高级职业技术学院和高等学历文凭考试学校等。其间，县内联系实际，其报表主要为基础教育报表，中等职业教育的职业高中报表。

2006 年，教育部结合教育改革形势发展，对现行教育统计报表和计算机应用进行适当修订。《中等职业教育统计报表制度及指标解释》中的《职业技术培训机构统计》表的填报范围改为“凡经县级以上各级人民政府职能部门批准，并在教育行政部门备案实施的各类职业技术培训学校”，基础教育报表为配合“国家借宿制中小学改造工程”的实施，增加义务教育阶段在校学生中“借宿生”指标。

自实行教育部新的教育统计报表制度后，近十年来，表式基本保持原状，其增减指标微乎其微。

卫生事业统计

新中国成立初期，县内卫生部门执行国家文教卫生委员会和国家统计局制发的卫生事业统计报表制度。年报有卫生事业发展情况、城市综合医院、教学医院、精神病院、妇产医院、儿童医院、麻风病医院发展情况、县人民医院、卫生院发展情况、干部、部队疗养院、门诊部、妇幼保健所（站）、卫生防疫站发展情况 4 种统计报表。报表指标内容含机构数、人员数、按卫生技术人员、行政人员、勤杂人员及其人员分组进行统计。其间，瓮安县仅瓮安县医院 1 所，其中医治所均为个体开设且分布于全县各集镇，其报表按有则填报，无则不填不报。

1953 年起，县内各区相继建成卫生所（后改为卫生院），1954 年，县内根据卫生部重新制发的《卫生事业统计报表制度》，实施卫生事业统计工作。报表内容主要包括基本情况统计、防疫统计和妇幼卫生统计 3 种。其中基本情况统计含公立卫生行政系统、合作性质、联合性质、私立医院的卫生机构、人员、床位数、公立卫生机构的主要设备数；防疫统计含各种急性传染病患者人数和死亡人数。法定传染病的发病和死亡，爆发疫情，各种疫苗的接种、儿童计划免疫及检疫机构业务活动开展情况；妇幼卫生统计含妇女病查治、接生情况、产期保健及儿童保健情况。

1958 年后，为适应“大跃进”形势，按上级主管部门指示，在原有的统计报表基础上增加托儿组织基本情况、除害灭病基本情况、麻疹病防治工作情况、卫生干部培训、西医学习中医及中医进修等综合年报表。

20 世纪 60 年代，对在“大跃进”形势下增加的统计报表进行大量精简，仅增加反映医院工作情况的医院动态报表。1965 年，卫生事业统计报表又重新恢复到“大跃进”前的状态。

1966 年 6 月，“文化大革命”开始，受其干扰，卫生事业统计报表大部分中断，仅保留综合年报中的“机构、人员、床位数”等指标。从 1970 年开始，卫生事业统计报表先后增加一些紧跟“文化大革命”形势的指标内容。如卫生系统出席县以上活学活用毛主席著作积极分子人数，城市卫生人员下到农村人数，农村人民公社生产大队实行合作医疗和赤脚医生，生产队卫生人员数，分配到卫生部门的高、中等医药院校毕业生人数，自负盈亏的卫生所人员和学徒处置情况，农村赤脚医生参加集体生产劳动情况等。直至 1972 年，县内卫生统计工作基本恢复正常。

中共十一届三中全会后，卫生统计工作不断加强，统计报表日趋完善。1980 年，根据卫生部制发的《卫生事业统计报表制度》要求，继省州统计报表制式，县内增加了相关的统计报表。

进入 20 世纪 90 年代，卫生事业统计年报多达 10 余种。主要有卫生事业机构、床位、人员数、技师、技士和西医人员数分类、卫生机构国家、集体、私人开业人员数、卫生部门按隶属关系分县及县以上医疗机构、床位、人员数、分科西医师、中西医结合高级医师人数和县及县以上医院分组的医院数、分科中医师人数和县以上中医院分科床位数、卫生机构主治医师以上人员数、独立门诊部（所）工作情况和卫生部门医院社会经济效益等。

2001 年，县卫生局按卫生部要求，正式采用疾病和有关健康问题国际统计分类（ICP-10）进行出院病人调查表统计工作。

2002 年后，县卫生局执行卫生部制发的《全国卫生统计调查制度》。新卫生统计制度由《含卫生综合统计调查制度》和《全国卫生业务统计调查制度》《全国卫生业务统计调查制度》两部分组成，8 种调查表。即：卫生机构基本情况调查表与卫生机构人力资源基本信息调查表。调查表除诊所、社区卫生服务站、村卫生室外的其他卫生机构。部分卫生机构设备调查表的调查范围主要是医院、妇幼保健院、疾病控制中心、卫生监督检察机构；医疗机构运营情况调查表调查范围是医院、卫生院、社区服务中心；医院出院病人调查表调查范围是政府办医院；村卫生室调查表调查范围是村卫生室；卫生机构基本建设投资完成情况调查表范围是政府和集体办各级医疗卫生机构。根据国家省、州布置，以上 8 种报表除卫生机构人力资源信息调查表为 3 年报，其余 6 种调查表均为年报表。

进入 21 世纪第一个 10 年，瓮安医疗机构投入逐步加大，民营医疗机构和自办医院得到长足发展。其间，卫生统计调查工作表式几乎无变化。县卫生部门遵照国家卫生部，省、州表式实施年报、两年报、三年报，直至 2016 年。

文化事业和广播电视业统计

1957 年 6 月瓮安县首设文教局直至 1970 年。这一时期，瓮安县根据国务院“精简统计报表，加强调查研究”的指示。对文化事业统计表进行大量精简。综合统计表主要有文化事业单位名录、艺术表演团体、剧场机构人员、群众文化事业业务活动开展情况等报表。1964 年，文化报表内容有所增加，主要有文化事业机构人数统计，电影放映单位及放映场次统计，文化馆活动情况，公共图书馆活动情况等统计。

1966 年开始“文化大革命”，其间，文化统计报表基本中断。

中共十一届三中全会后，文化事业统计报表制度日趋完善。1986 年，县文化部门贯彻执行文化部制发的《全国文化事业统计报表制度》，按规定，基层统计年报计 8 种。其间，瓮安结合自身实际，主要填报，公共图书馆基本情况、群众艺术馆、文化馆基本情况。其文化部门填报的综合年报主要为文化艺术事业机构人数、公共图书馆、群众文化事业机构人数、文化事业基本建设情况、文化部门固定及合同职工构成情况、文化部门剧场、影院演出及收支情况、公共图书馆、群众艺术馆、文化馆（站）、文物保护管理机构基本情况等。

1990 年 8 月 20 日，经国家统计局统社字〔1990〕248 号文批准，文化部制发《全国文化事业统计报表制度》，从 1991 年 1 月 1 日起执行。其间，增加了各类文化事业单位的基层表、原始记录、统计台账等表式，使县文化部门及基层统计工作进一步规范化、制度化。

1996年7月，由文化部“八五”期间修订的《全国文化事业统计报表制度》经国家统计局正式批准执行，瓮安县文化部门统计报表实行“八五”修订的报表制度，并按要求年报。

2001年8月，文化部“十五”期间制发的《全国文化文物统计年报制度》经国家统计局批准，正式施行，此表沿用至今。

广播电视业统计

1992年8月，瓮安县广播电视主管部门实施广播电视部制发的《广播电视统计报表制度》，表含基层和综合两套报表，按广电部制表，综合表达29种，基层表为16种，实施范围包括：一是广播电视系统各级广播电台、电视台、广播发射台和转播台、电视发射台和转播台、卫星电视地面站、有线广播站。二是广播电视系统外调频发射台、电视发射台和转播台、卫星地面站、系统外调频发射机、电视发射机，卫星电视地面站等情况由广播电视系统内各级填报。

年报内容包括无线广播、电视宣传、广播电视台节目制作及采用、有线广播宣传及节目传输，对外传送和寄送节目、电视节目交换及采用；广播电视覆盖率，广播电视制作、中短波发射机、调频发射机、电视发射机、实验发射机、微波传送线路、卫星地面站；职工人数与工资及各类专业职务、广播电视书籍报刊、音像制品制作发行、科研成果及获奖节目稿件、广播电视系统第三产业增加值、教育基本情况等。

1998年6月，国家广播电影电视部对广播电视统计半年报有关指标进行修订。将县级广播电台、电视台、有线电视台合并为“县级广播电视台”，将“本年事业费预算”改为“本年财政补助收入”，新增电视台、有线电视台名录等。这一时期，瓮安县广播电视局按广播电视部相关报表要求实施半年报和年报。

2001年1月，国家广播电影电视部对广播电影电视统计报表制度重新修订，由原来的45种简化为32种，综合基层表式调整为一套表式。其年报类内容主要包括广播电视播出节目及制作，广播电视覆盖率，县级广播电视基本，有线广播电视播出及节目制作，中短波广播发射机，调频发射机，实验发射机，电视发射机，职工人数及构成，各类专业，广播电视财务收支，广播电视资产负债，固定资产投资完成，教育基本，科学研究基本，广播电视报发行，印象制品制作，电影综合，广播电视剧情况等。

是年10月，根据广播电影电视发展，国家广播电影电视总局下发《关于填报广播电影电视2001年统计年报说明》，将有线广播电视播出及节目制作情况表内容并入无线电视播出及无线电视节目制作情况表中。

2002 年至 2004 年，新增企业资产负债，企业利润及现金流量等内容。同时，还增加广播电视统计月报。

2005 年 1 月 20 日，国家广播电影电视总局发布《广播电影电视行业统计管理办法》，并规定于 3 月起实施。是年 8 月，国家广播电影电视总局制发新的《全国广播电视统计报表制度》，将广播电视基层报表修订为 13 种，其中年报 10 种，月报、半年报、快报各一种。

2006 年 8 月，国家广播电影电视总局发布《全国广播电视统计报表制度（修订版）》，将广播电视基层报表修订为 15 表，其中年报 12 表，月报、半年报、快报各 1 表。自此后，广播电视统计基层统计没有变化。

随体制改革，瓮安县 1994 年将原文化局、广播电视局、体育局整合为文体广播电视局。2004 年 6 月，文化广播电视局加挂新闻出版局（版权局）牌子，实行两块牌子一套机构管理，2012 年 12 月，文体广播电视局与旅游局合并为文体广播旅游局，虽机构发生变化，其部门仍按文化部、国家广播电影电视总局制定的相关统计报表按规定实施报送。

第十二章　统计抽样调查与普查

为适应经济社会发展，根据国家统计局统一部署，省、州统计部门安排，瓮安以统计部门为主开展了属于重大国情的多次抽样调查、普查；各个时期各个类别的抽样调查，成为瓮安县统计局落实中央和省州指示的一项重要工作。自县统计局组建来，历经重大国情的数次人口普查、工农业普查、调查、城市、农村抽样调查等工作。

第一节　城市住户、物价指数抽样调查

物价统计机构：1984 年 12 月贵州省城市抽样调查队在瓮安设立物价调查点，瓮安物价点为全省七个物价调查点之一，编制、资金、业务属贵州省城市抽样调查队，由瓮安县统计局代为管理，编制 2 人；1989 年因工作需要，编制增加为 4 人，同年 8 月，贵州省城市抽样调查队更名为贵州省城市社会经济调查队，2007 年 12 月瓮安物价点划归国家统计局瓮安调查队代管，2011 年 1 月撤销，人员编入瓮安县统计抽样调查中心。

城镇居民家庭收入调查：瓮安县物价统计起始较早，20 世纪 50 年代，其物价主要由物价部门通过调查按规定统一报送。1984 年 12 月瓮安物价调查点设立后，在县城抽取 30 户城镇居民家庭作样本进行家庭收入调查，内容有：城镇住户基本情况，主要商品消费量、耐用消费品拥有量、家庭现金收支情况、存款及现存现金情况、城镇居民家庭居住情况等。其调查工作每月连续进行，并由被调查记账户每天将其收入和支出逐项记载在现金收支账册上，每月初按时整理汇总上报上月资料。2011 年 1 月瓮安物价调查点撤销后相继由瓮安县统计抽样调查中心，瓮安县乡镇统计管理办公室负责此项工作，2013 年移交国家统计局瓮安调查队后一直负责至今。

市场和物价调查：1984 年 12 月前物价统计工作为县统计局物价统计人员负责，1984

年 12 月后，由物价点负责。主要调查统计指标为职工生活费用价格指数、零售物价指标、服务项目价格指标、蔬菜零售价格指数，生产资料价格指数、集市贸易价格指数等。在采价调查中，对商店和市场调查网点的选择方法，主要采用划类选择法。价格调查原则上采用巡回上门直接调查的方式进行。

瓮安县统计局十分重视关系国计民生的城市住户和物价调查工作，要求城镇调查工作人员在访户、采价中做到“四定”，即定点、定人、定时间、定日期，并长年累月持之以恒。同时规定住户调查每月不少于 3 次进户调查、指导，每年召开一次住户座谈及年报会议。采价每 5 天进行一次，按月上报和公布价格指数。2007 年 12 月瓮安物价点划归国家统计局瓮安调查队代管后，沿袭原有管理和资料报送方式，2011 年 1 月瓮安物价点撤销后，此项调查属国家统计局瓮安调查队负责。

第二节　人口普查

第一次人口普查

1953 年 4 月 3 日，中央人民政府政务院发布《为准备普选进行人口调查登记的指示》和《全国人口调查登记办法》。为做好各级人民代表的选举，掌握准确的人口情况，全国开展了第一次人口普查（又称人口调查登记）。普查登记的标准时间为 1953 年 6 月 30 日 24 时。人口调查登记采用调查登记常住人口的办法。根据国家和省的统一部署，瓮安县第一次人口普查工作由民政局同公安、统计等有关部门联合进行，县成立人口调查登记办公室。区及乡镇按辖区所划的选举区域设立调查登记站，并分为固定、流动登记站和逐户访查登记三种。调查内容为姓名、与户主关系、性别、年龄、民族、本户住址等 6 项统计指标。第一次人口普查特点是：规定了全国统一的人口普查对象和普查登记的标准时间；制定了统一的统计表格，对人口普查资料进行了系统的整理汇总，获得的资料准确可靠，是新中国成立后人口统计工作的起点。

普查结果为：全县总户数 35178 户，总人口 160765 人，其中：男 81965 人、女 78800 人。男女性别比为 104.02 比 100，少数民族占总人口的 3.08%。

第二次人口普查

按照中共中央国务院《关于进行第二次全国人口普查工作的指示》和贵州省的统一部署，瓮安县于1964年进行了第二次人口普查。普查标准时间为1964年6月30日24时。调查登记项目除保留第一次人口普查项目外，又增加本人成分、文化程度和职业三项指标。另对1964年上半年出生、死亡、迁入、迁出4个项目进行调查登记。县成立人口普查领导小组及办公室，办公室下设行政秘书、宣传材料、登记统计等小组。各区及人民公社也相应成立人口普查办公室。普查登记方法主要以户口簿进行核对校正填写登记。登记方式：一是根据群众居住情况，集中到一起进行登记；二是上门登记；三是以生产队为单位设立登记站。此次人口普查，不仅查清了全县人口总数及其构成情况，而且在普查基础上整顿和健全了城乡户口管理制度，进一步加强了户口管理和人口统计工作。

普查结果为：全县总户数40706户，总人口195794人，其中：男100760人，女95034人。男女性别比100比106.03。少数民族占总人口的3.37%。文化构成：大学172人，高中1057人，初中6129人，小学50629人，不识字或识字很少81111人。

第三次人口普查

按照省、州第三次人口普查工作会议部署，瓮安县及时成立第三次人口普查领导小组及办公室。办公室内设普查、编码、秘书、宣传4个组。普查对象为在瓮安县行政区域内的中华人民共和国公民，1982年7月1日零时为普查登记标准时间。普查项目共19项，其中按人填报的项目为13项：姓名、与户主的关系、性别、年龄、民族、常住人口的户口登记状况、文化程度、行业、职业、不在业人口状况、婚姻状况、妇女生育子女数，1981年育龄妇女生育状况。按户填报的项目为6项：住户类别（家庭户或集体户）、本户住址编号、本户人数、本户1981年出生人数、本户1981年死亡人数（死亡人口姓名、性别、年龄按生产队和居民小组登记）、含常住户口已外出一年以上的人数。

普查结果卫：全县总户数65336户，总人口337977人，其中：男174314人，女163663人。男女性别比106.50，少数民族占总人口的3.21%。出生人口12224人，死亡人口2528人。大学文化782人，高中7687人，初中43156人，小学120823人，不识字或识字很少84790人。

第四次人口普查

1989年，遵照国务院45号令，即《关于进行第四次人口普查的通知》和省、州政府要求，在全县开展第四次人口普查。此次人口普查对查清第三次人口普查以来人口在数量、地区分布、结构和素质方面的变化；检查2000年的人口控制目标执行情况，科学的制定人口教育、就业、产业等社会经济发展政策；实现中国社会经济发展战略目标以及安排好人民物质文化生活具有十分重要的意义。为做好此次普查工作，县人民政府1989年下发《关于开展第四次人口普查的通知》，并成立县人口普查领导小组，下设办公室。领导小组办公室下设秘书行政组、普查组、编码组、宣传组、户口整顿组、数据处理组。办公室工作人员选配30人。全县建立村以上人口普查机构54个，选调普查人员1500余人。共划分普查区260个，调查小区1255个。普查工作从1989年9月开始准备，逐步完成组建机构、培训人员、试点、户口整顿、宣传发动、正式登记、质量抽查、编码、手工汇总、发布普查数据公报等项工作。经两年多努力顺利完成全县第四次人口普查工作。

第四次人口普查的标准时间为1990年7月1日零时。普查对象为县域内具有中华人民共和国国籍人口，进行逐户逐项逐人登记。此次人口普查较前三次人口普查规模大，调查项目多，共设21个项目，人口记录15项，户籍记录6项。人口记录项目为：姓名、与户主关系、性别、年龄、民族、户口状况和户口性质。1985年7月1日常住地状况、迁来本地原因；文化程度、在业人口行业、在业人口职业；不在业人口状况、婚姻状况、妇女生育存活子女数；1989年1月1日以来的生育状况等。户籍记录项目为：本户编号、户别、本户人数、本户出生人数、本户死亡人数、本户户籍人口中离开本县市一年以上人数。另设死亡人口登记表9个项目：调查小区代码和本户编号、姓名、性别、民族、出生年月、死亡时间、文化程度、死亡时的婚姻状况、死者生前从事的主要职业。

普查结果为：全县总户数85895户，总人口383600人，其中：男199700人，女183900人。男女性别比108.59∶100，少数民族16481人，占总人口的4.30%。1989年出生人口9311人，死亡人口2435人。1990年上半年出生人口3973人，死亡人口1318人。文化程度构成：大学本科252人，大学专科730人，中专3081人，高中7745人，初中66551人，小学176542人，不识字或识字很少75693人。

第五次人口普查

按照省、州统一部署，全县于1999年5月成立人口普查领导小组及办公室。县人口普查办公室工作人员由县政府、统计局、公安局、计生局、宣传部等部门抽调的 16 人组成。23 个乡镇人口普查办公室相应组建，办公室主任由乡镇的副职领导担任。县、乡镇两级并签订第五次人口普查责任状。

2000 年，国务院颁布第 277 号国务院令，即《第五次全国人口普查办法》。第五次全国人口普查对象为具有中华人民共和国国籍，并在中华人民共和国境内常住的人口。普查标准时间为 2000 年 11 月 1 日零时。普查表分为短表和长表两种表式，长表根据国家规定的办法，抽出 10%的户填报，其余的户填报短表。

第五次人口普查采用常住人口的登记原则。应在本乡、镇、街道普查登记人口有五种人：一是居住在本乡、镇、街道，并已在本乡镇、街道办理常住户口登记的人；二是已在本乡、镇、街道居住半年以上，常住户口在本乡、镇、街道以外的人；三是在本乡、镇、街道居住不满半年，但已离开常住户口登记地半年以上的人；四是普查时居住在本乡、镇、街道，常住户口待定的人。五是原住本乡、镇、街道，普查时在国外工作或者学习，暂无常住户口的人。户口在本乡、镇、街道，但已离开本乡、镇、街道半年以上的人，不计入户口所在地常住人口数内。

此次人口普查，县人口普查办公室下设业务组、户口整顿组、编码组、宣传组、行政秘书组、后勤保障组、数据质量控制组。全县以乡镇为单位划分普查区，即以行政村为登记汇总单位划分普查小区。在入户登记前进行了县界、乡村级普查区域边界实地勘察界定，绘制入户调查登记地图。同时进行户口整顿，入户摸底调查，编制户主姓名底册。进行普查指导员和普查员的选配。以有序完成县级对普查指导员培训、试点，乡镇对普查员培训指导工作。在全县正式入户调查登记工作结束后，开展自查、互查、复查、审核编码。并进行快速手工汇总、质量抽查、普查表光电录入等工作，顺利通过州人口普查办公室合格验收。

普查结果主要数据为：全县普查登记总户数 105309 户，常住人口为 390245 人，其中：男性 205671 人，女性 184574 人，男女性别比为 111.43：100。城镇人口占总人口的比重为 16.66%。在总人口中，少数民族人口占 5.18%，1999 年 11 月 1 日至 2000 年 10 月 31 日出生人口 6753 人，按普查登记人数计算出生率为 17.30%，按户籍人口计算出生率为 15.95%；1999 年 11 月 1 日至 2000 年 10 月 31 日死亡人口 2749 人，普查登记死亡率为 7.10‰，自然增长率为 10.20‰。全县人口中，0～14 岁的人口为 117343 人，占 30.06%，15～64 岁的人口为 250218 人，占 64.12%，65 岁及以上的人口为 22684 人，占 5.81%。受教育程度人口大学（大专以上）4477 人，高中（含中专）22438 人，初中 110100 人，小学 180547 人。

第六次人口普查

2010年5月24日，温家宝总理签署第576号中华人民共和国国务院令，即《全国人口普查条例》（以下简称《条例》）。《条例》共6章41条，对人口普查的目的、要求、对象、内容、方法和普查的组织实施，普查资料管理、公布和法律责任作了进一步明确。县政府按照国家、省、州制定的人口普查方案要求，及时成立瓮安县第六次全国人口普查组织机构。领导小组组长由县人民政府常务副县长尹德俊担任，领导小组办公室主任由县统计局副局长张淞华担任。办公室下设户口整顿组、宣传组、综合协调组、普查业务组、数据处理组、执法检查组。人员从政府、宣传、公安、人事、财政、计生、教育、统计等部门抽人办公。此次普查，23个乡镇按要求分别成立人口普查领导机构及办公室。全县划普查区255个，普查小区1597个，普查工作实行包保责任制，县四家班子主要领导包保片区，四家副县级领导包保各乡镇，责任单位和县普查办工作人员均明确包保各乡镇。

第六次全国人口普查标准时点为：2010年11月1日零时。普查对象为普查标准时点在中华人民共和国境内的自然人，以及在中华人民共和国境外但未定居的中国公民；不包括在中华人民共和国境内短期停留的境外人员。这次人口普查采用按现住地登记的原则，每个人必须在现住地进行登记。普查对象不在户口登记地居住的，户口登记地要登记相应信息。

第六次全国人口普查表共分为第六次全国人口普查表短表、第六次全国人口普查表长表、第六次全国人口普查表短表（供港澳台和外籍人员使用）、第六次全国人口普查死亡人口调查表四种表式。普查表的填写方法一是普查表长表抽取10%的户填写，普查表短表由其余的住户填报。二是在境内居住的港澳台和外籍人员，在现住地进行登记，填写供港、澳、台和外籍人员使用的普查表短表。三是2009年11月1日至2010年10月31日期间有死亡人口的户，同时填报第六次全国人口普查死亡人口调查表。

普查结果主要数据为：全县普查登记总户数118852户，总人口为380138人（不含外出半年以上人口128314人）。其中：男性195654人，女性184664人。城镇人口占总人口的比重为31.61%，在总人口中，少数民族人口占5.33%。2009年11月1日至2010年10月31日，全县常住人口出生人口5748人，死亡人口2317人，人口自然增长率为8.98‰。在全县常住人口中，具有大学（大专以上）文化程度的人口为2390人，高中（含中专）26770人，初中158862人，小学132920人。

第三节　基本单位普查

第一次基本单位普查

1978年改革开放后，伴随经济体制改革的逐步深入，相关各类单位经济类型、经营方式和组织形成发生变化，统计调查对象逐年增多并日趋复杂。为如实反映各类基本单位变化，全面掌握基本单位的行业分布、经济类型分布、规模结构和地区分布情况。为国家制定产业政策、调整生产力布局和规划城市建设提供依据。为改革统计调查体系，有效地提高统计数据的准确性和时效性打下基础，国务院决定在1996年进行第一次全国基本单位普查。

瓮安县人民政府根据国务院及省州关于开展第一次基本单位普查工作的通知，于1996年7月成立瓮安县第一次基本单位普查领导小组，领导小组下设办公室。领导小组组长由分管统计的副县长刘晓红担任，办公室主任由县统计局局长徐东升兼任。全县各乡镇相继设立了相应的普查机构。

瓮安县第一次基本单位普查对象为全县所有法人单位和产业活动单位。普查内容主要为经济类型、所属行业、从业人员、企业规模、营业状态等各类单位的基本属性和主要标识。普查标准时点为1996年12月31日。此次普查由县统计局具体负责，并分三个阶段进行：从1996年7月成立领导小组及办公室到1996年年底为普查准备阶段；1997年年初至5月月底为全县基本单位普查资料登记、审核汇总和数据处理上报阶段；1997年6月到1997年年底为建立全县基本单位名录库，进行普查资料分析研究和开发应用阶段。本次普查取得的主要数据为：全县法人单位数399个，其中单产业法人单位339个，多产业法人单位60个，多产业法人单位的产业活动单位629个。

第二次基本单位普查

按国务院统一部署，2001年，全国开展第二次基本单位普查。按照省、州安排和要求，是年9月，瓮安县人民政府办公室下发文件，成立瓮安县第二次基本单位普查领导小组及办公室。副县长刘晓红任普查领导小组组长，普查领导小组办公室主任由县统计局局长彭连方兼任。全县 23 个乡镇相继成立普查机构开展工作。

本次普查范围为瓮安县境内的法人单位及其所属产业活动单位和个体工商户。普查实行在地统计原则，即按单位所在地行政区域进行普查登记和上报普查资料。全县普查工作分三个阶段开展：一是普查的准备阶段（2001 年 12 月前）；二是普查登记、汇总和上报阶段（2001 年 12 月至 2002 年 3 月）；三是普查资料开发利用和工作总结阶段（2002 年 4 月至 2002 年 12 月）。

此次普查标准时点为 2001 年 12 月 31 日，普查资料调查年度为 2001 年。其普查基层表式分为甲、乙、丙三种，甲表为法人单位基本情况表，乙表为产业活动单位基本情况表，丙表为个体工商户基本情况表。甲、乙表主要统计指标基本相同，主要包括单位法定标识分组类型、登记批准状况、登记注册类型、执行会计制度类别、国有经济控股情况、营业状态、从业人员、企业资产情况、企业主要经济指标等。丙表主要统计指标包括个体工商户名称、详细经营地址、从业人员、营业收入等。本次普查使用全国统计分类标准和数据处理标准。

瓮安县第二次基本单位普查取得的主要数据为：2001 年年末，全县拥有各类法人单位 674 个，比 1996 年第一次基本单位普查数增加 275 个。在各类法人单位中，企业法人 204 个，事业法人 99 个，社会团体法人 10 个，机关法人 96 个，其他法人 265 个。产业活动单位 1283 个，其中：生产经营性产业活动单位 389 个，非生产经营性产业活动单位 894 个。

第四节　农业普查

第一次农业普查

1994 年 10 月 29 日，国务院发出《关于开展全国第一次农业普查工作的通知》，决定 1997 年开展第一次全国农业普查。根据国务院、省、州文件要求，瓮安县人民政府于 1996 年 5 月成立瓮安县第一次农业普查工作领导小组。由县人大副主任张永祥任组长，领导小组下设办公室，县统计局局长徐东升任办公室主任。办公室下设宣传组、业务组和数据处理组，在农业、林业、农机、水电、统计等 22 个部门共抽调 35 人办公。1996 年 6 月各乡镇均成立农业普查工作领导机构和工作机构，全部选调配齐工作人员，全县组成 1400 余人的队伍开展普查工作。

此次农业普查对象是县境内各种类型的农业生产单位、农村住户、非农企业、行政村和农村范围的乡镇。普查登记标准时间为1997年1月1日至30日，时点标准为1996年12月31日，时期标准为1996年1月1日至12月31日。普查表共6张（四表二卡），即：农村住户调查表、非农村住户类农业生产经营单位调查表、行政村调查表、乡镇调查表、非农乡镇企业基本情况卡片、农业用地卡片。

从1997年元旦开始，仅一个多月时间，全县共组织1000多名办公室人员和普查指导员，2757名普查员入户登记。此次普查涉及23乡镇、247村、2757组、9万多户38万人，2000多个乡镇企业。为确保普查数据的真实可靠，县农业普查办公室及时组织培训、办试点、分解落实任务。进行质量抽查、复核、验收工作。接受并通过省、州农业普查办公室的验收，同时完成全县近10万张普查表光电录入汇总任务。

第二次农业普查

为查清农业、农村和农民的发展变化，掌握农业生产，农田水利和农村基础设施建设，农村劳动力转移等方面的基本信息；为研究确定国民经济发展战略规划和制定各项社会经济政策提供依据，国务院在2005年4月30日以国发〔2005〕13号文件发出《关于开展第二次全国农业普查的通知》，决定2006年开展第二次全国农业普查。为贯彻落实国务院通知精神，省政府于2005年8月1日发出《关于开展第二次全国农业普查的通知》（黔府发〔2005〕19号文件）；州政府于2005年9月21日发布《关于认真组织开展第二次农业普查的通知》（黔南府发〔2005〕25号文件）；县人民政府于2005年11月28日发出《关于认真组织开展第二次农业普查的通知》（瓮府发〔2005〕24号文件）。国家、省、州，县各级政府对农业普查作出具体安排部署。为落实上级指示，从农、林、水等有关部门抽调人员，及时成立瓮安县第二次农业普查领导小组及办公室，副县长肖松任领导小组组长，县统计局副局长聂启香任办公室主任。办公室下设综合协调组、现场调查组、数据处理组、联络宣传组、质量控制与检查组，办公室共抽调工作人员18人。各乡镇也分别成立农业普查领导小组和办公室，并配齐工作人员。

这次农业普查标准时点为2006年12月31日。普查资料调查年度为2006年。按照国家普查方案要求，普查区按行政地域划分，普查小区以村民组为单位，全县划为23个乡镇，247个村，6个社区，1个居委会，2561个村民组。其工作安排为：一是2006年9月29日全县培训；二是2006年11月30日在雍阳镇中心槽村进行普查试点；三是2006年12月10日摸底调查；四是2007年1月1日至1月10日正式入户调查登记；五是2007年1月11日至1月20日复查、审核；六是2007年1月21日至1月31日编码、抄录。

为做好农业普查，瓮安县人民政府高度重视，精心组织，严格按照国家普查方案和省、州要求组织实施。由于普查系一项大型的国情国力调查，要求动员参与的社会力量较多，工作涉及面广，技术难度大，在人员素质要求高的情况下，普查工作做到职责到组、到人，以避免差错和失误。通过全县广大普查工作者共同努力，顺利完成各个阶段性工作，普查工作程序完全符合方案要求，普查结果基本上能够反映出瓮安农村经济发展趋势。普查表格全部顺利通过省州合格验收。

普查结果为：2006 年末全县农村住户数为 79333 户，其中集体户 193 户，家庭户 79140 户（常住户 79098 户）。农村常住人口 261084 人。其中：集体户常住人口 1676 人，家庭户常住人口 259408 人（常住户常住人口 259349 人）。全县有农业生产经营户 72787 户。其中，种植业 71150 户，林业 159 户，畜牧业 1435 户，渔业 26 户，农林牧渔服务业 1 户。全县农村有劳动能力资源 179450 人，从业 167489 人，其中农业从业人员 151341 人（住户农业从业人员 150540 人）。全县耕地面积 84. 88 万亩。其中水田 34. 55 万亩，水浇地 0. 03 万亩，旱地 50. 30 万亩。农作物总播种面积 65131 公顷，其中粮食 39378 公顷，油菜籽 8719 公顷，烟叶 3192 公顷，药材 35 公顷，蔬菜 6327 公顷。2006 年猪、牛、羊、家禽年末存栏数分别为 305811 头、52071 头、4357 只、822487 羽。

第五节　工业普查和第三产业普查

第一次全国工业普查

1950 年 3 月，瓮安县按照中央财政经济委员会决定开展第一次全国工业普查。此次普查对象为辖区内的公营、公私合营及工业生产合作社的工矿企业。调查时期为 1949 年，动态指标填报全年数，静态指标填报年底数。

第二次全国工业普查

1985 年，瓮安县人民政府按照国务院《关于认真做好第二次全国工业普查准备工作的通知》精神，在全县进行第二次工业普查。1985 年 7 月，按省州要求成立瓮安县第二次工业普查组织机构和工作机构。分管统计工作的副县长任领导小组组长，县统计局局长兼任办公室主任，在工业、轻工、社队企业、统计等部门抽人办公。

此次普查工作历时2年多时间，分为3个阶段进行：一是准备阶段。时间从成立县工业普查领导小组开始到1985年年底。主要工作是组建普查机构，做好普查工作经费、机构、人员的落实，普查人员的业务培训和企业核算基础工作的整顿、填报前的材料准备和数据处理准备工作。二是正式普查，时间为1986年上半年。主要工作由各工业企业填报工业普查表和普查机构对普查表的审核和验收。三是普查数据处理和资料整理归档，主要工作从1986年下半年开始进行手工汇总处理上报，实施全面质量控制，以确保普查的数据建立在可靠的基础上。同时完成普查文件资料整理归档工作。

普查结果为：1985年末，全县乡以上独立核算工业企业39个，从业人员5600人。按当年价格计算的工业总产值2739万元，净产值945万元，拥有固定资产原值5155万元。

第三次全国工业普查

1995年7月，县人民政府按照国务院《关于进行第三次全国工业普查的通知》要求，成立瓮安县第三次工业普查领导小组及办公室，在全县进行第三次工业普查。常务副县长杨选华任瓮安县第三次工业普查领导小组组长，县统计局局长徐东升任领导小组副组长兼办公室主任。在统计、经委、财政、工商、乡镇企业局等相关部门抽调16人开展普查工作。

普查工作分三个阶段进行：一是从1995年7月至1996年年底为准备阶段，主要工作是普查机构的组建，普查人员选配及培训等相关基础性工作。二是从1996年1月至3月为正式普查阶段。三是从1996年3月开始为普查数据汇总与上报阶段，主要工作是进行普查数据审核、编码、查询、录入、数据处理和数据评估及数据上报等工作，并实施全面质量控制。

普查结果为：1995年末，全县工业企业和生产单位128个，比1985年增加89个。全县乡以上独立核算企业28个，均为小型企业单位。其中：轻工业11个，重工业17个，拥有固定资产原值15068万元。1995年，乡以上独立核算工业企业按当年价格计算的工业总产值11498万元，工业增加值3900万元。

第三产业普查

1993年，按国务院统一部署，瓮安县进行首次第三产业普查，普查年度为1991年和1992年。普查内容包括第三产业机构、人员、生产经营活动和实物资产情况。普查范围为全县所有第三产业企业、事业、行政单位和社会团体。

1993 年 9 月，县政府下文成立瓮安县第三产业普查协调小组及办公室，副县长刘康德任协调小组组长，县统计局副局长鄢安文任办公室主任，办公室下设行政组、业务组、宣传组和数据处理组。各乡镇相应成立普查组织机构。经过全县 1000 多名普查工作人员一年多的辛勤工作，全面完成各项普查工作任务，以优异的成绩荣获国家和省州的表彰。

此次普查取得了丰富普查数据和相关资料，并整理编印《瓮安县第三产业普查资料汇编》一书。普查结果：全县第三产业单位数 1991 年、1992 年分别为 304 个，321 个；城、乡个体户分别为 6374 个，3713 个；从业人员 1991 年、1992 年分别为 3818 人，3949 人；城乡个体户分别为 4496 人，4684 人。年末企业固定资产原值 1991 年、1992 年分别为 31731 万元，35511 万元；增加值分别为 6219 万元，7225 万元。企业营业收入 1991 年、1992 年分别为 4526 万元、5094 万元；企业销售（营业）税金分别为 448 万元、400 万元；企业营业利润分别为 467 万元、318 万元。

第六节　经济普查

2003 年，为适应经济和社会发展需要，利于国家编制五年计划，推进国民经济核算与统计调查体系的综合配套改革。国务院决定，将全国基本单位普查、工业普查、第三产业普查合并为经济普查，同时将建筑业纳入普查范围。于 2004 年开展第一次全国经济普查，之后全国经济普查每 10 年进行两次，分别在逢 3、逢 8 年份实施。

2004 年至今，全国已完整地开展过三次全国经济普查。分别是 2004 年的第一次全国经济普查，2008 年的第二次全国经济普查和 2013 年的第三次全国经济普查。经济普查的标准时点为普查年份的 12 月 31 日，普查时期资料为普查年份的年度资料。

经济普查对象是在我国境内从事第二产业和第三产业的全部法人单位、产业活动单位和个体经营户。经济普查主要内容包括：单位基本属性、从业人员、财务状况、生产经营情况、生产能力、原材料和能源及主要资源消耗、科技活动情况等。

第一次经济普查

为全面掌握第二产业和第三产业发展规模、结构和效益等信息，建立健全覆盖国民经济各个行业的基本单位名录库及其数据库系统，为各级党委、政府制定和调整产业政策提供依据，国务院下发通知，决定在2004年开展第一次全国经济普查。本次普查是将原定于2003年进行的第三产业普查推迟，并与计划在2005年及2006年分别进行的工业普查、基本单位普查合并。同时将建筑业纳入普查内容。该普查进行后，原第三产业普查、工业普查、基本单位普查不再分别单独进行。

2004年5月30日，瓮安县人民政府印发《关于认真组织开展第一次经济普查的通知》，瓮府发〔2004〕17号文件，文发23个乡镇和县直部门。相继成立经济调查领导小组，明确副县长张仁德任普查领导小组组长，领导小组下设办公室，县统计局局长杨胜武任办公室主任，并由统计局牵头具体实施落实。办公室内设综合协调组、业务组、宣传组、数据处理组和后勤物资组。分别在政府、宣传、财政、工商、民政、编办、质监、统计等部门抽人办公。各乡镇相继成立经济普查领导小组及办公室，并与县签订经济普查责任状，要求一级抓一级，层层抓落实。

此次经济普查对象为境内从事第二产业和第三产业的全部法人单位、产业活动单位、个体工商户。具体范围包括：采矿业，制造业，电力、燃气及水生产和供应业，建筑业，交通运输、仓储和邮政业，信息传输、计算机服务和软件业，批发零售业，住宿餐饮业，金融业，房地产，租赁和商务服务业，科学研究、技术服务和地质勘查业，水利、环境和公共设施管理业，居民服务和其他服务业，教育、卫生、社会保障和社会福利业，文化、体育和娱乐业，以及公共管理和社会组织等。

普查主要内容包括单位标志、从业人员、财务收支、资产状况以及企业的主要生产经营活动和生产能力，主要原材料和能源消耗及科技开发的投入状况。

普查采用国家制订的统一标准和目录。主要标准包括：国民经济行业分类，大中小型企业划分标准，法人单位和产业活动单位划分标准，行政区划代码，隶属关系代码，组织机构代码，工业产品分类目录，工业能源消耗目录，原材料消耗目录，产品生产能力目录，主要技术经济指标目录，建筑业、房地产开发企业资质等级标准，以及服务业服务产品目录等。

普查表按照工业、建筑业、房地产开发业、批发零售业、其他服务企业、行政事业单位六类设置综合表和基层表（包括法人单位表、产业活动单位表及个体工商户表）。

普查标准时点为2004年12月31日，时期资料为2004年度。全县经济普查工作从2004年1月开始筹备，分为四阶段进行：第一阶段为普查准备工作阶段（2004年12月底前）。主要完成：一是落实机构、人员、经费、办公地点；二是宣传动员工作；三是普查人员选配和业务培训；四是收集有关部门数据进行摸底，编制底册。第二阶段为普查登记阶段（2005年1—4月）。正式组织普查登记，开展事后质量抽查、复查审核普查表填写质量。第三阶段为普查数据处理和上报阶段（2005年5—8月）。完成数据录入、数据处理、数据质量评估及资料汇总上报；根据省、州反馈意见进行查实、改正；对数据进行整理加工，完成县级名录库及经济普查数据库建设。第四阶段（2005 年 9—12 月）为数据发布、资料开发应用及普查工作总结和评选表彰。

瓮安县第一次经济普查取得的主要数据为：2004 年年末，全县共有从事第二、三产业的法人单位 673 个（单产业法人单位 594 个，多产业法人单位 79 个）。其中：企业法人单位 211 个，占总数的 31. 35%；机关、事业法人单位 185 个，占 27. 49%；社会团体法人单位 10 个，占 1. 49%；其他法人单位 267 个，占 39. 67%。全县产业活动单位总数 1108 个（其中多产业法人所属的产业活动单位 514 个）。其中第二产业 177 个，占总数的 15. 97%；第三 931 个，占总数的 84. 03%。在全部产业活动单位中，企业 261 个，事业 466 个，机关 102 个，社团 11 个，其他 268 个。全县个体经营户 6107 户，其中第二产业 525 户，占总数的 8. 6%；第三产业 5582 户，占总数的 91. 4%。全县共有从事二、三产业的就业人员数为 31784 人，其中：第二产业就业人员为 13549 人，第三产业就业人员为 18235 人。在就业人员中，单位就业人员 23551 人，占 74. 1%；个体经营户 8233 人，占 25. 9%。在全部法人单位从业人员（23551 人）中，企业 13836 人，事业 5571 人，机关 2179 人，社团 714 人，其他 1251 人。在单位从业人员中，采矿业 6991 人，占 29. 68%；制造业 4401 人，占 18. 69%；教育 3918 人，占 16. 64%；公共管理和社会组织 4992 人，占 21. 2%。全县第二、第三产业企业法人单位营业收入总额为 114547 万元，其中第二产业 76474 万元；第三产业 38073 万元。

第二次经济普查

按照国家、省、州安排部署，瓮安县于 2008 年 5 月启动第二次全国经济普查工作。此次经济普查主要目的是全面调查了解我国第二产业和第三产业发展规模布局；了解我国产业组织、产业结构、产业技术现状以及各生产要素的构成；摸清我国各类企业和单位能源消耗的基本情况；建立健全覆盖国民经济各行业的基本单位名录库、基础信息数据库和统计电子地理信息系统。通过普查，进一步夯实统计基础，完善国民经济核算制度，为加强和改善宏观调控，科学制定中长期发展规划，提供科学准确的统计信息支持。

此次经济普查标准时点位于 2008 年 12 月 31 日，普查时期资料为 2008 年 1 月 1 日至 12 月 31 日。普查主要内容包括：单位基本属性、从业人员、财务状况、生产经营情况、生产能力、能源消耗、主要生产设备、信息化和科技活动情况等。普查对象为在我国境内从事第二产业和第三产业的全部法人单位、产业活动单位和个体经营户。具体范围包括：第二产业的采矿业，制造业，电力、燃气及水生产和供应业，建筑业。第三产业的交通运输、仓储和邮政业，信息传输、计算机服务和软件业，批发和零售业，住宿餐饮业，金融业，房地产业，租赁和商务服务业，科学研究、技术服务和地质勘查业，水利、环境和公共设施管理业，居民服务和其他服务业，教育、卫生、社会保障与社会福利业，文化、体育和娱乐业，以及公共管理与社会组织等18个国民经济行业。普查方法是对法人单位和产业活动单位采取全面调查，对个体经营户进行全面清查。普查登记原则是法人单位在其主要经营活动所在地进行普查登记，建筑企业在法人单位注册地进行普查登记。

为完成第二次普查，瓮安县高度重视，精心组织，及时成立普查工作领导组织和工作机构，由县政府常务副县长尹德俊任领导小组组长，领导小组由16个成员单位组成，县统计局局长杨胜武任办公室主任。积极稳妥地组织实施普查期各个阶段工作，通过全县广大普查工作者的共同努力，全面完成普查工作任务，顺利通过省、州验收。

此次普查单位汇总结果为：全县普查单位总数为1822个，其中企业单位795个、行政事业单位723个、社会团体组织25个、民办非企业及其他单位279个。在普查单位总计中：全县法人单位815个，其中：企业351个，行政事业177个，社会团体12个，民办非企业及其他275个。全县产业活动单位1007个。其中：企业444个，行政事业546个，社会团体13个，民办非企业及其他4个。在法人单位中规模、资质或限额以上单位51个，其中：工业40个，建筑业3个，房地产业6个，批发和零售业2个。全县个体经营户为9088户，其中第二产业830户，占9.1%，第三产业8258，占90.9%。全县个体经营户从业人员为13945人。在全县9088户个体户中，工业812户，建筑业18户，交通运输仓储和邮政业1743户，信息传输、计算机服务和软件业37户，批发和零售业4657户，住宿和餐饮业584户，金融业7户，房地产业1户，租赁和商务服务业33户，居民服务和其他服务业885户，卫生、社会保障和社会福利业279户，文化、体育和娱乐业32户。此次个体户普查数与2004年普查数相比，净增2981户，增长48.8%，平均增长10.55%。比重较大的行业有：工业占个体户总数的8.9%，交通运输业占19.2%，商业占51.2%，服务业占9.7%。

第三次经济普查

2012年11月，国务院发出《关于开展第三次全国经济普查的通知》文件，明确普查对象和范围是：第三次经济普查对象是在我国境内从事第二产业和第三产业的全部法人单位、产业活动单位和个体经营户。具体范围包括：采矿业，制造业，电力、热力、燃气及水生产和供应业，建筑业，批发零售业，住宿餐饮业，交通运输、仓储和邮政业，信息传输、软件和信息技术服务业，金融业，房地产业，租赁和商务服务业，科学研究和技术服务业，水利、环境和公共设施管理业，居民服务、修理和其他服务业，教育、卫生和社会工作，文化、体育和娱乐业，以及公共管理、社会保障和社会组织等。普查内容和时间：普查的主要内容包括单位基本属性、从业人员、财务状况、生产经营情况、生产能力、原材料和能源及主要资源消耗、科技活动情况等。普查标准时点为 2013 年 12 月 31 日 24 时止，普查时期资料为 2013 年年度资料。

按照省、州要求，县政府于 2013 年 7 月 31 日以瓮府发〔2013〕32 号《瓮安县人民政府关于开展第三次经济普查的通知》文件下发各乡镇人民政府、街道办事处、县政府各部门、省州驻县各单位，安排部署全县经济普查相关工作，同时成立第三次全县经济普查工作领导小组，负责普查组织和实施中重大问题的研究和决策。组成单位有中共瓮安县委宣传部、瓮安县监察局、瓮安县工业信息化局、瓮安县发展改革局、瓮安县财政局、瓮安县民政民宗局、瓮安县事业单位登记管理局、瓮安县工商行政管理局、瓮安县地方税务局、瓮安县国家税务局、瓮安县质量监督管理局、瓮安县国土资源局、瓮安县房地产管理局、瓮安县金融工作办公室、瓮安县农村工作局、国家统计局瓮安调查队、瓮安县统计局参加的领导小组，进一步明确部门职责。领导小组办公室设在县统计局，统计局副局长张淞华兼任办公室主任，统计普查中心主任李群任副主任。办公室下设综合协调组、单位名录组、专业调查组、执法检查组、数据处理组、个体经营户抽样调查组等 6 个小组。并负责组织、协调、实施全县第三次经济普查工作。各乡（镇、办事处）建立相应的普查领导小组及办公室，并向县人民政府签订《第三次经济普查目标责任书》，做到经费、人员、办公地点“三落实”，确保全县第三次经济普查工作顺利开展。

自 2013 年 8 月起，县普查办按照国家和省州要求，结合瓮安实际，统筹安排，制定全县经济普查实施方案和工作制度，充分利用报刊、广播、电视和互联网等媒体广泛深入宣传经济普查的重要意义和要求，引导广大普查对象依法配合普查，教育广大普查人员依法开展普查。充分发挥社区、居民委员会和村民委员会的作用，广泛动员和组织社会力量积极参与并认真配合做好普查工作。截至 2013 年 12 月月底，全县已顺利完成普查前期经费预算、机构组建，人员选配、工作分工、制定方案、宣传动员、业务培训、单位核查等项工作，为正式普查登记填表和后期工作奠定了坚实的基础，顺利地完成了第三次经济普查。

第十三章　统计报表的范围与报送

按国家统计局和省统计部门规定，自中华人民共和国成立后，各个历史时期相关统计范围，各种报表报送时间，成为统计部门必须遵守和执行的基本原则。

第一节　各专业统计项目及主要内容

专业统计包括工业及能源消耗统计、农村经济统计、商贸统计，固定资产投资和建筑业统计、劳动工资统计、交通运输和邮电电信统计、财政金融统计、文教卫生统计、人民生活统计、社会统计和综合平衡统计等。

各专业统计及项目统计内容在各个历史时期，随社会发展不断发生变化。从不够合理走向逐步完善，科学合理。遵照国家统计局和省统计局规定，瓮安县各专业统计项目主要为：

工业能耗统计

主要统计生产和工业经济效益及能源消耗。统计内容为：全部工业企业单位数和人员数，全部工业总产值和净产值，规模工业企业总产值和净产值，法人单位基本情况，产业活动单位基本情况，工业企业科技项目，工业企业科技活动及其相关情况，信息化，财务状况；工业企业成本费用；主要工业产品产量，主要耗能工业企业单位产品能源消耗情况；主要工业产品销售与库存，工业企业生产经营及景气状况；能源购进、消费与库存，能源生产、销售与库存，煤炭销售去向等。

农村经济统计

主要搜集整理农、林、牧、渔业生产以及农村经济等方面统计资料。主要内容为：农村基层组织，畜牧业生产，林业生产，蚕茧、茶叶和水果、食用坚果生产，渔业生产，农业机械、用电、化肥、水利情况，农业总产值和净产值、农村社会总产值等。

商业贸易统计

主要搜集整理限额以上县及县以下商业批发、零售额、餐饮、旅馆服务业、集市贸易等方面的统计资料。统计内容为：社会消费品零售额，批发和零售业购进、销售与库存，信息化，财务，法人单位和产业活动单位基本情况；从业人员及工资总额，批发和零售业连锁经营；批发和零售业连锁门店及配送中心分布；亿元以上商品交易市场成交；住宿和餐饮业经营；重要商品购进、销售和库存，重点服务业财务状况。

固定资产投资和建筑业统计

主要搜集整理全社会固定资产投资、房地产和建筑业等方面的统计资料。统计内容为：全社会固定资产投资，基本建设，房地产开发，更新改造投资完成情况；新增固定资产，房屋施工面积和竣工面积，房地产开发投资完成；房地产开发资金、土地、销售情况，保障性安居工程，建筑业生产完成情况，建筑业财务状况。

劳动工资统计

主要搜集全县职工人数、劳动报酬等方面的统计资料。统计内容为：全部职工人数与工资总额，全部职工增减变动情况，国有、集体、其他单位从业人员和工资情况。

基本单位统计

主要搜集全县基本统计单位的变动。统计内容为：基本统计单位情况表、基本统计单位增减变动情况表。

人民生活统计

主要搜集、整理城镇和农村居民家庭生活调查资料。统计内容为：城镇住户基本情况，主要商品消费量，耐用消品拥有量，城镇居民家庭现金收支情况，手存现金，城市住户家庭居住情况。农村住户调查基本情况，农村住户家庭总收支及人均纯收入情况，农村住户耐用消费品拥有量等情况。

交通邮电通信统计

主要统计公路运输部门客运量、货运量以及邮电、电信业务情况。主要统计内容为：交通运输客运量、货运量、货物周转量，地方交通工具年末拥有量。邮电和电信业务总量等。

财政金融统计

主要统计地方财政收支、银行信贷、保险业务等。统计内容为：财务收支基本，城乡居民储蓄存款，现金收支执行，信贷计划执行，保险业务基本情况，全县工商税收，企业所得税、增值税等。

文教卫生统计

主要统计文化、教育、卫生、体育事业情况。统计内容为：文化事业机构、人员基本情况，教育事业、广播电视，卫生事业基本情况。

人口与计划生育统计

主要统计总人口、出生、死亡人口、人口自然增长率、计划生育基本情况。统计内容为：全县总人口，出生人口，死亡人口，人口自然增长率，人口变动情况，计划生育和节育措施等基本情况。

综合平衡和社会统计

主要统计县内生产总值、城乡划分、社会综合指标和国民经济主要综合指标等内容。包括行政区划、地理位置、土地面积、人口、计生、社保、民政、公安、司法等统计指标。

第二节　报表统计范围

瓮安统计报表统计范围，地域上为县辖行政区域。根据各时期行政区划变动而有所不同。解放初统计范围为4区，4镇7乡。1950年年底为5区，4镇10乡。1952年为7区和一个区级镇，52乡。1953年年底为7区，2镇79乡。1957年为6区，1区级镇，49乡，1乡级镇。1958年12月福泉县与瓮安合并为瓮安县，1961年8月，福泉由瓮安划出，恢复原建制。1961年年底为7区，33公社。1963年为7区，48公社。1984年为7区，2镇46乡。1987年年底为7区，1区级镇，46乡，1乡级镇。1991年为8镇15乡。2000年为9镇14乡。2012年为2街道、10镇9乡。2013年统计范围为2街道、10镇1乡。

瓮安县统计报表统计范围，主要包括辖区内所有区、镇、乡、村、街道、社区、国营农林场，所有行政事业单位、国营企业和私营企业单位，在县内的中央和省属单位及企业及个体经营户。

第三节　报表报送方法

解放初，瓮安统计报表一般采用挂号邮寄或派人直接报送。从1952年起，月报表一般采用密码电报发送，年报派人送审，也有挂号邮寄。1984年后，国家统计局提出开放式统计，一般统计资料可以公开对外发布。一般报表采用电话报送和邮寄报表方式，年报表大都采取送审。1990年后有的专业统计报表资料采用微机计算。如农业、工业、固定资产投资、城镇住户调查等年报表，资料开始采用报送软盘。之后，其他各专业也陆续采用微机操作计算与磁盘报送方式。进入21世纪后报表，报送方法更加科学、快捷、安全，全面使用电脑处理，网络传输，网上直报或电子邮件。

报表报送时间，各专业年报表和定期报表规定的报送时间不一，但多年来变化不大。而各个历史时期的变化均是随经济发展，社会进步需求进行不断地调整。如2013年统计报表报送时间便按下述时间报送。

一、农业

综合年报表　表含农业生产条件，粮食作物生产，经济作物生产，农业生产设施，茶叶、水果及食用坚果生产，林业生产，畜牧生产，渔业生产，耕地面积，农林牧渔业总产值，农林牧渔业中间消耗，农林牧渔业总产值年度计算表。上报时间分别为次年2月15日前、当年12月30日前。

综合定期报表　表含粮食作物生产情况季节报表：秋冬播种面积，春播面积，夏收预产，夏收实产，秋收农作物玉米、中稻播种面积，其他秋收农作物播种面积。上报时间按上述排列分别为12月10日前、4月10日前、5月10日前、6月5日前、6月30日前、8月10日前用网络传输或电子邮件上报。

经济作物生产情况季节报表　表含油菜籽播种面积、油菜籽产量预计、油菜籽产量实产、棉花播种面积、棉花产量预计、棉花产量实产、全部经济作物播种面积。上报时间按上述排列分别为12月10日前、4月25日前、5月25日前、6月10日前、8月20日前、11月5日前、8月5日前。

主要农作物预产、实产情况季节报表　表含预产9月5日前，实产10月30日前。

畜牧业主要生产情况季报表　表含第1、2、3季度为季末15日前，第4季度为11月15日前。

农林牧渔业总产值季报表于季末前上报，全年预计于12月末前上报。

农林牧渔业总产值季度计算表于季末前上报，全年预计于12月末前上报。

二、工业

年报　表含法人单位基本情况、产业活动单位基本情况、工业企业科技项目情况、工业企业科技活动及相关情况、信息化情况、财务状况（非成本费用调查单位填报）、工业企业成本费用（成本费用调查单位填报）、主要工业产品生产能力。上报时间为当年的12月至次年1月。

半年报　表含工业企业用水情况，上报时间为7月。

季报　表含主要耗能工业企业单位产品能源消耗情况，能源产品订货，主要工业产品销售、库存、订货，工业企业生产经营及景气状况调查。上报时间为季后5日前。

月报　表含能源购进、消费与库存，能源购进、消费与库存附表，能源生产、销售与库存，煤炭销售去向，财务状况，工业产销总值及主要产品产量。上报时间为月后1日前。

三、投资、建筑业

年报　表含全社会固定资产投资完成情况表，固定资产投资完成情况表。基建、更改、其他投资完成情况表，房地产开发投资完成情况表，房地产资金和土地情况表，房地产开发资金主要指标表，房地产开发施工销售情况表，保障性安居工程统计表，建筑业生产完成情况表，建筑业财务状况表，建筑业生产情况表。报表时间为次年1月前。

季报　表含固定资产投资完成情况表，保障性安居工程统计表、建筑业统计表。报表时间为每季度25日至30日。

月报　表含固定资产投资完成情况表、房地产开发统计报表。报表时间为每月25日至30日。

四、商业、服务业

（一）批发和零售业

基层年报表　纳入二套表统计调查制度报表：表含调查单位基本，从业人员及工资总额，限额以上批发和零售业法人单位财务状况，限额以上批发和零售业法人单位购进、销售和库存，信息化情况。网上填报时间2月28日前。

未纳入一套表统计调查制度报表：表含产业活动单位（个体经营户）商品购进、销售和库存，产业活动单位（个体经营户）情况调查表，限额以下批发和零售业样本单位基本情况，批发和零售业连锁经营，批发零售业连锁门店及配送中心分布，亿元以上商品交易市场成交情况。电子邮件报送时间为次年2月20日至3月15日前。

基层定期报表　纳入一套表制度季报表：表含从业人员及工资总额，财务状况，重要商品购进、销售和库存。网上填报时间为季后5日至13日前。

纳入一套表制度月报表：表含法人单位基本情况（免报），批发和零售业商品销售和库存。网上填报时间为月后5日至13日前，1月免报。

未纳入一套表制度季报表：表含限额以下批发和零售业样本单位调查表，重要商品购进、销售和库存（成品油批发单位填报）。电子邮件报送时间为季后5日至11日前。

未纳入一套表制度月报表：批发和零售业产业活动单位（个体经营户）商品销售和库存。电子邮件报送时间为月后6日至13日，1月免报。

综合定期报表　批发和零售业商品销售、库存情况季报。电子邮件报送时间为：1季度季后8日前、2季度季后6日前、3季度季后13日前、4季度季后10日前。

社会消费品零售总额季报。电子邮件报送时间为：1季度季后8日前、2季度季后6日前、3季度季后13日前、4季度季后10日前。

重要商品购进、销售和库存（成品油批发单位填报）季报。电子邮件报送时间为季后 15 日前。

（二）住宿和餐饮业

基层年报表 纳入一套表统计调查制度报表：表含调查单位基本情况、从业人员及工资总额、限额以上住宿和餐饮业法人单位财务状况、限额以上住宿和餐饮业法人单位经营情况、信息化情况。网上填报时间为次年 2 月 28 日前。

未纳入一套表制度报表：表含产业活动单位（个体经营户）经营情况、产业活动单位（个体经营户）情况调查表、限额以下住宿和餐饮业样本单位基本情况、住宿和餐饮业连锁经营情况、住宿和餐饮业连锁门店及配送中心分布。电子邮件报送时间为次年 2 月 30 日至 3 月 15 日前。

基层定期报表 纳入一套表制度月报表：表含法人单位基本情况（免报）、住宿和餐饮业经营情况。网上填报时间为月后 5 日至 13 日前，1 月免报。

纳入一套表制度季报表：表含从业人员及工资总额季报，网上填报时间为 1 季度季后 8 日前、2 季度季后 5 日前、3 季度季后 13 日前、4 季度免报。财务状况季报，网上填报时间为季后 18 日前。

未纳入一套表制度月报表：表含产业活动单位（个体经营户）经营情况，电子邮件报送时间为月后 6 日至 13 日前，1 月免报。

未纳入一套表制度季报表：表含限额以下住宿和餐饮业样本单位调查表，电子邮件报送时间为 1 季度季后 6 日前、2 季度季后 5 日前、3 季度季后 11 日前、4 季度季后 7 日前。住宿和餐饮业经营情况季报，电子邮件报送时间为 1 季度季后 8 日前、2 季度季后 6 日前、3 季度季后 13 日前、4 季度季后 10 日前。

服务业 重点服务业财务状况。报表时间：2 月、5 月、8 月、11 月月后 9—16 日前。

五、劳动工资

年报 从业人员和工资情况表（全部单位）、从业人员和工资情况表（国有单位）、从业人员和工资情况表（集体单位）、从业人员和工资情况表（其他单位）。报表时间为次年 1 月底前。

季报 从业人员及工资总额表。报表时间为每季度下一个月 10 日前。

六、综合

年报 总产出、按当年价格计算的地区生产总值、按当年价格计算的地区生产总值构成项目、按不变价格计算的地区生产总值、按支出法计算的地区生产总值、按行业划分的资本形成总额、最终消费、居民消费水平。报表时间为次年 1 月底前。

季报 地区生产总值表，报表时间为季后 15 日前。

第十四章 统计法制制度建设

第一节 法制建设

自新中国成立，1953 年 1 月 8 日，中央人民政府政务院发布《关于充实统计机构加强统计工作的决定》。1962 年 4 月，国务院发布《关于加强统计工作的决定》。我国统计工作的第一部行政法规《统计工作试行条例》于 1963 年 3 月 16 日，经国务院第 127 次全体会议通过。1978 年 10 月 20 日，国务院公布《关于加强统计工作充实统计机构的决定》。1981 年 9 月 15 日，国务院批转国家统计局《关于加强和改革统计工作的报告》的通知。1984 年 1 月 6 日，国务院发布《关于加强统计工作的决定》。这些“条例”“决定”和“通知”对我国统计工作的发展，发挥了重要作用。从 1949 年至 1978 年近 30 年间，由于没有一部具有国家强制力保障的“统计法”，统计工作中出现多报、少报、迟报、缺报、漏报等现象时有发生。

中共十一届三中全会后，为有效地、科学地组织统计工作，保障统计资料的及时性、准确性。为发挥统计在了解国情、国力，指导国民经济和社会发展中的重要作用，促进社会主义现代化建设事业顺利进行和健康发展，1983 年 12 月 8 日，由全国人大常委会第六届三次会议通过了《中华人民共和国统计法》（以下简称《统计法》），并于 1984 年 1 月 1 日实施。经国务院批准，国家统计局于 1987 年 2 月 15 日发布《中华人民共和国统计法实施细则》（以下简称《统计法实施细则》）。1988 年 5 月 14 日，贵州省七届人大二次会议通过了我省统计工作第一个地方性法规《贵州省统计管理试行条例》（以下简称《统计管理试行条例》），从 1988 年 7 月 1 日起试行。1990 年 9 月 21 日贵州省人民政府决定“每年的 10 月为统计法规执行情况检查月”。统计法律法规的出台与实施，为建立统计工作新秩序，创造了良好条件和法律保障。

依法统计是根本。《统计法》公布后，县统计局始终把宣传贯彻《统计法》作为一项长期的任务落实在行动上。为宣传、贯彻《统计法》，县统计局及时将《统计法》和宣传资料发送到全县各单位。在全县深入开展学习、贯彻、执行《统计法》活动。利用组织干部学习各种大小会议、广播、刊物；在统计调查中宣传、讲解《统计法》；张贴大幅布标、宣传标语宣传《统计法》。通过以上形式和渠道，扩大《统计法》在全县干部群众中的知晓面，加深干部群众，特别是基层统计人员对《统计法》的理解，增强统计法制意识。

《统计法》的实施标志着我国统计工作进入一个新的发展阶段。为促进法规工作稳步推进，历届统计局领导班子，切实加强普法、执法的组织领导，形成主要领导亲自抓，分管领导具体抓，其他领导配合抓，明确法规专业人员认真负责抓落实的齐抓共管工作格局。要求统计普法、执法人员积极参加省、州统计局组织的普法培训班学习和“统计法基础知识”考试，系统学习和掌握执法程序，严格执法，以高度负责的态度办好每一件统计违法案件，有效遏制统计违法行为，维护正常统计工作秩序。

2001 年全国开展“四五”普法工作，县统计局坚持以“三个代表”重要思想为指导，按照省统计局《开展统计法法制宣传教育的第四个五年规划》所确定的工作任务和县普法办工作安排，加大加强统计法制宣传教育力度。不断提高统计系统干部执法水平和全县统计人员法律素质。有力推进全县统计人员依法行政、依法统计的进程，促进全县统计事业的健康发展。

在 21 世纪，为切实贯彻《统计法》，进一步落实中央“两办通知”精神，认真实施《贵州省统计管理条例》，在“四五”到“五五”普法 10 年间，县统计局始终坚持高标准、严要求，坚持做到年初有安排，年终有总结。逐年加大普法工作力度，积极按照上级业务部门的统一安排，扎实地开展县局每年的法制工作，全县统计普法宣传教育工作。至 2013 年年底，县统计局干部职工均接受普法教育，占应普对象 100%；每年 100%应普对象参加全县普法考试和省州的统计法律、法规培训考试，普及率和合格率均为 100%。经统计，组织全县统计人员参加统计法律法规学习培训近 100 余次，近 6000 余人次，普法考试近 4000 余人。发放普法宣传资料近 7000 余份，统计法律法规学习手册 3000 余册。进一步提高了全县各级领导、统计人员依法决策、依法管理、依法行政、依法办事能力。

法制建设中，县统计局主要采取：一是领导高度重视，把法制教育工作摆上重要位置，作为事关统计事业健康发展的大事来抓；二是建立健全组织，加强组织领导和协调工作；三是合理分工，明确工作责任制，层层落实；四是按要求成立执法工作组，抓好普法宣传和学习培训，并及时推行执法检查工作；五是普治结合，认真贯彻落实县法制办和省州业务主管部门安排的普法与法制建设工作，坚持依法行政，执法必严，确保统计数据质量；六是积极组织开展一年一度统计执法检查；七是突出重点，强调依法治统对社会经济发展的重要性和必要性；八是建立完善学习制度；做到时间有保证，学习有内容；九是领导带头学法守法，带动全局干部职工自觉遵纪守法，不断提高依法行政水平。利用法制宣传日和《统计法》颁布10周年、20周年纪念日，开展一系列声势浩大的纪念宣传活动。有效地增强人民群众对《统计法》和各项统计法规的认知度，进一步提高统计对象知法、守法意识，提高了各级干部学法、用法、守法、护法的自觉性和依法执政水平。

第二节 法规检查

开展统计执法大检查，是瓮安县统计局贯彻党中央、国务院关于坚决反对和制止弄虚作假、虚报浮夸作风的指示精神的重要举措。随《中华人民共和国统计法》实施，统计数字质量检查制度逐步建立和完善。规定每年3月为数字质量检查月，并对年报数字质量进行重点抽查核实。每年组织力量深入基层进行1~2次法规检查。以检查严重违反统计法规和统计制度、虚报瞒报统计数字、打击报复统计人员的违法乱纪行为为重点，杜绝违法行为。

1987年，结合贯彻《统计法实施细则》，县统计局进行以数字质量为核心的《统计法》执行情况大检查，并形成制度，明确本年的5月和10月为检查月。查处统计违法案件，使统计工作由人治转变为法治。是年6月，按省统计局要求从本年6月25日开始，至8月底结束。一是《统计法》颁布实施以来，宣传贯彻执行的主要经验，存在的主要问题；二是对违反《统计法》案件的处理情况；三是贯彻执行统计制度、统计标准，计算方法，建立健全统计台账，原始记录的情况。7月11日至7月底为互查阶段；8月1日至8月20日为组织抽查阶段。8月21日至8月月底总结评比阶段。瓮安县统计局按照“自查从宽、被查从严，实事求是，宽严适度”的原则有序组织开展统计检查，取得了较好效果。

1991年4月7日，省、州统计局安排进行统计数据质量检查。县政府办以瓮政办〔1991〕10号文件《关于对统计数字进行质量检查的通知》，明确在全县范围内进行一次统计数字质量检查。检查中邀请县人大财经委、县监察、司法部门参加，以支持统计部门对违法案件查处。按上级安排，其检查内容为：大牲畜、主要物资消费与库存、社会商品零售额、劳动工资、基建、物价、家计调查的1至3月份报表中数据质量，工业总产值中乡镇工业产值1990年年报中数据质量。检查结果以《瓮安统计》实施通报。从1991

年 5 月起，凡到法定时间未报送统计报表或统计数据，由县统计局发统计催报通知书催报，并按统计法规进行处理。

1994 年，根据全国人大财经委的要求，对 1993 年年报和 1994 年定期统计报表有关主要统计指标数据质量进行核实，对违法行为进行处理。通过大检查整顿统计工作秩序，核实主要统计指标的数据质量。进一步学习宣传统计法规，使“二五”统计普法教育更加深入。进一步加强统计法制建设，依法统计的自觉性，推动统计工作进一步走向制度化，法律化，使统计工作逐步走上法制的轨道。

根据全国统计法执行情况大检查范围，瓮安县统计局对 1993 年以来统计活动中发生的下列统计违法行为开展严密检查：一是虚报、瞒报、伪造、篡改统计数据；二是强迫或授意统计机构和统计人员在统计数据上弄虚作假；三是对坚持如实上报统计数据的统计人员或对检举揭发统计违法行为人员进行打击报复；四是拒报或屡次迟报统计数据；五是擅自公布或提供统计数据，泄露国家秘密而造成损失或不良影响；六是随意撤并统计机构或削弱统计力量；七是阻挠监察、统计等部门对统计违法案件进行查处。并把检查重点放在对社会各界反映比较大的突出问题，如工业产值，特别是乡镇企业产值、人口、粮食产量及储备、农民人均收入、基建投资、物价指数等方面的在统计数据上弄虚作假的违法行为等。

1995 年 11 月，瓮安县统计局根据省统计局统一部署，州统计局具体安排和要求，从 10 月 1 日起至 11 月 10 日止开展“统计检查月”活动。在自查自纠基础上，对固定资产投资、乡镇工业总产值、商品零售总额等专业 1 至 9 月份定期报表的数字质量进行了抽查。并成立检查领导小组，参加检查人数达 225 人，检查单位 134 个。组织抽查组 3 个，参加抽查人数 32 人，抽查单位 8 个。

1997 年全国统计执法大检查从 6 月份开始，8 月份结束。县统计局按上级部署，原则上分为宣传动员和自查、重点抽查、处理总结三个阶段。并要求各乡镇、各部门结合实际情况，制定开展大检查的实施方案，做好部署和安排，认真组织实施。6 月 27 日，县人民政府办公室以瓮府办发〔1997〕22 号文件下发《瓮安县人民政府办公室关于成立县统计执法大检查领导小组的通知》，以常务副县长杨选华任组长，政府办廖启祥、监察局段仕杯、统计局彭连方任副组长的执法大检查领导小组，并将领导小组办公室设在县统计局，并由彭连方兼任办公室主任。6 月 29 日，县人民政府以瓮府发〔1997〕25 号文件下发《瓮安县人民政府关于印发瓮安县 1997 年统计执法大检查实施方案的通知》。明确 7 月 20 日前为宣传动员和自查阶段，7 月 21 日至 7 月 31 日为重点抽查阶段，8 月份为处理和总结阶段。7 月 13 日全县召开动员大会，参加会议的单位有 102 个，参会人员 450 人。组织学习新《统计法》单位 161 个，参加学习人数 4030 人。开展广播宣传 55 次，电视宣传15次，大标语280条，小标语320条。8月8日对查出1996年5月至1997年7月期间迟报单位2个2次，缺报单位3个8次，两个村漏报出生人口数等统计违法事实，领导小组提出通报批评，责令限期改正。同时对粮食局等6个单位宣传得力、工作扎实，统计资料齐全真实，上报资料及时准确进行通报表扬。8月11日，县人民政府针对在统计执法大检查中发现的统计资料迟报、漏报、错报等违法现象，以瓮府发〔1997〕30号《瓮安县人民政府关于真实、准确、及时上报统计数据资料的紧急通知》下发各乡镇人民政府、县政府各工作部门，纠正制止了统计工作中的违法行为。

1998年2月16日，中共中央办公厅、国务院办公厅发出了《关于坚决反对和制止在统计上弄虚作假的通知》。根据7月15日州纪委、组织部、监察局、统计局联合下文开展全州统计执法检查精神，重点检查1997年年报和1998年上半年乡镇工业总产值，销售收入，出生人口。1997年农民人均纯收入，粮食种植面积及粮食总产量；县、乡（镇）统计机构和人员是否按《统计法》规定设立，指定专职或兼职统计员配置。7月24日，县人民政府办公室以瓮府办发〔1998〕30号文件成立以副县长刘晓红任领导小组组长，周双林、彭连方、郭玉、聂启香、张开强为领导小组成员的县统计执法检查领导小组。7月27日，县政府组织召开统计执法检查工作会议，参会人员159人，开展统计执法检查的宣传、自查自纠和重点抽查工作做出要求。

检查中，县纪委和县委组织部联合下发瓮纪发〔1998〕5号《关于开好今年党员领导干部廉洁自律专题民主生活会的通知》（以下简称《通知》），把统计执法纳入廉洁自律民主生活会。全县298个部门认真组织学习了两办《通知》，召开民主生活会单位传达达97%。大检查中，县统计执法领导小组于1998年8月24日至25日分三个组对铜锣乡、岚关乡1997年年报与出生人口，粮食面积、产量与龙塘乡、草塘镇农民人均纯收入，以及1997年、1998年上半年乡镇企业工业总产值和销售收入等指标进行抽查。全县共抽查4个乡（镇）占总数17.39%。重点抽查企业2个，即县水泥厂、茅坡水泥厂，占全县企业总数的10.52%。共查出6个单位统计违法案件8起，均属虚报、瞒报、迟报、拒报统计资料等违法行为。县统计局执法领导小组对8件不同程度的违法事实，以领导小组第一号通报形式在全县范围内进行通报批评，并责令限期改正，发挥了监督促进法制的作用。

2001年，决定于5月至8月在全国范围内联合开展《统计法》和“两办通知”执行情况大检查。重点以检查1999年和2000年是否发生统计违法行为及统计基础工作、主要统计指标情况。大检查分三个阶段进行：一是动员和自查阶段（6月初至7月上旬）；二是重点抽查阶段（7月中旬至7月底）；三是处理和总结阶段（8月中旬）。要求对大检查中查出的各种统计违法行为，严格按统计法律、法规和政纪进行处分的规定，本着“自查从宽、被查从严”的原则，认真进行处理。7 月 3 日，县人民政府办公室以瓮府办发〔2001〕60 文件号成立瓮安县统计执法大检查领导小组及办公室。对大检查中迟报统计报表和构成拒报统计资料单位和个人进行严肃批评，限期改正，纠正错误思想，打击违法行为。进一步提高各级各部门广大干部和统计人员的统计法律素质，进一步增强全社会统计法律意识。

通过以上全国性、地方性的多次统计执法大检查，大力宣传统计法律法规，深入开展统计普法教育，维护统计法律法规的严肃性和正常的统计工作秩序，净化了统计工作环境。在统计工作质量不断提高，更好地发挥了统计信息、咨询、监督的作用。进入 21 世纪，统计法规检查已成常态化，结合年报和普查工作进行，有效地遏制了统计违法案件的发生。

第十五章　统计方法及手段

新中国成立后，随着社会经济的发展、科技的进步以及机构的建立健全，统计方法、统计手段、统计工具也相应变化。

第一节　报表、指标设计逐步系统化

新中国成立之初，瓮安县国民经济和社会发展事业落后，上报统计报表较为简单，所列指标较少。县统计部门负责上报报表主要有四类，即：

民政类　分为基本情况和灾情统计。基本情况含乡、村组织情况统计、户数、人口、劳动力和耕地面积等；灾情统计主要统计受灾作物面积、受灾人数，发放救济粮、款等。

商业类　分为贸易机构和商品流通情况统计。贸易机构含统计国、合商业基本情况，商业网点及劳动工资情况；商品流通情况主要统计商品购、销、存数量与总值，商品调拨、流通情况；饮食、服务业基本情况；社会商品购买力、居民货币收支、农民货币净收入典型调查等数字。

工业类　主要为工业基本情况统计，即工业企业年底在册人数、主要产品产量、工业企业单位数、工业总值等指标。

农业类　主要为农村基本情况统计，即农作物面积、总产量、牲畜情况，农业生产互助合作发展情况，林业、水利情况等。

县业务主管部门上报的报表主要为 4 类：商业类，财金类，交通、运输、邮电事业类，文教、卫生类。

随着国民经济和社会事业的发展，国家统计局逐步完善统计范围内容和统计指标。1963 年《统计工作试行条例》公布国家统计的主要指标是：

农业统计　各国营农业企业、事业单位和农村人民公社基本情况、总产值、耕地面积、开荒面积、灌溉面积、自然灾害面积，主要农作物播种面积和主要农产品产量、主要牲畜头数、主要农机具数量、造林面积、迹地更新面积、水产品产量、气象网等。

工业统计　各工业部门、工业企业的基本情况、总产值、净产值、商品产值、主要产品产量、品种、质量和技术经济指标、新产品试制和生产设备、生产能力等。

交通运输和邮电统计　铁路、公路的长度、货运量、货物周转量、客运旅客周转量、主要技术经济指标、运输工具和设备拥有量、运输网、邮电业务量、邮电网和邮电设备拥有量等。

基本建设统计　建设项目、投资额、新增固定资产、新增生产能力、房屋建筑面积、实物工程量、工程质量等。

物资供应统计　生产部门的借贷和成品库存、使用部门的消费、库存和消费定额等。

商业统计　社会商品零售额和主要商品的零售量、农产品和工业品购进、销售、调拨、库存的数量和金额，商业网点、物价等。

文教卫生统计　各级各类学校数、学生数、招生数、毕业生数、教职工数；各种文化事业单位数及其人员数，电视台、体育场馆；卫生事业机构、人员、床位数等。

劳动工资统计　全社会劳动力、职工人数、工资总额、劳动生产率、工时利用、职工增减变动和职工培训等。

财务成本统计　国民经济各部门的企业、事业资金、利润和成本（或流通费）等。

国家财政统计　财政收支、信贷收支、现金收支等。

国民收入统计　国民收入、积累基金和消费基金等。

按国家规定的各项统计报表及指标，县统计局结合本县实际进行贯彻落实。其专业报表除按国家规定统计指标外，还需根据地方发展要求增加有关统计报表和统计指标，以尽量反映出地方经济和社会发展全貌。“文化大革命”期间，统计工作遭到严重破坏，县级统计机构基本瘫痪，多数统计报表一度中断。1972 年后，一些专业报表开始陆续恢复。1978 年后，随着国民经济发展和改革开放的需要，国家统计局规定增加一批报表和指标。1983 年 12 月《统计法》颁布实施后，统计工作进一步规范，报表、指标设置日趋完善。1993 年国家开始执行新的统计报表制度，统一规范七种基层统计“一套表”实施范围和调查体系。进入 21 世纪，为保持经济持续、健康发展，新国民经济核算体系开始实行，使统计指标设置更为合理，统计报表更为系统化。2007 年，县级统计机构统计基础工作更具规范化。统计工作从统计工作重心、统计工作方式、统计服务方式三方面实现转变，统计指标体系更具说服力，开创了县级统计工作新局面。

第二节 资料收集渐趋科学化

新中国成立后，瓮安县统计局根据不同时期的需要，灵活地运用各种调查统计方法，包括全面调查、重点调查、抽样调查、典型调查等，使调查方法渐趋合理和科学化。

农村人民公社化前，粮食产量、灾情等主要指标靠典型调查推算而得。人民公社化后，农业主要指标采取全面统计的方法，由区、公社、大队层层按统计局发放表式统计汇总报县。中共十一届三中全会后，农村实行家庭联产承包责任制，农村某些主要经济指标靠抽样调查取得。多种经营、收益分配等指标采用访户推算等办法获取，农业总产值、净产值、商品产值资料先后采用县直接计算、乡镇自行计算等办法。先后开展乡乡农产量抽样调查、乡乡畜牧业生产抽样调查、村及村以下乡镇工业抽样调查。农村住户点家庭收支记账调查，以获取上报报表数据。

工业

解放初，瓮安只有少数手工业作坊，统计资料靠上门收集而得。其后有少量工厂，由工厂会计或统计员直接上报县统计部门。城市经济体制改革后，瓮安县工业迅速发展，统计资料报送实行分工负责制。乡镇以下资料由县乡镇企业局负责，布置收集汇总后报县统计局；县属全民、集体工业企业资料直接报县统计局，主管系统负责督促检查。进入21世纪，瓮安县工业生产迅猛发展，工业统计资料的收集办法更趋科学化，先后采取工业企业统计人员直报送审制度，送审签到制度，网上直报制度。并逐步规范了规模以下工业企业抽样调查制度。

固定资产投资

固定资产投资在1983年前称基本建设指标，资料来源主要靠基建单位填报。随着经济社会投资的不断发展壮大，投资领域渐次拓宽，基建单位面广量大。为做到统计数据真实可靠，县统计局始终坚持同发改、经贸、城建、建行等相关单位保持密切联系，并经常掌握核对相关投资建设项目，做到应统尽统。

商业

为使商业统计资料扎实可靠，主要采取 4 种方法，即：一是利用基层单位上报汇总；二是利用相关主管部门上报表推算零售量；三是采用典型调查的办法获得资料；四是根据国家制度规定开展抽样调查取得资料。不同历史时期收集商业统计资料的办法各有差异，并随着经济体制的变化而变化。

物资

其资料计划经济时代由物资供应单位和消费单位填报。由于涉及面广，有关资料进行典型调查或抽样调查推算。随着市场经济的不断发展和完善，1998 年后物资专业统计取消相关报表指标并入工业专业（物耗）统计范围。

劳动工资

采用全面统计的办法布置报表，然后分地区、性质、行业汇总上报。1986 年后，职工劳保福利等报表由县劳动局负责填报。随着城乡经济体制改革，国家对劳动工资统计资料收集方法不断改革和完善，1990 年，先后开展人事、财政、编委、统计联合审核劳动工资统计年报；联审工资基金计划制度，相关部门和单位提供劳资基本资料，审核评估制度等收集填报的办法。

综合平衡

综合平衡资料收集面广量大，资料来源取自统计局各专业和有关主管系统的统计年报、季报，财务报表。采用全面统计，利用资料加工、计算、评估等办法取得。随经济的日益发展和社会的繁荣进步，资料收集方式方法在不断改革更新，并日渐合理科学化。

第三节　统计计算手段发展和现代化

《中华人民共和国统计法》第五条规定："国家有计划地加强统计信息处理、传输技术和数据库体系的现代化建设。"新中国成立60多年来，瓮安县统计局的计算手段不断发展，从使用传统的手工计算工具算盘到先进的微型电子计算机微机，走过原始计算到电脑计算的不平坦道路。

20世纪50年代初到70年代末，瓮安县统计部门计算手段主要靠算盘。其原始计算工具达20年之久。70年代改用一台机械手摇计算机和一台电子管计算机，对一些复杂统计数据处理。由于计算机质量不过关，使用寿命不长，20世纪80年代初，县统计局增配2台台式计算器，供各专业统计人员共同使用。随着业务量的增加，各专业陆续配置一般计算器和多功能计算器，达到人人都使用计算器，算盘计算方法逐渐淘汰。

中共十一届三中全会后，随着经济体制改革的深入发展，宏观管理工作的加强，各方面对统计信息量需求迅速增长，不但要求提供统计信息要准确、及时，同时多种多样。为适应经济社会不断发展的要求，迫切需要统计计算技术实现信息处理自动化。1984年国务院在《关于加强统计工作的决定》中指示："电子计算机的运用是统计工作的一项重大改革。要充分发挥现在电子计算机和数据传输设备的作用。争取在几年内县以上各级统计局要配备微型处理机，逐步建立健全现代化的统计信息计算体系。"为适应统计信息量的处理，按照国家和省州安排，1987年采取县局自筹经费三分之一，中央和省各补助三分之一经费的办法，购置一台由省分配的OlivetiM24微机。1990年后陆续购置了联想286型、386型、486型微机。1992年5月，县局作出决定加强计算机开发运用，明确计算机由专业人员管理操作、维护，同时指导非专管人员学习使用计算机。由于地方财力困难，县统计局配置现代计算工具的进程十分缓慢，到1998年县局仅4台微机。其后各专业统计人员才陆续配备微机，2005年至今全局实现人手一台计算机。计算机的普及使用，给全局统计人员在工作量加大的同时，相对减轻劳动强度、减少差错、提高了工作效率。

县统计局自1987年开始使用计算机，但在新技术、新设备面前其学习和熟悉过程经历了最初用来处理一些简单文字资料，1989年开始处理农业统计年报。后陆续扩展到工业、投资、劳动工资等行业。由于计算机提供了编辑、查询、组合、排序、分析加工、传输数据等功能，使统计数据能快速地实现超级汇总、检索书表、自动传输数据和网上直报统计报表。进入 21 世纪，计算机运用领域广泛、普及。除处理日常统计业务外，还可处理各种大型普查、抽样调查及相关业务，不但达到数据准确无误、快捷，还大大提高了统计的知名度和工作效率。

统计信息化是统计现代化建设的核心。为适应现代化统计工作的需要，按照统计信息化要求，瓮安县统计局从 2007 年年底成功建起局域网。2009 年 3 月给 23 个乡镇统计员各配置 1 台计算机和打印机，使统计工作实现网络化。2011 年组建贵州统计业务内网，实行企业一套表统计改革工作和统计报表网上直报制度。县局从 2002 年 1 月起对全县“三上”企业实行联网直报统计。计算机的应用，使统计计算手段发生根本的变化，进一步实现了数字准确、资料丰富、信息灵通、以适应社会主义现代化建设的需要。瓮安县的统计手段从原始计算手段向电子电脑，智能化迈进，实现了科学发展。

附　录

统计局党政领导名录

瓮安县统计局自 1954 年 8 月建立以来，其机构设置在 60 余年过程中，历经多次分合。进入 21 世纪，单列并独立行使统计部门职能职权，其党政领导曾出现断层现象。

1954—2016 年瓮安县统计局党政领导名录

姓名	性别	机构名称	职务	任职时间	批准机关及文号
吴学芳	男	计统科	科长	1954. 8—1956. 3	—
蒲思荣	男	统计科	副科长	1956. 3—1958. 7	—
犹林禄	男	计统科	副科长	1958. 7—1962. 10	—
高清泉	男	计统科	副科长	1962. 10—1965. 5	—
田松茂	男	计统科	副科长	1962. 10—1965. 5	—
		统计局	副局长	1965. 5—1966. 4	—
		计统办 计统组	负责人	1967. 4—1972. 7	—
于浩泉	男	统计局	局长	1964. 11—1967. 3	—
		计划委员会	副主任	1973. 3—1980. 6	—
罗祥安	男	计划委员会	副主任	1973. 3—1979. 10	—
李成培	男	计划委员会	副主任	1979. 10—1980. 6	—

续上表

姓名	性别	机构名称	职务	任职时间	批准机关及文号
罗远玉	男	计统办 计统组	负责人	1967. 3—1973. 2	—
		计委办公室	主任	1973. 3—1980. 6	—
		统计局	局长	1980. 7—1990. 6	—
赵克生	男	统计局	副局长	1983. 6—1984. 2	—
鄢安文	男	统计局	副局长	1984. 2—1992. 12	—
			农村抽样调查队队长	1984. 8—1987. 11	—
				1988. 12—1989. 4	—
鄢安文	男	统计局	农村社会经济调查队队长	1989. 4—1992. 12	—
			副局长 主持工作	1992. 12—1993. 10	—
刘大慷	男	统计局	副局长	1988. 6—1991. 3	—
廖启祥	男	统计局	局长	1990. 6—1992. 12	瓮人任字 〔1990〕13 号
徐东升	男	统计局	局长	1993. 10—1997. 5	瓮人任字 〔1993〕21 号
聂启香	男	统计局	党组成员 副局长	1998. 6—2007. 8 1996. 7—2007. 8	瓮组干 〔1998〕65 号 瓮府任 〔1996〕4 号
彭连方	男	统计局	副局长 主持工作	1997. 5—1998. 4	瓮府任 〔1997〕6 号
		统计局	党组书记 局长	1998. 6—2001. 12 1998. 5—2001. 12	瓮组干 〔1998〕65 号 瓮人常发 〔2001〕17 号
周凤友	男	统计局	党组副书记	1998. 6—2001. 12	瓮组干 〔1998〕65 号

续上表

姓名	性别	机构名称	职务	任职时间	批准机关及文号
饶文锦	女	统计局	党组成员	1998. 6—2008. 5	瓮组干〔1998〕65 号
		农村社会调查队	副队长	1998. 5—2005. 9	—
杨胜武	男	统计局	党组书记 局长	2001. 12—2014. 11	县干任〔2001〕29 号 瓮人常发〔2001〕17 号
周建平	男	统计局	党组成员 副局长	2001. 12—2010. 1	县干任〔2001〕29 号 瓮府任〔2001〕8 号
卢万华	男	统计局	党组成员	2008. 7—2015. 9	—
		国家统计局瓮安调查队	队长	2008. 1—2015. 9	—
张淞华	男	统计局	副局长 党组成员	2010. 1—	县干任〔2015〕56 号
			党组书记 局长	2015. 6—	瓮人常发〔2015〕27 号
余乐金	男	统计局	党组副书记	2011. 9—	县干任〔2011〕79 号
		瓮安县统计抽样调查中心	主任	2011. 9—2011. 12	瓮府任〔2011〕7 号
		瓮安县乡镇统计管理办公室		2011. 12—	—
郭　娟	女	统计局	党组成员 纪检组长	2011. 9—2013. 7	县干任〔2011〕79 号
王芳坦	男	统计局	党组成员 副局长	2011. 9—	县干任〔2011〕85 号 瓮府任〔2011〕8 号

续上表

姓名	性别	机构名称	职务	任职时间	批准机关及文号
李仕莲	女	统计局	党组成员 纪检组长	2013. 7—	县干任 〔2013〕44 号
余　静	女	瓮安县乡镇统计管理办公室	副主任	2013. 12—	瓮府任 〔2013〕21 号 县干任 〔2013〕104 号
周兴富	男	统计局	党组书记 统计局局长	2014. 11—2015. 5	—
夏开美	女	统计局	党组成员 副局长	2016. 5—	—

受奖名录

瓮安县统计受奖人员一览表

姓名	表彰日期	表彰部门	奖励称号
国家级先进个人			
刘大慷	1990 年 12 月	国务院第四次全国人口普查领导小组	第四次全国人口普查工作先进个人
鄢安文	1994 年 12 月	国务院全国第三产业普查协调小组	全国第三产业普查先进工作者
徐东升	1996 年 8 月	全国人口抽样调查办公室	全国 1995 年 1% 人口抽样调查先进个人
张开强	1996 年 8 月	全国人口抽样调查办公室	全国 1995 年 1% 人口抽样调查先进个人
万青平	1996 年 8 月	全国人口抽样调查办公室	全国 1995 年 1% 人口抽样调查先进个人
彭道宣	1996 年 8 月	全国人口抽样调查办公室	全国 1995 年 1% 人口抽样调查先进个人
徐东升	1997 年 4 月	第三次全国工业普查办公室	第三次全国工业普查先进工作者
聂启香	1998 年 12 月	全国农业普查办公室	第一次全国农业普查工作先进个人

续上表

姓名	表彰日期	表彰部门	奖励称号
周凤友	1998 年 12 月	全国农业普查办公室	第一次全国农业普查工作先进个人
彭连方	2001 年 6 月	国家统计局	1996—2000 年全国统计法制宣传教育先进个人
彭连方	2002 年 1 月	国务院第五次全国人口普查领导小组	第五次全国人口普查先进个人
周建平	2002 年 1 月	国务院第五次全国人口普查领导小组	第五次全国人口普查先进个人
聂启香	2003 年 1 月	全国基本单位普查领导小组	全国基本单位普查先进个人
张开强	2003 年 1 月	全国基本单位普查领导小组	全国基本单位普查先进个人
杨　彬	2005 年 7 月	国务院经济普查领导小组	第一次全国经济普查先进个人
聂启香	2006 年 10 月	国务院 1% 人口抽样调查领导小组办公室	2005 年全国 1% 人口抽样调查先进个人
周建平	2008 年 4 月	国务院第二次全国农业普查领导小组办公室、国家统计局	第二次全国农业普查先进个人
聂启香	2008 年 4 月	国务院第二次全国农业普查领导小组办公室、国家统计局	第二次全国农业普查先进个人
张淞华	2008 年 4 月	国务院第二次全国农业普查领导小组办公室、国家统计局	第二次全国农业普查先进个人
李　群	2008 年 4 月	国务院第二次全国农业普查领导小组办公室、国家统计局	第二次全国农业普查先进个人
王芳坦	2009 年 12 月	国务院第二次全国经济普查领导小组	第二次全国经济普查先进个人
庞　燕	2009 年 12 月	国务院第二次全国经济普查领导小组	第二次全国经济普查先进个人
杨　霞	2009 年 12 月	国务院第二次全国经济普查领导小组	第二次全国经济普查先进个人
杨胜武	2009 年 12 月	国务院第二次全国经济普查领导小组	第二次全国经济普查先进个人
夏开美	2011 年 12 月	国务院第六次全国人口普查领导小组	第六次全国人口普查先进个人
张淞华	2017 年 12 月	中华人民共和国国家统计局	全国统计系统先进个人
张学智	2004 年 10 月	国家统计局	从事统计工作二十年

续上表

姓名	表彰日期	表彰部门	奖励称号
张学智	2012 年 6 月	国家统计局贵州调查总队	连续三年考核优秀记三等功
徐芙蓉	2012 年 12 月	国家统计局	全国一体化住户调查先进个人
罗开忠	1990 年 12 月	国家统计局	全国优秀记账员
廖远书	2012 年 12 月	国家统计局	共和国记账人　全国优秀记账员
杨继松	2004 年 10 月 2017 年 6 月	国家统计局 国家统计局	从事统计局工作 20 年以上荣誉证书 从事统计局工作 30 年以上荣誉证书
饶文锦	1989 年 9 月 2004 年 10 月 2006 年 9 月	国家统计局	全国农村统计调查先进工作者 全国农村统计调查先进个人 全国统计基层基础建设先进个人
省级先进个人			
张学智	1990 年 12 月	贵州省农村社会经济调查队	五好职工家庭
张学智	1992 年 12 月	贵州省农村社会经济调查队	五好职工家庭
周建平	1995 年 5 月	贵州省第三产业普查协调小组	全国第三产业普查先进个人
徐东升	1996 年 12 月	贵州省统计局、贵州省人事厅	全国统计系统先进工作者
周建平	1998 年 12 月	贵州省农业普查办公室	第一次全国农业普查工作先进个人
彭连方	2001 年 2 月	贵州省统计局	贵州省统计“三五”普法先进个人
聂启香	2001 年 12 月	贵州省第五次人口普查领导小组	第五次全国人口普查先进个人
王祖明	2001 年 12 月	贵州省第五次人口普查领导小组	第五次全国人口普查先进个人
李　群	2005 年 7 月	贵州省第一次全国经济普查领导小组	第一次全国经济普查先进个人
张淞华	2006 年 10 月	贵州省 1% 人口抽样调查办公室	2005 年 1%人口抽样调查先进个人
王芳坦	2008 年 8 月	贵州省第二次全国农业普查领导小组办公室	第二次全国农业普查先进个人
杨　霞	2008 年 8 月	贵州省第二次全国农业普查领导小组办公室	第二次全国农业普查先进个人
庞　燕	2008 年 8 月	贵州省第二次全国农业普查领导小组办公室	第二次全国农业普查先进个人

续上表

姓名	表彰日期	表彰部门	奖励称号
杨　彬	2008 年 8 月	贵州省第二次全国农业普查领导小组办公室	第二次全国农业普查先进个人
杨　琼	2008 年 8 月	贵州省第二次全国农业普查领导小组办公室	第二次全国农业普查先进个人
张淞华	2008 年 12 月	贵州省统计局	2007 年全省投入产出调查先进个人
杨　琼	2010 年 7 月	贵州省第二次经济普查领导小组	第二次全国经济普查先进个人
夏开美	2010 年 7 月	贵州省第二次经济普查领导小组	第二次全国经济普查先进个人
赵世清	2010 年 7 月	贵州省第二次经济普查领导小组	第二次全国经济普查先进个人
孙晓贤	2010 年 7 月	贵州省调查总队	先进个人
张学智	1994 年 12 月	贵州省农村社会经济调查队	五好职工家庭
陈　伟	2016 年 7 月	中共国家统计局贵州调查总队党建工作领导小组	授予优秀党务工作者称号
张　雪	2016 年 7 月	中共国家统计局贵州调查总队党建工作领导小组	授予优秀共产党员称号
州级先进个人			
罗远玉	1989 年 7 月	黔南州统计局	全州统计执法先进个人
张学智	1989 年 9 月	黔南州统计局	先进工作者
罗远玉	1989 年 9 月	黔南州统计局	黔南州统计系统先进工作者
聂启香	2001 年 4 月	州人事局、州统计局	2000 年度黔南州统计系统先进个人
张淞华	2001 年 12 月	黔南州第五次人口普查领导小组	第五次全国人口普查先进个人
张淞华	2005 年 3 月	州统计局、州人事局	2004 年度黔南州统计系统先进个人
张学智	2010 年 5 月	黔南州统计局　黔南调查队	“人普杯”运动会乒乓组比赛第四名
杨继松	2010 年 11 月	黔南州委党校	优秀学员证书
徐芙蓉	2011 年 1 月	黔南调查队	规模以下工业抽样调查工作优秀调查员
黄　群	2015 年 7 月	黔南州第三次经济普查领导小组	州级先进个人

《中华人民共和国统计法》实施细则

1987 年 1 月 19 日国务院批准

1987 年 2 月 15 日国家统计局发布　2000 年 6 月 15 日国家统计局发布

第一章　总　则

第一条　根据《中华人民共和国统计法》（以下简称《统计法》）的规定，制定本细则。

第二条　《统计法》所指的统计，是指运用各种统计方法对国民经济和社会发展情况进行统计调查、统计分析，提供统计资料和统计咨询意见，实行统计监督等活动的总称。

国民经济和社会发展的统计项目分类，由国家统计局规定、调整。

第三条　国家有计划地用现代信息技术装备各级人民政府统计机构，建立健全国家统计信息自动化系统。国务院各部门根据工作需要，有计划地用现代信息技术装备本部门及其管辖系统的统计机构。

县级以上各级人民政府应当将国家统计信息工程建设列入发展计划。国家统计信息工程建设，由国家统计局统一领导，县级以上地方各级人民政府统计机构分级负责。

第四条　统计机构和统计人员实行工作责任制，实行考核和奖惩制度，不断提高工作质量和工作效率。

统计机构和统计人员依法独立行使下列职权：

（一）统计调查权——调查、搜集有关资料，召开有关调查会议，检查与统计资料有关的原始记录和凭证。统计调查对象应当依照《统计法》和国家有关规定，如实提供统计资料和情况，不得虚报、瞒报、拒报、迟报，不得伪造、篡改。

（二）统计报告权——将统计调查取得的统计资料和情况加以整理、分析，向上级领导机关和有关部门提出统计报告。任何单位或者个人不得阻挠和扣压统计报告，不得篡改统计资料。

（三）统计监督权——根据统计调查和统计分析，对国民经济和社会发展情况进行统计监督，检查国家政策和计划的实施，考核经济效益、社会效益和工作成绩，检查和揭露存在的问题，检查虚报、瞒报、伪造、篡改统计资料的行为，提出改进工作的建议。有关部门和单位对统计机构、统计人员反映、揭露的问题和提出的建议，应当及时处理，作出答复。

第五条 县级以上地方各级人民政府、各部门、各企业事业组织，应当根据国家统计任务和本地区、本部门、本单位的需要，在下列方面加强对统计工作的领导和监督：

（一）领导和支持统计机构、统计人员和其他有关人员执行统计法规和统计制度，准确、及时地完成统计工作任务，加强统计工作现代化建设；

（二）吸收和组织统计人员参加讨论有关政策和计划、研究经济和社会发展问题的会议，发挥统计的服务和监督作用；

（三）根据国家统一部署，组织实施重大的国情国力普查；

（四）按照规定审批统计调查计划，切实解决经批准的统计调查需要的人员和经费。

第六条 国家统计局及其派出的调查队、县级以上地方各级人民政府统计机构是国家执行统计法规和统计制度的机关，负责监督检查统计法规和统计制度的实施，维护统计机构和统计人员的职权，依法查处违反统计法规和统计制度的行为。

县级以上地方各级人民政府统计机构依法查处本行政区域内发生的统计违法行为；在国家统计局派出的调查队组织实施的统计调查中发生的统计违法行为，由组织实施该项统计调查的调查队负责查处。

第二章 统计调查计划和统计制度

第七条 县级以上各级人民政府统计机构和有关部门按照下列三类情况，分别建立统计制度，编制统计调查计划，按照规定经审查机关批准后实施：

（一）国家统计调查，是指全国性基本情况的统计调查，包括国家统计局单独拟订的和国家统计局与国务院有关部门共同拟订的统计调查项目。国家统计调查计划中新的、重大的统计调查项目，由国家统计局报国务院审批；经常性的、一般性的统计调查项目，由国家统计局审批。

各地方、各部门、各单位必须严格按照国家统计调查方案实施国家统计调查。

（二）部门统计调查，是指各部门的专业性统计调查。部门统计调查计划和统计调查方案，由该部门的统计机构组织本部门各有关职能机构编制。其中，统计调查对象属于本部门管辖系统内的，由本部门领导人审批，报国家统计局或者本级地方人民政府统计机构备案；统计调查对象超出本部门管辖系统的，报国家统计局或者本级地方人民政府统计机构审批，其中重要的，报国务院或者本级地方人民政府审批。各部门统计调查管辖系统的划分办法，由国家统计局会同国务院有关部门提出，报国务院批准后实施。

（三）地方统计调查，是指地方人民政府需要的地方性的统计调查。地方统计调查计划和统计调查方案的报批办法，由省、自治区、直辖市人民政府统计机构规定，报国家统计局备案。

第八条 部门统计调查和地方统计调查不得与国家统计调查重复、矛盾。

国家统计调查与部门统计调查、地方统计调查的分工，由国家统计局会同国务院有关部门和省、自治区、直辖市人民政府统计机构具体商定。

第九条 县级以上各级人民政府的综合协调部门需要的统计资料，应当从本级人民政府统计机构和有关部门搜集；确实需要直接进行统计调查的，应当编制统计调查计划和统计调查方案，依照《统计法》和本细则的有关规定，经批准后实施。

县级以上各级人民政府有关部门组织实施的部门统计调查，应当及时向本级人民政府统计机构报送基本统计资料或者综合统计资料。

国家统计局和县级以上地方各级人民政府统计机构，应当定期、无偿地向本级人民政府部门提供有关综合统计资料。

第十条 统计调查计划按照统计调查项目编制。统计调查项目，是指一定时期内为实现特定统计调查目的而组织实施的统计调查。统计调查项目的计划应当列明：项目名称、调查机关、调查目的、调查范围、调查对象、调查方式、调查时间、调查的主要内容。

编制统计调查计划，必须同时编制统计调查方案。统计调查方案应当包括下列内容：

（一）供统计调查对象填报用的统计调查表和说明书；

（二）供整理上报用的统计综合表和说明书；

（三）统计调查需要的人员和经费及其来源。

第十一条 县级以上各级人民政府统计机构、各部门统计机构对送审的统计调查计划和统计调查方案的必要性、可行性、科学性应当进行严格审查；对不符合本细则规定的，应当退回修改或者不予批准。编制和审查统计调查方案，应当遵循下列原则：

（一）在已经批准实施的各种统计调查中能够搜集到资料的，不得重复调查；

（二）抽样调查、重点调查或者行政记录可以满足需要的，不得制发全面统计调查表；一次性统计调查可以满足需要的，不得进行经常性统计调查；按年统计调查可以满足需要的，不得按季统计调查；按季统计调查可以满足需要的，不得按月统计调查；月以下的进度统计调查必须从严控制；

（三）编制新的统计调查方案，必须事先试点或者征求有关地方、部门和基层单位的意见，进行可行性论证，保证切实可行，注重调查效益；

（四）统计调查需要的人员和经费应当有保证。

第十二条 国家建立周期性的普查制度。周期性普查由国务院和地方各级人民政府统一领导，组织统计机构和有关部门共同实施，所需要的经费由中央和地方财政共同负担。

进行经常性抽样调查，应当通过基本统计单位普查和行政记录的方式，查明基本统计单位及其分布情况，建立科学的抽样框，按照随机原则在调查总体中选取足以代表总体的样本单位，减少抽样误差。

第十三条 按照规定程序批准的统计调查表，必须在右上角标明表号、制表机关、批准或者备案机关、批准或者备案文号、有效期限。

对未标明前款所列内容或者超过有效期限的统计调查表，有关统计调查对象有权拒绝填报，统计机构有权废止。

第十四条 统计调查方案所规定的指标含义、调查范围、计算方法、分类目录、调查表式、统计编码等，未经批准该统计调查方案的机关同意，任何单位或者个人不得修改。

第三章 统计资料的管理和公布

第十五条 各地方、各部门、各单位应当健全统计资料的审核制度，保障统计资料的准确性和及时性。

各部门、各企业事业组织提供的统计资料，由本部门、本单位领导人或者统计负责人审核、签署或者盖章后上报。有关财务统计资料由财务会计机构或者会计人员提供，并经财务会计负责人审核、签署或者盖章。县级以上各级人民政府统计机构和乡、镇统计员提供的统计资料，由本级人民政府统计机构负责人或者乡、镇统计员审核、签署或者盖章后上报。

第十六条 各级领导机关制定政策、计划，检查政策、计划执行情况，考核经济效益、社会效益和工作成绩，进行奖励和惩罚等，需要使用统计资料的，必须依照《统计法》第十三条的规定，以统计机构或者统计负责人签署或者盖章的统计资料为准。

第十七条 县级以上各级人民政府统计机构必须做好统计信息咨询服务工作，充分利用可以公开的社会经济信息为社会公众服务。

符合国家有关规定，在《统计法》和统计制度规定之外提供统计信息咨询，实行有偿服务。具体办法由国家统计局会同国务院价格主管部门制定。

第十八条 各地方、各部门、各单位必须执行国家有关统计资料保密管理的规定，加强对统计资料的保密管理。

第十九条　各地方、各部门、各单位必须建立统计资料档案制度。统计资料档案的保管、调用和移交，应当遵守国家有关档案管理的规定。

第二十条　国家建立健全统计资料定期公布制度。

国家统计局统计调查取得的统计数据，由国家统计局公布。国务院有关部门统计调查取得的统计数据，由国务院有关部门公布；其中，与国家统计局统计调查取得的统计数据有重复、交叉的，应当在同国家统计局协商后，由国务院有关部门公布。国务院有关部门公布统计数据，应当自公布之日起 10 日内报国家统计局备案。

县级以上地方各级人民政府统计机构和有关部门公布其统计调查取得的地方统计数据，比照前款规定执行。

第二十一条　国家建立健全统计数据质量监控和评估的制度，加强对各省、自治区、直辖市重要统计数据的监控和评估。

第四章　统计机构和统计人员

第二十二条　国家统计局履行下列职责：

（一）根据有关法律、行政法规和国家有关政策和计划，制定统计工作规章，制订统计工作现代化规划和国家统计调查计划，组织领导和协调全国统计工作，监督检查统计法规和统计制度的实施；

（二）健全国民经济核算制度和统计指标体系，制定全国统一的基本统计报表制度；制定或者与有关部门共同制定国家统计标准，审定部门统计标准；

（三）在国务院领导下，会同有关部门组织重大的国情国力普查，组织、协调全国社会经济抽样调查；

（四）根据国家制定政策、计划和进行管理的需要，搜集、整理、提供全国性的基本统计资料，对国民经济和社会发展情况进行统计分析、统计预测和统计监督；

（五）审查国务院各部门编制的统计调查计划和统计调查方案，管理国务院各部门制发的统计调查表；

（六）检查、审定、管理、公布、出版全国性的基本统计资料，定期发布全国国民经济和社会发展情况的统计公报；

（七）统一领导和管理国家统计局派出的调查队；

（八）组织指导全国统计科学研究、统计教育、统计干部培训和统计书刊出版工作；

（九）开展统计工作和统计科学的国际交流。

国家统计局派出的调查队承担国家统计局布置的各项调查任务，依法独立开展统计调查，独立上报统计资料。

第二十三条 县级以上地方各级人民政府统计机构履行下列职责：

（一）完成国家统计调查任务，执行国家统计标准，执行全国统一的基本统计报表制度；

（二）制订本行政区域内的统计工作现代化规划、统计调查计划和统计调查方案，统一领导和协调本行政区域内包括中央和地方单位的统计工作，监督检查统计法规和统计制度的实施；

（三）根据本行政区域内制定计划和进行管理的需要，搜集、整理、提供基本统计资料，对本行政区域内国民经济和社会发展情况进行统计分析、统计预测和统计监督；

（四）审查本行政区域内各部门的统计调查计划和统计调查方案，管理本行政区域内各部门制发的统计调查表；

（五）按照国家有关规定，检查、审定、管理、公布、出版本行政区域内的基本统计资料；省、自治区、直辖市人民政府统计机构定期发布本行政区域内国民经济和社会发展情况的统计公报；自治州、县、自治县、市、市辖区人民政府统计机构按照本级人民政府的决定，发布本行政区域内国民经济和社会发展情况的统计公报；

（六）组织指导本行政区域内各部门、各单位加强统计基础工作建设，加强统计教育、统计干部培训和统计科学研究工作；对本行政区域内人民政府统计机构干部和乡、镇统计员进行考核和奖励。

县级以上地方各级人民政府统计机构受本级人民政府和上级人民政府统计机构的双重领导，在统计业务上以上级人民政府统计机构的领导为主。

第二十四条 乡、镇统计员执行乡、镇综合统计的职能，履行下列职责：

（一）完成国家统计调查和地方统计调查任务，执行国家统计标准，执行全国统一的基本统计报表制度，执行统计法规和统计制度，监督检查统计法规和统计制度的实施；

（二）按照国家有关规定，搜集、整理、分析、提供和管理本乡、镇的基本统计资料；

（三）组织指导本乡、镇各有关单位、人员加强农村统计基础工作建设，健全本乡、镇的统计台账制度和统计档案制度，组织乡、镇以下的统计业务工作。

乡、镇人民政府应当根据《统计法》等有关规定和统计工作的需要，设置专职的或者兼职的统计员，建立健全乡、镇统计信息网络。乡、镇统计员和乡、镇统计信息网络在统计业务上受县级人民政府统计机构的领导。

村的统计工作，由村民委员会指定专人负责，其在统计业务上受乡、镇统计员的领导。

第二十五条　县级以上各级人民政府有关部门的统计机构或者统计负责人执行本部门综合统计的职能，履行下列职责：

（一）组织指导、综合协调本部门各职能机构（包括生产、供销、基建、劳动人事、财务会计等机构）的统计工作，共同完成国家统计调查、部门统计调查和地方统计调查任务，执行统计法规和统计制度，监督检查统计法规和统计制度的实施；

（二）制订本部门的统计工作现代化规划、统计调查计划和统计调查方案，组织指导本部门及其管辖系统内企业事业组织的统计工作，加强统计队伍和统计基础工作建设；

（三）按照国家有关规定，向上级领导机关和本级人民政府统计机构报送和提供本部门的基本统计资料，会同计划和其他有关职能机构对本部门执行政策、计划和经营管理效益的情况，进行统计分析、统计预测和统计监督；

（四）管理本部门制发的统计调查表和基本统计资料；

（五）会同本部门的人事教育机构，组织指导本部门的统计教育和统计干部培训；对本部门统计人员进行考核和奖励；加强本部门统计科学研究工作。

县级以上各级人民政府有关部门统计机构的设置，应当根据实际需要，本着精简、效能的原则，依照《统计法》的规定执行。

第二十六条　企业事业组织的统计机构或者统计负责人执行本单位综合统计的职能，履行下列职责：

（一）组织指导、综合协调本单位各职能机构和下属机构的统计工作，共同完成国家统计调查、部门统计调查和地方统计调查任务，制订、实施本单位的统计工作计划和统计制度，执行统计法规和统计制度，监督检查统计法规和统计制度的实施；

（二）按照国家有关规定，报送和提供统计资料，对本单位计划的执行情况和经营管理的效益，进行统计分析和统计监督；

（三）管理本单位的统计调查表和基本统计资料；

（四）会同本单位有关职能机构完善计量、检测制度，建立健全原始记录、统计台账和核算制度。

企业事业组织的统计机构或者统计负责人在统计业务上，受所在地人民政府统计机构或者乡、镇统计员的指导。

中小型企业事业组织不单设统计人员的，可以指定人员专门负责统计工作。

第二十七条　统计负责人，是指代表本部门或者本单位履行《统计法》规定职责的主要责任人员。不设统计机构的，一般应当由具备相当统计专业技术职务条件的人员担任统计负责人。

第二十八条 各地方、各部门、各单位应当根据国家有关规定和工作需要，设置统计专业技术职务。

第二十九条 具有统计专业技术职务的人员的调动，应当分别征求本地区、本部门、本单位统计机构或者统计负责人的意见；其中，具有中级以上统计专业技术职务的人员的调动，应当征得上级统计机构的同意。

县级以上地方各级人民政府统计机构主要负责人的调动，应当征得上一级人民政府统计机构的同意。乡、镇统计员的调动，应当征得县级人民政府统计机构的同意。

各部门和企业事业组织统计负责人的调动，应当征求上级主管部门和所在地人民政府统计机构的意见。

第三十条 国家统计局和县级以上地方各级人民政府统计机构，应当有计划地对统计人员进行培训，加强对统计人员的职业道德教育，提高统计人员的业务素质。

国家统计局和县级以上地方各级人民政府统计机构增加和补充统计人员，应当从具备统计专业知识的人员中选调。

第五章　奖励和惩罚

第三十一条 县级以上各级人民政府统计机构、各部门、各企业事业组织，应当依照国家或者企业事业组织的规定，对有下列表现之一的统计人员或者集体，定期评比，给予奖励：

（一）在改革和完善统计制度、统计方法等方面，做出重要贡献的；

（二）在完成规定的统计调查任务，保障统计资料的准确性、及时性方面，做出显著成绩的；

（三）在进行统计分析、统计预测和统计监督方面，有所创新，取得重要成绩的；

（四）在运用和推广现代信息技术方面，取得显著效果的；

（五）在改进统计教育和统计专业培训，进行统计科学研究，提高统计科学水平方面，做出重要贡献的；

（六）坚持实事求是，依法办事，同违反统计法规和统计制度的行为作斗争，表现突出的；

（七）揭发、检举统计违法行为有功的。

奖励分为：通令嘉奖、记功、记大功、晋级、升职、授予荣誉称号，并可以发给奖品、奖金。奖金按照国家或者企业事业组织的规定在有关经费中开支。

第三十二条 下列行为，属于《统计法》第二十七条第一款所称情节较重的违法行为：

（一）虚报、瞒报、伪造、篡改统计资料数额较大或者占应报数额的份额较多的；

（二）虚报、瞒报、伪造、篡改或者拒报统计资料，二年内再次发生的；

（三）虚报、瞒报、伪造、篡改、拒报或者屡次迟报统计资料，被责令改正而拒不改正的；

（四）虚报、瞒报、伪造、篡改、拒报或者屡次迟报统计资料，造成严重后果或者恶劣影响的；

（五）在接受统计检查时，拒绝提供情况、提供虚假情况或者转移、隐匿、毁弃原始统计记录、统计台账、统计报表以及与统计有关的其他资料的；

（六）使用暴力或者威胁的方法阻挠、抗拒统计检查的；

（七）国家统计局依法认定的其他行为。

第三十三条 企业事业组织有《统计法》第二十七条第一款所列违法行为之一的，由县级以上人民政府统计机构或者国家统计局派出的调查队予以警告，并可以处 5 万元以下的罚款。

个体工商户有《统计法》第二十七条第一款所列违法行为之一的，由县级以上人民政府统计机构或者国家统计局派出的调查队予以警告，并可以处 1 万元以下的罚款。

第三十四条 任何单位或者个人有《统计法》第二十九条第二款所列违法行为的，由县级以上人民政府统计机构责令改正，没收违法所得，并可以处违法所得 1 倍以上 3 倍以下的罚款；没有违法所得的，可以处 3 万元以下的罚款。

第六章 附 则

第三十五条 中华人民共和国境外的组织、个人需要在中华人民共和国境内进行统计调查活动的，应当委托中华人民共和国境内具有涉外统计调查资格的机构进行。

统计调查范围限于省、自治区、直辖市行政区域内的，应当持有关证明文件和统计调查方案，向省、自治区、直辖市人民政府统计机构提出申请，由省、自治区、直辖市人民政府统计机构审批；统计调查范围跨省、自治区、直辖市行政区域的，应当持有关证明文件和统计调查方案，向国家统计局提出申请，由国家统计局审批。

第三十六条 本细则自发布之日起施行。

贵州省统计管理条例

第一条 为了加强统计管理和监督，保障统计资料的准确、及时和完整，根据《中华人民共和国统计法》（以下简称《统计法》）及有关法律、法规，结合我省实际，制定本条例。

第二条 统计的基本任务是对国民经济和社会发展情况进行统计调查、分析，提供统计资料和统计咨询意见，实行统计监督。

第三条 本省行政区域内的国家机关、社会团体、企业事业组织和个体工商户等统计调查对象，必须依法准确、及时、全面地提供统计资料，不得虚报、瞒报、拒报、迟报，不得伪造、篡改。

基层群众自治组织和公民有义务如实提供国家和地方统计调查所需要的资料。

第四条 县级以上人民政府统计行政主管部门（以下简称统计主管部门）负责本条例的实施，组织领导、协调和管理本行政区域内的统计工作。

县级以上人民政府的各部门、企业事业组织根据统计任务的需要，设置统计机构或配备专（兼）职统计人员。

乡、镇人民政府和街道办事处应根据统计任务的需要，设置统计机构或配备专（兼）职统计人员。

基层群众自治组织根据统计任务的需要，指定人员负责统计工作。

第五条 统计主管部门在履行《统计法》第二十条规定的职责时，对违反统计法律、法规和统计制度的行为，可采取下列措施：

（一）查阅、复制与统计执法检查或统计案件有关的文件和资料，要求被检查单位和有关人员对涉及的问题作出说明；

（二）对可能灭失、转移或以后难以取得的证据，可依法先行登记保存；

（三）对统计检查中需要查询或要求改正的问题，可向统计调查对象发出《统计检查查询书》或《统计检查建议书》。

第六条 统计主管部门应依法加强统计执法检查工作，并及时向同级人民政府报告。

被检查对象拒绝接受检查，或者对统计主管部门提出的检查意见不按期整改的，按拒报论处。

第七条 统计主管部门、统计机构和统计人员应当依照统计法律、法规和统计制度的规定，准确、及时、全面地完成统计工作任务，并对所报送的统计资料的真实性负责。

统计主管部门、统计机构和统计人员依照统计法律、法规履行职责，行使权利，受法律保护，有权拒绝领导人强令或者授意篡改统计资料或者编造虚假数据的行为。

第八条　各地方、各部门、各单位的负责人，对统计主管部门、统计机构和统计人员依法提供的统计资料不得自行修改；不得强令或者授意篡改统计资料或编造虚假数据；不得对拒绝篡改统计资料、编造虚假数据的统计人员进行打击报复。如果发现数据计算或来源有错误，应当提出，由统计主管部门、统计机构、统计人员和有关人员核实订正。

第九条　从事统计工作的人员应取得国家或省统一制发的统计岗位证书，持证上岗。具备下列条件之一的人员可以向统计主管部门申办统计岗位证书：

（一）具有统计专业中专以上学历或取得统计专业技术职务资格的；

（二）具有经济类中专以上学历，并经统计法律、法规考试合格的；

（三）经过统计专业和统计法律、法规培训，考试合格的。

第十条　统计队伍应保持基本稳定。统计人员变动工作或者离职，必须安排能够承担相应统计任务的人员接替，并办理统计资料的交接手续。

统计主管部门主要负责人的变动，应征得上一级统计主管部门的同意。

部门和企业事业组织统计负责人、具有中级以上专业职称的统计人员、乡镇统计员的变动，应向上一级业务主管部门和当地统计主管部门备案。

第十一条　统计主管部门应当向社会宣传统计法律、法规、统计基本任务等知识，组织统计人员进行专业知识和统计法律知识培训；加强统计信息处理、传输技术和数据库体系的现代化建设，保证数据的安全、完整。

第十二条　地方统计调查计划及方案，由统计主管部门制定或会同有关部门制定。其中重大的调查计划及方案，由同级人民政府审批，报上一级统计主管部门备案。

第十三条　部门统计调查计划及方案由部门制定，报同级统计主管部门备案；调查对象超出本部门管辖系统内的，报同级统计主管部门审批。

第十四条　统计主管部门对报送审批的统计调查计划及方案，应当在收到之日起10日内批复。在审批过程中，要严格限制发往基层单位的全面统计报表。

第十五条　统计主管部门对报送备案的统计调查计划及方案，认为其必要性或可行性存在问题的，可提出停止或暂停执行的建议；认为其指标含义、计算方法、统计编码等与统计标准相抵触的，应责令改正，拒不改正的，予以废止。

第十六条　经批准或备案的统计调查方案，必须在统计调查表的右上角标明制表机关名称、表号、备案或批准机关名称及其批准文号；未标明上述法定标志的统计调查表，视为非法报表，单位和个人有权拒绝填报。

第十七条 任何单位和个人不得利用统计调查窃取国家秘密、损害社会公共利益或者进行欺诈活动，不得侵犯公民、法人和其他组织的合法权益。

第十八条 在本省行政区域内从事涉外社会调查活动，由省统计主管部门按国家有关规定办理。

第十九条 建立基本统计单位登记制度。

本省行政区域内的国家机关、社会团体、企业事业组织以及新开工的固定资产投资项目应到当地统计主管部门办理统计登记，建立统计关系，接受统计调查。

个体工商户的基本情况由所在地基层群众自治组织统一填报；有条件的，也可直接由统计主管部门进行统计登记。

第二十条 统计调查对象应当按照统计主管部门的要求，报送专业统计资料和与国民经济核算有关的会计等资料。部门、单位提供的统计资料，必须经本部门、本单位负责人审核、签署并加盖部门、单位印章后上报。

统计资料报出后，如发现有错误，应在规定时限内向受表部门提出书面报告和订正。

第二十一条 统计主管部门负责审定、公布和出版本行政区域内的基本统计资料，及时发布统计公报及相关统计资料。其中，反映国民经济和社会发展主要状况的重要统计数据的审定和公布，按国家有关规定办理。

各部门公开发布本部门的统计资料，应当与同级统计主管部门有关统计资料核对一致。

新闻单位在报道有关重要统计数据前，应经统计主管部门核定。

公布统计资料必须注明提供统计资料的单位名称。

第二十二条 建立国内生产总值及相关主要统计数据的审核、评估制度。

本条前款所称主要统计数据是指对核算国内生产总值有重大影响的数据。具体目录由省统计主管部门根据有关规定公布。

各地国内生产总值，经上一级统计主管部门审核、评估认可后，方可对外公布和正式使用。

第二十三条 各级人民政府在制定发展规划和预期经济目标时，应听取统计主管部门的意见和建议。

统计主管部门发现本地主要统计数据与原定发展目标有较大差异，或有可能出现趋势性偏差时，应及时向同级人民政府报告。

第二十四条 属于国家秘密的统计资料，必须标明密级；属于工作秘密的统计资料，应标明“内部”字样。秘密统计资料的使用，按国家规定的审批程序办理。

统计主管部门、统计机构和统计人员对统计调查对象的商业秘密，负有保密义务。

私人、家庭的单项调查资料，非经本人书面同意，不得泄露。

第二十五条 统计主管部门必须做好统计信息咨询服务工作，充分利用可以公开的社会、经济、科技等统计信息为社会公众服务。

按《统计法》和统计制度进行统计调查所取得的统计资料，统计主管部门应无偿向领导机关及政府各部门提供。

各部门在统计制度规定之外委托统计主管部门进行的其他统计，应提供必要的保障经费。

第二十六条 统计调查人员在进行统计调查时，应出示统计主管部门颁发的工作证件；统计执法人员在执行公务时，应出示行政执法证件。未出示证件的，被调查单位和个人有权拒绝接受调查和检查。

第二十七条 统计主管部门应建立调查管理、执法检查、错案责任追究等内部管理监督制度。

统计主管部门的工作人员，在进行统计调查、提供统计服务、开展统计监督检查时，应严格遵守法律、法规和有关规定，廉洁自律、依法行政、文明执法。不得有下列行为：

（一）索贿、受贿或者以权谋私；

（二）扩大收费、罚款范围，提高收费、罚款标准；

（三）收费、罚款不给有效、足额票据；

（四）拒绝提供合理服务；

（五）强制提供有偿服务；

（六）其他违法违纪行为。

第二十八条 统计工作应当接受社会公众的监督，任何单位和个人有权揭发、检举各种统计违法行为。

第二十九条 各级人民政府、各部门、各社会团体、各企业事业组织，应当依照国家或企业事业组织的规定，对在统计工作中做出显著成绩的集体和个人给予表彰或奖励。

第三十条 国家机关、社会团体和企业事业组织的负责人有下列违法行为之一的，由统计主管部门责令改正，予以通报批评；情节较重的，依法给予行政处分：

（一）自行修改统计资料或编造虚假数据的；

（二）强令、授意统计主管部门、统计机构和统计人员篡改统计资料或编造虚假数据的；

（三）对拒绝篡改统计资料、编造虚假数据的统计人员进行打击报复的。

以集体决定的形式有前款规定行为之一的，对主要负责人和其他直接责任人员比照前款规定处罚。

统计人员参与篡改统计资料、编造虚假数据的，由统计主管部门予以通报批评，依法给予行政处分。

第三十一条 违反统计法律、法规规定，弄虚作假，骗取荣誉称号、晋升职务或获取经济利益的，由统计主管部门提请作出相应决定的机关或其上级机关、监察机关取消其荣誉称号、撤销晋升的职务和追缴所获取的经济利益，对直接责任人员及其负责人依法给予行政处分。

第三十二条 国家机关、社会团体有下列违法行为之一的，由统计主管部门责令改正，予以通报批评；情节较重的，可对直接责任人员及其负责人依法给予行政处分：

（一）虚报、瞒报统计资料的；

（二）伪造、篡改统计资料的；

（三）拒报、屡次迟报统计资料的；

（四）不按规定设置原始统计记录、统计台账或办理统计登记手续，经统计主管部门责令限期改正，逾期不改正的。

第三十三条 企业事业组织、个体工商户有第三十二条所列违法行为之一的，由统计主管部门予以警告；情节严重的，可按以下规定处以罚款：

（一）有第三十二条第（一）、（二）、（三）项违法行为之一的，对单位处以3000元以上50000元以下罚款；对直接责任人员及其负责人分别处以300元以上3000元以下罚款；对个体工商户处以300元以上3000元以下罚款；

（二）有第三十二条第（四）项违法行为的，对单位处以500元以上5000元以下罚款；对直接责任人员及其负责人分别处以100元以上500元以下罚款；对个体工商户处以100元以上500元以下罚款。

第三十四条 利用统计调查损害社会公共利益或进行欺诈活动的，由统计主管部门责令改正，没收违法所得，并可处5000元以上50000元以下罚款。

第三十五条 利用统计调查窃取国家秘密或违反统计法律、法规有关保密规定，故意或过失泄露国家秘密的，依照有关法律、法规处罚。

第三十六条 有下列违法行为之一的，由统计主管部门责令改正或予以通报批评，拒不改正或情节较重的，对直接责任人员及其负责人依法给予行政处分；造成损失的，依法承担赔偿责任：

（一）未经批准或备案，擅自制发统计调查表或未在统计调查表上标明法定标志的；

（二）擅自公布统计资料的；

（三）泄露私人、家庭的单项调查资料或统计调查对象商业秘密的。

第三十七条 统计主管部门在作出对单位10000元以上，对个人、个体工商户2000

元以上罚款决定前，当事人要求听证的，统计主管部门应当依法组织听证。

第三十八条　统计工作人员违反《统计法》第二十七条第二款规定的，由其所在单位或者上级机关给予批评教育，情节严重的，给予行政处分。

第三十九条　本条例规定给予行政处分的，按干部管理权限由有关部门或监察机关依法处理。有关部门或监察机关应当在接到处分建议的30日内将处理情况告知统计主管部门。

第四十条　本条例自2000年6月1日起施行。1988年5月14日贵州省第七届人民代表大会常务委员会第二次会议通过的《贵州省统计管理试行条例》同时废止。

瓮安县统计局规章制度

（一）

1992年5月11日经局办公会议讨论通过的《瓮安县统计局机关工作制度》

一、学习制度

第一条　坚持每周二、五半天学习。学习内容为党史基本知识，党的方针政策、时事政治、统计法规和统计业务、统计制度；

第二条　坚持集体学习和个人自学相结合，做好读书笔记。集体学习不得无故缺席，因事不能参加者需请假。读书笔记必须做到有学习内容，要点要闻记载和学习心得体会。

第三条　凡无故不参加集体学习者，一次扣一个工作日工资（即机关全员平均日工资额，下同），累积三次者，用《瓮安统计》形式进行通报。政治学习和业务学习笔记按月检查，第一月（次）无记录者批评，第二月（次）仍无记录者，每次扣一个工作日工资，累积三次者，仍用《瓮安统计》通报。凡借故不参加县的政治学习考试一次，或者借故不参加省、州、县的统计法规考试以及考试不及格者，扣发当年月平均奖金。

二、工作制度

第四条　机关工作人员必须按国家规定，坚持八小时工作制，坚守工作岗位。上班必须签到，不签到者视为旷工处理；

第五条　机关工作人员必须听从组织分配，按达标要求和统计制度完成工作任务。

各专业年终考核达标为：综合 95 分、农业 90 分、工业 90 分、商业 95 分、劳资 95 分、物资 95 分、基建 95 分、财务 95 分、计算机 95 分、法规 95 分、农经 95 分、物价 95 分、家计 95 分。无故迟报、漏报、缺报，不进行统计分析者，每查实一项扣发一个工作日工资；迟报、漏报累积 3 次、缺报 1 次、未写统计分析 1 篇者，用瓮安统计局文件通报。凡抽人参加中心工作，其统计报表又由本人依法报出者，县里发的奖金归参加中心工作者享受。

第六条 机关工作人员必须严格组织纪律。无故迟到早退半小时以上者按缺半个工作日处理。工作人员因催收统计报表，搜集统计资料应先到办公室签到后外出。工作人员因事执行请假制度，正副局长请假两天内互相通气，局长请假三天以上由县政府批准，并持据到局备案；副局长请假三天以上由局长批准。其他工作人员请假，二天以内由正、副局长批准，三天以上者由局长办公会议批准，假期满后一律到办公室注销，否则按旷工处理。无故旷工，累积超过 3 日者，扣发当月奖金。无特殊情况请假不得影响报表上报。

第七条 机关人员公休假日，由本人申请，办公室统筹安排分别轮休，以不影响各专业统计报表为前提。因统计报表节假日不顺延，凡节假日加班填写报表者，按实际天数计发加班工作。

第八条 参加助理统计师资格考试者，凡合格者补还自费 100 元，不合格者不再补还。

第九条 各专业人员每月用 5 天时间到起报单位进行调查，每次调查必有书面调查报告。累积 3 次无报告者，通报批评。

第十条 搞好接待。凡各起报单位送审报表，各专业人员应热情接待，主动了解情况，杜绝门难进、脸难看、话难听的现象。

第十一条 搞好团体卫生。每天坚持先打扫办公室卫生，认真处理废弃表格。每两月检查一次工作人员办公室卫生。

三、公文处理制度

第十二条 凡收发员签收邮件函件、报纸和单位送达文件、资料等，必须进行清理登记，并分送领导或有关业务人员阅读办理。办理后按规定进行归档处理。收发员因事耽误，可委托其他人代收，代收的函件，代收人要与收发员交接清楚。

第十三条 公文草拟必须符合规范化要求，并使用文稿纸，报送局领导签发；草拟、签发一律用钢笔或毛笔。签发公文由局统一编号，分缓急和先后呈送打印。相关人员负责校对、印刷和装订，并标明打印日期、分数、打印、校对人姓名。外发文件必须加盖公章。发送文件，收文单位有签收记录，邮寄文件，应在送文簿上著名邮寄日期。报表由专业报送，文件与《瓮安统计》由收发员送发。

第十四条　办好《瓮安统计》《统计资料》两内刊。撰写统计分析文章，向县四大班子及时提供统计信息，统计资料。做好月报、年报工作。

瓮安县统计局规章制度

（二）

一九九三年六月经局长办公会议通过，一九九三年七月一日起执行的制度。

统计局各专业考核办法

为搞好我县统计工作，提高数字质量，根据省州业务主管部门的规定和要求，结合我县实际，制定本办法。

一、各专业必须实事求是的搜集、整理、汇总、上报统计报表。如发现弄虚作假者，按《统计法》和有关法规严肃处理。

二、各专业的考核达标以州局的考核结果为准，凡规定每个专业必达 85 分方算达标，达标专业奖励比照州局标准执行。获得全州第一名的另奖 100 元，第二名 50 元，第三名 30 元；不达标者，扣年终奖 300 元（鉴于州局考核在四月份，故各专业人员年终奖一律暂时不发，待四月考核结果公布后，达标者全发，不达标者扣发）。

三、各专业全年必须写出四篇分析或调查报告（以州局收到反馈的数量为依据），少一篇扣 20 元，超过四篇以上的部分，每篇如在《瓮安统计》发表的，发给稿费 5 元，年终由办公室统一结算兑现。

四、各专业报表必须按时按质上报，迟报一次扣工资 5 元，缺报一次扣工资 30 元（迟报、缺报均以州局记载为准），当月兑现。

五、各专业必须建立和完善统计台账，整理装订基层报表。台账的建立与报表同步进行，是月报按月建，是季报按季建。对台账实行不定期检查，第一次发现未建者，扣当月工资 10 元，第二次抽查未建者，扣当月工资 30 元，第三次抽查还未建台账的，扣发当月工资 50 元，一年之内不建台账者，第二年不予安排工作。各专业台账的内容，按州局要求结合我实际设置。

六、本办法全局干部各执一份，并报州统计局监督执行。

七、本办法从 1993 年 7 月 1 日期执行。

统计局考勤办法

根据县委、县政府要求，为了改变机关作风，增强职工组织纪律性特制定本办法。

一、职工每天（除法定节假日外）必须按时上下班，不得无故迟到、早退、旷工，上班不准带小孩、织毛衣、穿拖鞋，不得从事与工作无关的基地活动。

二、上班实行签到制度，专人考勤，签到卡到时间收存，每月公布一次。

三、每月上岗出满勤发津贴 15 元，迟到或早退累计 5 次算半天旷工，扣岗位津贴 2. 50 元，旷工 1 天扣津贴 5 元，如旷工所扣金额总数超过全月岗位津贴时，扣工资册中资金，直至工资扣完。

四、事假、病假必须有假条，经领导批准后备案，以便考勤人员结算。当月事假累计 5 天，病假累计 7 天，取消本月岗位津贴，事假累计 10 天，病假累计 20 天，再扣工资册中资金。

五、本办法全局职工各执一份，并报州统计局备案。

六、本办法从一九九三年七月一日起执行。

统计局差旅费审核报销办法

近年来，差旅费开支年年超过预算，呈大幅度上升趋势。为了合理使用资金，加强财务管理和会计监督，确保统计工作的正常运行，特制定本办法。

一、差旅费的报销，要求原始单据符合财务制度规定，合理合法，真实可信，内容完整，手续完备，对一切不真实，不按要求填制的报账凭证，财务上有权拒绝受理。

二、差旅费的报销，严格执行“主管财务领导一支笔签字，会计审核把关，出纳核实付款”的报销程序。一切手续不完备，不认真填制，草草了事的凭证不予报销。

三、差旅费的报销，必须按地方财政部门最近文件规定标准执行，严禁超标准报销。

四、职工出差的目的地、时间必须经过单位领导同意，绕道超时间的部分，不予报销。出差可向财务上借支差旅费，但借支款只能控制在预约出差天数之内。出差归来后，尽快报销冲账，若无特殊情况又不及时报销者，财务可通过领导从本人本月工资中扣回。

五、本办法全局职工各执一份，报州统计局备案。

六、本办法从一九九三年七月一日起执行。

统计局公费医疗管理办法

根据县合医办《公费医疗管理办法》的有关规定，结合本局实际情况制定如下管理办法。

一、公费医疗分门诊费、住院费两个部分，其标准严格按照县合医办的规定执行。门诊费兑现门诊券到指定的县内25个医院就诊，标准是每人每月基础250元，每有一年工龄再加0.1元，住院费每人每年发放标准是50元，统一拨给单位。

二、门诊费按合医办制定的标准如数发给职工个人保管使用，全年门诊券，一次性下发，不留尾巴，超用不补。年终有结余的职工可将门诊券交财务上统一到合医办兑回现金。

三、住院费每人每年50元，单位不作统一管理，按每人标准发给职工自行安排使用。

四、职工住院治疗（超出住院单位标准50元以上），由职工自己提出申请，并参与协助单位向县合医办申请解决超支的住院费，否则单位不予出面办理。若县合医办不能如数解决，超支部分由职工自己承担，单位无力解决。

五、合医办能解决的住院费，只要是通过单位财务上的，要求职工住院要真正住进医院，不能挂床开药，开大处方，报销时要附医院疾病住院证明和领导批准的病假条方可报销，否则财务有权不予受理。

六、职工住院治疗，单位一律不予借款，住院费由职工自己垫支，待县合医办解决经费后，凭住院证明、发票、单位负责人签章再到财务上报销。

七、本办法全局职工各执一份，并报州统计局备案。

八、本办法从一九九三年七月一日起执行。

瓮安县统计局规章制度

（三）

1998年6月统计局党组成立，当月30日局党组研究通过执行的制度。

瓮安县统计局管理制度

一、党组理论中心学习制度

党组建立理论中心学习小组，集体学习党的历史、章程、党的路线、纲领、方针、政策和有关法律法规；学习时事政治和各级党委、政府的重大决策。

1. 每季度第一个星期五党组成员集中学习一次；特殊需要临时增加。

2. 集中学习由党组书记召集，副书记主持学习。

3. 党组集中学习有记录，成员有学习笔记。

4. 一年回查一次，由主持人作回查小结。

二、党组民主生活会制度

1. 民主生活会半年召开一次，时间为7月中旬和12月中旬，由党组书记召集和主持，对成员存在问题展开批评和自我批评。

2. 民主生活会坚持“团结—批评—团结”公式进行严肃的自我批评和实事求是的善意批评。

3. 民主生活会有记录，成员有发言提纲。

4. 年末回查一次，主持人作回查小结。

三、党员组织生活会制度

1. 党员组织生活会每季度初召开一次，特殊情况临时增加，会议以学习党历史、党章和党的纲领、路线、方针、政策为主要内容。在党内利用批评与自我批评武器开展积极健康的思想斗争、促进思想交流、统一认识、树立正确的世界观、人生观和价值观。

2. 党员组织生活会由支部书记召集和主持。参会人员为支部全体党员，必要时可邀请入党积极分子参加。

3. 组织生活会党员不能无故缺席，对不积极参加支部组织的生活会党员，按党章规定查处。

4. 组织生活会有记录，年末由支部回查，支部书记作总结。

四、干部职工学习与基层统计人员业务培训制度

1. 干部职工每星期集中学习一次，时间不少于四个小时。基层统计人员实行每年7月一次的岗前、岗上培训。

2. 学习内容：干部职工一是学习党的理论、纲领，有关党的方针政策和时事政治；二是学习法律法规和统计专业知识及相关知识。基层统计人员培训一是统计法律法规；二是统计专业知识和相关知识。

3. 干部职工要严格遵守学习制度和纪律，不得无故缺席。年内 5 次无故不参加学习者不能评先进，10 次不参加学习者视为不称职。基层统计人员必须参加岗前培训，在岗未合格证人员不能从事统计工作。

4. 干部职工学习由局综合股主持和负责。基层统计人员业务培训由综合股与业务股共同主持。

5. 学习实行签到和有记录，培训有签到簿并存档。学习与培训每年 12 月小结。

五、非党干部专门会议制度

1. 非党干部专门会议分两次于每年 6 月下旬和 12 月上旬召开。由党组成员、业务局长召集和主持，对经领导班子存在的问题和不足征求意见和进行批评建议，在非党干部内部开展批评和自我批评。

2. 非党干部专门会以给领导班子及成员提意见，找不足为主，坚持“团结—批评——团结”的公式进行自我批评，用实事求是的态度开展善意的批评。

3. 专门会议有签到册，不作会议记录，由主持人向领导班子口头传达，年末回查一次，由主持人作小结。

六、党组民主决策及议事制度

1. 党组成员于季度初集中议事进行民主决策，特殊情况临时增加议事次数。

2. 议事内容主要是人事安排、专业调整以及重大的活动与重大业务工作安排。

3. 会议由局党组书记召集和主持，会上充分听取成员意见、坚持民主集中制原则，坚持少数服从多数的表决制度。

4. 议事有记录，表决有结果，年末回查一次。

七、政务公开制度

1. 县统计局于季度初对上季度实行政务公开。公开内容一是内设机构；二是人员岗位配置；三是办事地点和联系电话；四是办事依据和职责；五是办事程序；六是纪律和结果。

2. 政务公开由局党组副书记负责，政务公开领导小组办公室主任具体抓落实。

3. 设置政务公开专栏和投诉举报箱、接受人民群众监督。

4. 政务公开有记录，公开资料留存归档备查，年末领导小组回查。

八、统计执法检查制度

1. 县统计局每年 8 月有计划对重点地区、重点行业的重点统计指标进行重点检查。

2. 统计执法检查由业务局长负责，统计执法检查小组具体操作和办理。

3. 统计执法检查时出示检查证，统计执法时出示执法证。不出示证件视为非法检查和非法执法。

4. 统计执法检查人员和行政执法人员不得索贿、受贿、以权谋私，不得扩大收费、罚款范围，提高收费、罚款标准；不得在收费、罚款时不给有效、足额票据；不得拒绝提供合理服务；不得强制提供有偿服务；不得有违法行为。

5. 统计执法检查严格按照国家统计法和贵州省统计管理条例以及有关统计执法的规章、程序办理。如果出现违法行为，严格按照统计错案追究和行政处罚法的有关规定处理。

九、干部考勤考核制度

1. 干部职工上下班实行签到制。签到卡由综合股专人管理上班30分钟后收存，每月末公布考勤结果。

2. 除国家规定的节假日外，干部职工不得无故迟到、早退、旷工。有事先请假。事假、病假经领导签字批准的假条方能有效并交考勤人员留存备查。

3. 一次不签到罚款1元，并视为旷工一天。全年累计旷工15天，年终考核列为称职等次。

4. 干部职工由局考核领导小组组织在次年元月中旬对其一年来的“德、能、勤、绩”实行年度量化考核。考核分优秀、称职、基本称职和不称职四个等次。

5. 年度考核严格按照人事管理部门的有关规定和要求及局与各专业签订的专业责任状，由局考核领导小组负责，业务局长组织实施。

十、调查研究与扶贫联系制

1. 领导班子成员和专业人员在季度内至少一次到自己的服务对象和农村扶贫联系点进行联络，听取群众呼声和征求群众意见，开展调查研究，帮助和指导工作。其他同志每半年一次深入基层调查研究和开展帮扶工作。

2. 调研内容主要有社情民意、厂情企情，群众对统计工作的意见呼声以及帮扶、指导的情况和效果。

3. 调研扶贫工作由业务局长负责，全局干部职工共同操作实施。干部职工每年撰写一篇以上调研报告或扶贫小结。

4. 调研与扶贫有记录，年末由局分管领导组织回查写出总结。

十一、计算机管理制度

1. 计算机机房实行专人管理责任制。整个机房管理由业务局长负责，所有计算机、复印机由杨彬同志直接维护、维修和操作培训及操作安排，确保计算机、复印机的安全运转。

2. 计算机室的计算机、复印机由杨彬同志负责保管，业务室计算机由谢祥恩同志保管；操作使用安排分别由两人各自负责，严禁外单位人员和小孩进入微机室。

3. 操作计算机、复印机必须符合使用说明书中规定的程序要求，对不符合操作要求和无故损坏计算机、复印机者，由损坏者负责修复、管理者负责承担一定的经济负责。

4. 操作人员严格执行国家保密法，遵守单位制定的保密制度。对载有保密内容的软、硬盘，不得擅自进行拷贝、修改、打印、删除、外借和拆卸。自觉接受各公安、保密、安全部门对计算机的安全保密工作的检查指导，协调和监督。

5. 半年回查一次，回查有记录，年终有小结。

十二、保密、信访、咨询制度

1. 对计算机、复印机、档案资料、财务以及统计数据等方面的内容（除政务公开内容外）按国家保密法实施保密，整个保密工作由单位主要领导负责，由财会、微机、复印机操作人员。档案员以及综合股人员具体操作，严防泄密。

2. 单位对应保密文件对资料、统计数据、微机载有保密内容的软硬盘划分密级。系统内职工对保密的文件、资料、统计数据等必须做到不该说的不说、不该看的不看、不该问的不问。

3. 各类文件、资料、信函等由专门的收发人员负责收发。收发建立收文、发文和处理卡，严防文件资料的丢失和逾期不作处理。

4. 群众来信来访，属专业性质的由专业人员对口接待和处理，统计专业以外的来信来访，由综合股负责接待和处理。一般事务由接待人员当场处理作答复，重大事务由接待人员请示分管领导后作处理答复，属系统内保密性质的内容不予答复，但要作好解释工作，严防发生误会和泄密。

5. 统计咨询、统计数据的提供统一由业务股长负责，专业人员协助提供接待。统计咨询当时答复，统计数据（除保密内容外）一般当时提供，对量大或需要核算的在三天内提供。

6. 保密、信访、咨询接待由局分管领导组织实行不定期督查，年末回查一次并有小结。

十三、计划生育及治安管理制度

1. 计划生育和治安管理由局主要领导负责，计划生育工作小组和局综治办统一管理。

2. 计生内容：一是全局职工严格遵守省、州、县、镇的计生规定，不得有任何违反行为；二是单位的所有育龄女性职工在季度内按规定完成妇检；三是公、私房借住、出租、转卖必须先查明对方身份和验看有关计生证件后向单位汇报，在单位认可情况下实施借住、出租和转卖。

3. 对职工违反省、州、县、镇规定的计生政策，对育龄妇女不参加妇检，对公、私的借住、出租、转卖不报告，不登记和借住人、租赁人、买房人有违背计生规定的，由单位按计生政策有关规定在经济上加倍罚，行政处分按规定办理。

4. 治安管理分单位和宿舍区两部分。单位办公室由综合股负责，宿舍区由区内住房户共同实施。单位管理重点在财务室、计算室、档案室。责任人员注重门窗、保险柜、档案柜、计算机、复印机的保管，节假日由局安排值班。宿舍区按治安管理条例和社区自制管理公约执行。

5. 局领导加强对计划生育和治安管理督查力度，做到半年回查一次，年终全面检查和总结。

十四、民主评议领导干部制度

1. 每年 12 月下旬按照有关领导干部管理部门要求，实施年度民主评议领导干部制度。

2. 民主评议参加人员为全局职工，被评议人员党组成员和副股级以上领导干部，会议由党组书记负责安排，综合股主持实施。

3. 民主评议领导干部必须实事求是，采取与人为善的态度。

4. 民主评议领导采取无记名投票方式进行，评议分优秀、称职、基本称职和不称职四个等次。

十五、财务管理制度

1. 主管财务工作领导、会计、出纳人员负责对本单位财务工作进行全方位管理。根据国家财务制度和财务主管部门的规定，负责本单位预算、决算、定期报表的编制和报送。

2. 财务工作实行联签制度，报销有经办人、出纳、会计和分管领导签字才能报销。票据必须真实有效。

3. 财务人员负责内部审核与开展定期或不定期的财务检查，发现问题报告局领导并及时处理纠正，保证国家资金的安全。

4. 财务人员负责单位固定资产的清理。固定资产管理和维护由各专业人员负责。确保国家财产安全。财务人员负责财务档案的管理。

5. 财务收支情况由财务人员在季度末向干部职工公布一次，实行勤俭节约，共同理财。

十六、公车使用管理制度

1. 因公出差需使用车辆，由分管领导同意派车。

2. 公车用油由用车人和驾驶员、会计、出纳和分管领导共同在发票上签字才能报销。

3. 车辆原则是不外借，特殊情况经请示分管领导同意后由本单位驾驶员随车前往并亲自驾驶。

4. 严禁私人用车从事婚丧嫁娶。

5. 2000元以上的公车大额使用费、修理费由局党组集体研究决定，由财会人员和驾驶员共同办理。

十七、来客接待制度

1. 凡省、州、外县来客和乡镇统计因业务往来确需接待的，一律实行领导审批，接待登记和业务对口接待，不对口人员一律不参加。财务人员负责安排住宿就餐等。

2. 就餐完毕即刻结账，一般情况不准签单，特殊情况在三日内结账。接待发票有经办人、证实人签字后，再由同意接待的领导和会计、出纳审核签字后方可报销。

3. 接待标准：乡镇统计人员每餐人均在10元内；乡镇领导和外县来客每人每餐控制在15元以内；省、州领导视具体情况进行接待，一般不得超过20元。县内机关单位往来一般情况不予接待用餐。

4. 接待过程中，不准收受礼金、礼品和赠送礼品、礼金。

瓮安县统计局规章制度

（四）

2005年5月1日局党组研究决定执行的工作管理制度。

统计局工作管理制度

根据《国家公务员条例》的有关规定，结合本局工作实际，经局党组会议研究通过《瓮安县统计局工作管理规定》。

一、计算机管理

1. 计算机的维护、网域管理等由杨彬负总责，并负责全局数据处理和专业数据的协调管理工作。

2. 计算机宽带网域用一台主机与局长、副局长、副局长办公室的三台计算机连接上网，其余计算机一律不准上网。

3. 计算机上网只能用于学习、查阅下载资料和处理业务工作，不能用于其他娱乐活动。

4. 违反上述规定者，每次扣发工资50元。

二、工作管理

1. 任何时间干部职工都不能利用单位连网的三台计算机从事玩游戏、下棋等娱乐活动。

2. 任何时间干部职工都不准带家属和小孩到办公室从事与工作无关的活动。

3. 若干部职工家属或子女确需到单位利用计算机下载有关学习资料的，必须经单位领导和计算机管理人员同意才能下载。

4. 上班时，干部职工必须在自己办公室学习或处理业务工作，不能串岗聊天。

5. 上班时间，若干部职工确有事外出办理，必须给分管领导打招呼或告假。

6. 若上班时间不告外出，部门来办事找不到人的，将作记录年终一并处理。

7. 违反上述任何一条的，累计达 5 次或以上者年终将扣发第十三个月工资的 5%，同时扣第十二个月岗位津贴 60 元。

8. 对领导安排的其他临时性工作，不服从安排的，扣发第十三个月工资的 5%。

9. 本规定于 2005 年 5 月 1 日起正式执行。

瓮安县统计局规章制度

（五）

统计局党组 2016 年 3 月 1 日研究，决定执行的工作纪律制度。

统计局工作纪律制度

为进一步转变工作作风，严肃工作纪律，提高全体干部职工的政治业务素质，强化组织观念，增强工作责任心和事业感，特制定本制度。

一、本制度适用于全局干部职工。（含临时聘用人员和调查人员）

二、工作中不得违背上级组织的决议和决定，对有令不行、有禁不止的人员，视其情节轻重，给予相应处理。

三、上班期间不得饮酒，严禁出入会所、歌厅等娱乐场所。

四、工作时间严禁干私活，不做与工作无关的事，严禁上班时间打牌、上网聊天，炒股、玩游戏等活动，发现一次，给予约谈警告，若被上级纪检监察部门查出，由此造成的一切责任由当事人承担。

五、严禁公车私用、公款旅游和用公款进行娱乐消费等活动。

六、工作中不得吃、拿、卡、要。凡违反此项规定的，一经查实，按相关规定从重处理。

七、未经批准，各专业人员不得擅自以单位名义下发文件或召开会议。凡违反此项规定，造成不良影响的，给予当事人通报批评。

八、严格执行会议纪律要求，全局干部职工若有一次无故不参加会议，当月月考核奖按最低等次考核，累计三次的，除月考核按最低等次考核外，局党组在全局内通报批评并报县纪委备案。

九、严明组织纪律，凡职责范围内的工作，独立自主

完成；超出职权范围内的事情，做到办前请示，办后汇报；对领导交办的任务，必须做到件件有着落，事事有回音。凡经局班子会议研究决定的事项或局领导安排的临时性工作，必须认真贯彻执行，决不允许顶着不办或采取消极办法拖着不办。对不服从工作安排的第一次约谈警告，情节严重或屡教不改的，月考核奖按最低等次考核，并且年终考核确定为基本合格。

十、严格上下班制度：不准迟到早退、无故缺旷。上班实行签到制，每工作日早上8：30前签到，下午14：30前签到。迟到的人员签迟到册，上午超过9：30和下午超过3：30未签到的，视为旷工。

上班时间实行去向登记备案，如因工作需要外出或临时请假的，需请示领导批准并在工作去向登记表上注明去向及时间。若没有登记去向又无假条的，视为早退。

当月迟到加早退共3次的，当月月考核评为最低等次，当月迟到加早退满5次视为旷工一天，全年旷工累计超过10天者，年终考核等次为基本称职或基本合格，全年旷工15

天者，年终考核等次为不称职或为不合格。办公室每月月初通报上一个月考勤情况，作为月考核学度关的评优依据。

十一、严格请销假制度，职工清假2天以内，由分管领导签字批准；请假2天以上者，需经主要领导批准。分管领导请假的，必须经主要领导签字批准。公休假一律由主要领导批准。请假必须以请假条为准，批准后的假条交办公室附在当天签到册后备查，事后由办公室收集各案。全年累计事假不得超过15天。超过者年终考核不参与评先选优。

十二、严格执行岗位责任制，严守保密义务，杜绝失、泄密情况发生。未按要求完成工作任务，因个人工作不负责任或不守纪律给单位带未负面影响的，后果由当事人自。

十三、本制度由局考核领导小组负责解释。

十四、本制度从2016年3月1日起执行。

瓮安县统计局规章制度

（六）

统计局党组 2016 年 3 月 1 日研究调整修改“三重一大”制度后执行的《瓮安县统计局“三重一大”集体决策制度》。

瓮安县统计局“三重一大”集体决策制度

为进一步健全和完善民主集中制，严格落实“三重一大”制度，充才发挥集体领导的核心作用，保证决策的科学化、民主化、根据《中国共产党党内监督条例（试行）》和《瓮安县党委（党组）落实“三重一大”集体决策制度的指导意见》，结合实际制定如下制度。

一、“三重一大”事项必须集体讨论决定。局领导班子要严格执行民主集中制原则，认真落实集体领导和个人分工负责相结合的制度，凡属重大事项决策、重要干部任免、重要项目安排和大额度资金的使用（即：“三重一大”），必须按照“集体领导、民主集中、个别酝酸，会议决定”的原则，由集体讨论作出决定。

二、重大事项决策。凡属贯彻上级重大决策和部署，本单位党的思想、组织、作风建设和党风廉政建设、精神文明建设的重大决策，涉及全局性的重要改革举措、工作目标，任务、规划及干都职工和群众切身利益的重大问题均属于重大事项决策的范围。

三、重要干部任免。按照干部管理权限推荐、调整，任免，对党员的组织处理，纪律处分均属重要干部任免范围。

四、重要项目安排。本单位的固定资产购置、大宗办公设备采购，均属重要项目安排。

五、大额度资金的使用。专项经费、大额办公经费（固定支出除外），要严格执行财务纪律，各项日常开支、报销严格执行“一支笔”签字制度，支出金额较大的需请示局长同意，单笔支出 10000 元以上开支需经局党组会议研究决定。

六、严格执行议事决策程序。局党组会议应严格按照议事决策程序召开。议事决策程序包括：议题确定、会议通知、会议人数、议题讨论、会议表决，决策实施以及督促检查等内容。

七、本制度经局党组会研究通过，自 2016 年 3 月 1 日起执行。

瓮安县统计局规章制度

（七）

2016年7月落实中央、国务院公务用车制度改革讨论上报批准的公车使用制度。

瓮安县统计局公车使用范围和管理办法

为认真贯彻落实公车改革制度，规范公车使用范围，科学管理公车，结合我局实际，特制定本管理办法。

一、公车使用范围

（一）严格执行中央、省、州、县有关规定，在公车允许范围内使用公车。

（二）留存车辆禁用范围。

1. 倡导文明健康绿色出行方式，在县城区范围内，公务人员要积极坚持步行、骑自行车或乘坐公共交通上下班，不使用留存车辆接送；

2. 不准使用公务车辆操办婚丧喜庆事宜、接送子女上学、个人迎来送往、休闲娱乐、外出旅游、探亲访友、扫墓祭祀等私人活动；

3. 不准利用职务之便使用公车为家属、子女、亲友提供便利，或将留存车辆出借他人私用；

4. 严禁将公务用车停放在公共娱乐场所、私人院落，要按规定停放在单位停车场。

5. 不准借用、调换、占用企事业单位的车辆；

6. 不准将单位留存车辆相关费用转移到企业和其他单位进行报销；

7. 不准为留存车辆增加高档配置或者奢华装修，不得在车辆维修、油料费用等在公费中虚列名目或者夹带其它费用；

8、不准用公车学习驾驶技术，公费报销与私人学习驾驶技术有关的一切费用。

二、公车管理办法

（一）加强驾驶人员的教育管理，建立健全岗位责任制和绩效管理制度。要和驾驶人员签订《公务用车使用管理责任书》，增强驾驶人员对留存车辆用车维护和使用的责任意识，自觉做好车辆日常维护工作，严禁驾驶人员公车私用或将车辆随意交由他人驾驶，在此期间若出现车辆损坏或发生交通事故，除追究驾驶人员的责任外，还要承担相应的法律和经济责任。

（二）加强留存车辆的日常管理。

1. 合理调配使用。各科室要根据工作需要和车辆状况，按照“先远后近、先急后缓、先重后轻”的原则，合理调配使用留存车辆，提高用车效率；

2. 严格留存车辆使用审批程序。车辆由办公室统一管理。因公在县城区域内出车，自行选择交通工具，绝不能乘座留存车辆；因公到县城区域以外的地区出车，由用车人员本人申请，填写《公务用车申请单》，经科室负责人签字，办公室负责人签字，公车使用分管领导签字审批。

3. 坚持用车登记制度。《派车记录单》《公务用车申请单》均要注明用车事由、出发时间、返回时间、用车科室、停放地点等内容，办公室留存备案，便于留存车辆的统一调度及管理；

4. 坚持维修报批程序。各科室用车中要严格按留存车辆维修规定和程序进行车辆维修，执行留存车辆维修报批程序，确保留存车辆安全运行。办公室负责做好车辆日常维护、保修、年检、违章处理等工作记录。

1990—2015 年瓮安县国民经济和社会发展五年计划期末统计公报

1990 年

在中共瓮安县委、县人民政府的正确领导下，认真贯彻执行治理整顿和深化改革的方针，经过全县各族人民的共同努力，取得明显成效。社会供需矛盾有所缓解，物价得到有效控制，整个国民经济继续朝着好的方向发展，促进了政治和社会的稳定。

全县国民生产总值 30156 万元，比上年增长 3. 5%；国民收入 26809 万元，比上年增长 0. 8%；人均收入 702 元，比上年增长 1. 7%；全年完成工业总产值（按现行价格计算）10604 万元，比上年增长 10. 3%；其中，全民所有制工业 5567 万元，集体所有制工业 2999 万元，其中含乡办工业 2393 万元，村及村以下工业 1668 万元。

全年完成农业总产值（按现行价格计算）25887 万元，比上年减少 1. 4%；全年粮食总产量 85175 吨，比上年减少 11. 6%；由于农业生产遭受到自然灾害，除烤烟减少 16. 8%外，油菜经济作物仍获得较好收成，油菜产量 15374 吨，比上年增长 53%。

城乡市场活跃，社会需求得到有效控制，社会有效供给继续增长，社会总供求之间的矛盾趋缓，整个国民经济正朝着好的方向发展。教育、科技、文化、卫生、体育等各项事业都取得新成果。当前，我县社会稳定，经济形势好。

一、农业

农业生产在遭受严重自然灾害的情况下，除粮食、烤烟减产外，农业总产值为13098万元（按80年不变价格计算），比上年增长5.2%。在农业总产值中，种植业下降7%，林业增长30.8%，牧业增长48.4%。副业减少2.4%，渔业减少31.6%，主要农产品中，粮食总产量85175吨，比上年减少11160吨，减产11.6%，油菜15374吨，比上年增产5326吨，烤烟产量11316吨，比上年减少2287吨。

主要农产品产量如下：

	1990年	比上年增长（%）
一、粮食总产量	87175吨	-11.6
其中：稻谷	43018吨	-15.9
玉米	15221吨	-29.5
大豆	915吨	-45.6
洋芋	29吨	-99.7
二、油菜	15374吨	53
三、烤烟	11316吨	-16.8

主要畜产品产量和牲畜存栏数如下：

	1990年	比上年增长（%）
猪牛羊肉产量	12154吨	6.00
猪年末存栏数	158071头	-1.00
肉猪出栏数	139333头	2.60
羊年末存栏数	2448只	-32.00
大牲畜年末数	76677头	6.50
其中：牛	71512头	6.10

二、工业

1990年，全年工业总产值7629万元（按1980年不加个计算），比上年增9.1%，其中县级县以下6198万元，在工业总产值中，全民所有制工业增长6.1%，集体所有制工业增长16.1%，（其中：乡办工业增长19.7%），村办工业减少8.8%，农村个体工业增长4.97%，主要工业产品产量如下：

	1990年	比上年增长（%）
原煤	80.04万吨	-3.7
焦炭	16.12万吨	27.3
发电量	5815.24万千瓦时	7.2
饮料酒	226吨	-46.5
机制纸及纸板	827吨	59.7
水泥	2.83万吨	-12.4
磷肥	17482吨	9.9
皮鞋	5.51万双	-22.2
原木	8496立方米	75.7
据材	76立方米	18.8

三、固定资产投资

1990年，全县累计完成固定资产投资940万元，比上年增长96万元，其中：基建投资538万元，比上年减少46万元，更改投资402万元，比上年增加142万元。

四、运输、邮电

1990年，交通运输系统货物运输量884067吨，货物周转量5431百吨千米，客运人数35万人，旅客周转量为1367万人千米。邮电业务总量完成60万元，比上年增长22.5%。

五、国内商业和物资供销

1990年，国内商业和物资供销纯购进总额为8551万元，比上年下降2%，其中：农副产品纯购进6555万元，比上年增长4.3%。社会商品零售总额为10328万元，比上年减少4.2%。

六、对外经济贸易

1990年，对外贸易收购总额为3.74万元，比上年下降43%。

七、教育、文化

1990年，全县中小学招生14154人，比上年下降11%，其中：普中招生3985人，比上年增长2%，在校生77136人，其中普中13183人。有中、小学252所，其中：普中10所，农职中2所。中、小学毕业生11547人，其中普中毕业生4184人。幼儿园在园幼儿数2733人，适龄儿童入学率97.35%。全县有影剧院5座，文化馆站8个，县广播站1个，电视差转台20个，电视覆盖率34%。

八、卫生、体育

卫生事业进一步发展，医疗条件不断改善，1990 年全县有病床床位数 521 张，专业卫生技术人员 857 人，其中：中西医师以上有 152 人，全县卫生机构 174 个。

体育事业取得好成绩，出席全省传统校田径比赛，获得个人名次第六名，出席州田径比赛，获前两名 3 人，前四名 1 人，前五名 1 人，前六名 2 人。

九、人民生活

全县农民人均纯收入为 502 元，比上年增长 1.6%，安置待业人员 1498 人，年末全部职工 15067 人，比上年增长 18.7%，工资总额 2463 万元，比上年增长 18.7%，扣除职工生活费用价格上涨因素，实际工资增长 11.8%。城乡居民储蓄余额为 3997 万元，比上年增长 34.6%，其中：农民储蓄额为 1553 万元，比上年增长 71.8%。新修水利工程 445 处；自来水工程基本完工，修路 5 条 11 千米。保险事业蓬勃发展，1990 年各类财产险承保总额 3423.4 万元，比上年增长 137.5%。有 38 个企业参加企业财产保险，有 10188 户居民参加家庭财产保险，有 5435 人参加了人身保险，财产保险赔案 7 件，支付赔款 1 万元，为 53 人支付人身保险赔款 5.6 万元。

十、人口

1990 年，瓮安县进行第四次人口普查，总户数为 85895 户，总人数为 383600 人，其中：男性 199700 人，女性 183906 人，性比例为 100∶108.58。各种文化程度人口：大学本科 252 人，大学专科 730 人，中专 3081 人，高中 7746 人，初中 66551 人，小学 176542 人，不识字或初识字人口 75693 人，其中：12 周岁及以上 63799 人，15 周岁及以上 52543 人。

1990 年，年末全县总户数为 90928 户，总人口为 385041 人，比上年年末增加 6548 人，其中：非农业人口为 29414 人，全县人口出生率为 15.8‰，死亡率为 6‰，净增率为 9.8‰。

1995 年

1995 年，瓮安县各族人民在中共瓮安县委、县人民政府领导下，坚持建立社会主义经济建设为中心，认真贯彻执行党中央深化改革的方针，全县人民进一步解放思想，大胆实践，真抓实干，国民经济稳步持续发展，社会稳定，人民生活进一步改善，综合经济效益不断提高，全县各行各业有了新的发展，据统计，全年社会总产值（现价，下同）129605 万元，比上年的 106474 万元增长 21.72%；国民生产总值 72927 万元，比上年的 62992 万元增长 15.77%，人均国民生产总值 1804 元，比上年增长 14.39%，（以上含物价上涨因素)；国民生产总值（90不变价）52589万元，比上年46840万元，增长12.27%。经济运行中主要问题是：产业结构调整进展缓慢，居民生活费用价格水平涨幅较高；农业基础设施较弱，抵御自然灾害能力较差；市场建设发展滞后，农村市场建设发展缓慢。现对主要指标公布如下：

一、农业

1995年，全县各族人民认真贯彻县委和政府的一系列农村工作方针政策，努力改善农业生产条件，增加农业投入，加强农村工作领导，实施科技兴农，在历史上罕见的涝灾、旱灾、雹灾情况下克服和战胜自然灾害，减少了农业损失。全县农业总产值31789万元（90不变价），比上年的31301万元（90不变价）增长1.56%；其中：种植业24782万元，增19.24%；林业1422万元，降2.11%；牧业5493万元，降63.34%，渔业92万元，降2.17%。农业增加值44016万元，比上年增14.59%。农民人均纯收入920元。比上年增9.59%。

主要农产品中，油菜籽、薯类、茶叶获丰收，产品产量如下：

	1995年（吨）	1995年为1994年百分比（%）
粮食总产量	132335	94.18
其中：谷物	104673	90.37
豆类	3242	95.30
薯类	25724	120.87
烤烟	11505	95.73
油菜籽	15724	120.19
水果	1234	57.96
茶叶	121	108.04

主要畜产品和牲畜存栏数如下：

	1995年	1995年为1994年百分比（%）
猪牛羊肉	16859吨	107.46
肉猪出栏数	140673头	103.26
猪年末数	272056头	145.90
羊年末数	6720头	196.89
大牲畜年末数	82057头	118.44
大牲畜出栏数	8859头	128.63

1995年地方财政支援农业生产资金491万元，较上年减少19万元。

年末全县农业机械总动力5.75万千瓦，其中：大中型拖拉机65台，1461千瓦，小型和手扶式拖拉机1342台，14485千瓦，农用载重汽车256辆，13248千瓦，排灌动力机械2133台，8769千瓦，农村用电量8952959千瓦小时，农村非农业生产总值23443万元，比上年增3417万元。

二、工业

1995年全县工业总产值按原规定35795万元（1990年价，下同），比上年增长35%；其中县级以下工业总产值31548万元。比上年同期增长33.82%，乡级以上工业总产值18417万元，比上年同期增长34.22%，在全部工业总产值中，全民所有制工业产值7839万元，比上年同期增长14.35%，集体所有制工业产值10508万元，比上年同期增长7.2%；在全部工业总产值中轻工业产值6019万元，比上年同期减少0.82%，重工业产值29776万元，比上年同期增45.63%；全县工业增加值13279万元，比上年同期增长59.28%。

主要工业产品产量如下：

	1995年	1995年为1994年百分比（%）
原煤	128.65万吨	124.16
发电量	9301万千瓦小时	112.03
机制纸及纸板	1620吨	75.60
水泥	40608吨	98.80
磷肥（折纯）	29879吨	210.42
皮鞋	5.44万双	175.48
原木	6045立方米	465.00
饮料酒	2961吨	153.66
硫铁矿	7.43万吨	182.11
磷矿石	37.85万吨	—
硫酸（折100%）	3538	—
焦炭	565115吨	—

三、固定资产投资和建筑业

固定资产投资继续上升，1995年累计完成固定资产投资8610万元，国有单位固定资产投资5495万元，建筑业增加值2114万元，比上年同期增长27.04%。

四、运输、邮电

交通运输业稳步发展，全年增加值 2446 万元，比上年同期增长 17.82%；邮电业务总量完成 414 万元，比上年增长 76.17%。增加值 204 万元，比上年增长 60.63%；电话机拥有量 2416 部，比上年同期增长 56.31%。

五、国内商业和物资供销

随着经济体制改革的不断深入，市场繁荣，全年商品销售总额 23958 万元，社会消费品零售额 18006 万元，比上年同期增长 21.42%；对农业生产资料销售额 5209 万元，比上年同期增长 38.86%。

六、教育、文化、卫生和体育

1995 年全县中小学招生 18698 人，比上年增加 1678 人；在校生 81457 人，其中普中 19772 人，农职中 653 人；有中小学校 255 所，其中普中 16 所，农职中 2 所，小学 238 所；中小学毕业生 12755 人；适龄儿童入学率 99.2%。全县有电影院 4 座，文化馆站 24 个，中短波广播转播台 7 座，有线电视台 1 座，电视转播台 1 座，卫星电视地面收转站 23 个，电视覆盖率 82%。

卫生事业进一步发展，医疗条件不断改善，1995 年全县有卫生机构 38 个，医院 28 个，病床 620 张，卫生技术人员 1011 人。

七、人民生活

全县 1995 年人均国民生产总值（当年价）1977 元，比上年同期增长 25.37%，农民人均纯收入 920 元，比上年同期增长 9.59%；全部职工工资总额 5369 万元，人均 3055 元，其中国有单位 5113 万元，比上年同期增 2.28%；年末各项存款余额 14125 万元，较上年同期增 3937 万元，增幅为 38.64%，城乡居民储蓄存款余额 20357 万元，较上年同期增 7968 万元。

八、人口

1995 年全县人口 407434 人，比上年增加 6385 人，人口年增长率 1.59‰。其中农业人口 370287 人，比上年增加 2537 人，非农业人口 37147 人，比上年增加 3848 人；少数民族人口 17914 人，比上年增加 1431 人；全县出生 5501 人，人口出生率 13.61‰，死亡 2189 人，死亡率 5.42‰，人口自然增长率为 8.19‰。

2000 年

2000 年，全县各族人民在县委、县人民政府的领导下，紧紧抓住西部大开发和宏观环境持续向好的机遇，加大经济结构调整力度，加快改革发展步伐，齐心协力，团结奋斗，知难而进，顶住诸多困难带来的严峻考验，国民经济和各项社会事业取得了新成绩。为新世纪全县经济持续、快速、健康、稳定发展奠定了基础。

一、综合

国民经济保持良好态势。据统计，全县 2000 年实现国内生产总值 114699 万元，比上年增长 2.83%。其中：第一产业增加值 47979 万元，比上年同期增长 0.37%；第二产业增加值 37439 万元，比上年同期增长 2.87%；第三产业增加值 29281 万元，比上年同期增长 6.49%。

2000 年是全县实施第九个五年计划的最后一年，在“九五”期间，全县经济实力明显增强，经济总量连续前进。“九五”期间国内生产总值年平均增长 9.97%。在经济发展加快的同时，产业结构调整出现了重大变化，一、二、三产业占国内生产总值的比重由“八五”期末的 60.36∶21.11∶18.53 变为“九五”期末的 41.83∶32.64∶25.53。

综观全年社会经济发展总体形势较好。而困扰全县经济和社会发展的一些因素依然存在。主要是经济发展中的一些深层次问题还没有根本解决，经济结构有待进一步调整，通贷紧缩的趋势仍然存在，消费品市场需求不畅；特别是农村市场，农业产品价格低迷，农业增产而农民实际增收缓慢的矛盾较突出，企业经济效益改善的基础尚不稳固，财政税收跟不上经济发展速度。

二、农、林、牧、渔业

2000 年，全县仍把农业和农村经济工作放在整个经济工作的首位。紧紧围绕农民增收，农业增效和农村稳定等目标进行工作，积极调整产业内部结构，大力发展特色农业，推进产业化经营，进一步实施科教兴农和农业技术服务。在瓮安县中坪、白沙、建中、鱼河等乡（镇）油菜、小麦、洋芋遭受大风冰暴袭击，造成严重自然灾害的情况下，农业和农村经济仍稳步发展。全年实现农业总产值 67268 万元，与上年同比增 0.33%，农业增加值 47979 万元，与上年同比增长 0.30%。其主要指标如下：

主要农作物产品产量：

	2000 年	1999 年	2000 年为 1999 年的百分比（%）
粮食（万吨）	17.24	17.13	100.64
油菜籽（吨）	15025	17249	87.21
烤烟（吨）	10601	10542	100.56
茶叶（吨）	225	220	102.27
水果（吨）	1139	1058	107.66

造林、护林、育林工作进一步加强，2000年完成造林面积38025亩，幼林抚育面积6000亩，经济林14715亩，主要林产品产量，生漆13吨，油桐籽150吨，五倍籽14吨。

畜牧养殖稳定增长。

主要畜禽产品产量如下：

	2000年	1999年	2000年为1999年的百分比（%）
肉类产品（吨）	18611	18472	100.75
其中：猪肉（吨）	17241	17115	100.74
牛肉（吨）	631	625	100.96
其他（吨）	739	732	100.96
禽蛋产量（吨）	655	650	100.77
生猪存栏（头）	238644	236750	100.80
生猪出栏（头）	189470	187059	101.29
大牲畜存栏（头）	78445	78110	100.43
大牲畜出栏（头）	6820	6377	106.95
山羊出栏（只）	7470	7546	98.99
山羊存栏（只）	11390	11806	96.48

渔业生产稳定发展，全年水产品产量122吨。

农业生产条件进一步改善，农田水利基础设施加强。年末农业机械总动力为18735千瓦；农用大中型车辆1546辆；全年农村用电量798万千瓦时；化肥折纯施用量8308吨；有效灌溉面积14.36万亩；全年投入水利事业费84万元。

乡镇企业稳定发展。2000年完成产值145141万元，营业收入138791万元，与上年同期比分别增长8.21%和3.48%。

三、工业和建筑业

工业通过深化改革，仍保持稳定增长。全年完成工业总产值90134万元，比上年增6.74%，规模以上工业总产值22034万元，比上年增4.81%，工业增加值31988万元，比上年增3.18%；乡（镇）工业产值68100万元，其中乡镇个体工业47667万元。

主要工业产品完成情况如下：

名称	单位	2000年	1999年	2000年为1999年的百分比（%）
原煤	万吨	102.77	109	94.28

续上表

名称	单位	2000 年	1999 年	2000 年为 1999 年的百分比（%）
焦炭	万吨	28.90	25.61	112.85
发电量	万千瓦时	10682	13344	80.05
化肥（折纯）	万吨	4.31	4.01	107.48
磷矿石	万吨	38.77	19.97	194.14
饮料酒	万吨	1.73	1.74	99.43
水泥	万吨	7.38	7.37	100.14
黄磷	万吨	16026	10732	149.33

2000 年，全年建筑业稳定发展。全年建筑业完成增加值 5451 万元，比上年同期增 0.09%，房屋建筑施工面积 23.50 万平方米，房屋竣工面积 21.03 万平方米。

四、固定资产投资

固定资产投资持续增长。全社会完成固定资产投资 15326 万元，比上年增长 15.06%，其中国有单位投资 5579 万元，比上年同期增 3.45%。在全社会投资中，基本建设完成投资 5324 万元，其中国有单位完成 4624 万元，比上年增 44.27%；更新改造完成投资 554 万元；农村私人建房完成投资 6734 万元，比上年增 13.19%。

五、交通运输和邮电

交通运输业平稳发展，运输能力提高，年末公路通车里程 1096 千米，货物运输量 215 万吨。年末货物周转量 6527 万吨/千米，旅客周转量 2387 万人/千米。邮电业务总量 1775 万元，年末城乡固定电话用户 10942 户，其中：农村 2251 户。

六、金融保险和税收

金融运行平稳。年末全县金融机构各项存款余额为 55945 万元，比上年末增 68.65%，其中城乡居民储蓄存款余额 24725 万元，较上年增 1.5%，各项贷款余额 57763 万元，比上年增 39.98%。

保险业继续发展，全年保险公司保费收入 897 万元，比上年增 19.27%，其中财产保险收入 377 万元，人寿保险收入 520 万元。

财税工作取得新的成绩，全年各项财税收入 8130 万元。其中，地方财政收入 6531 万元，财政支出 9369 万元。在收入中工商税收 2416 万元，比上年同期增收 253 万元，增长 11.69%。

七、国内商业和物资供销

消费品市场努力加快扩大需求的政策措施，促进消费品市场全面启动，不断推出新经营方式，实现持续发展。全年社会消费品零售总额为 28868 万元，比上年增长 14.02%。各种经济类型的商品零售中，全民所有制 5124 万元，集体经济 1536 万元，个体经济 8975 万元。

八、科技、教育、文化和卫生

科技投入加大，科技事业取得了新发展。全年科技活动经费支出 94 万元，自然科技人员 5215 人，为全县经济增长发挥了很好的作用。

教育事业继续稳步发展。普通中学在校学生数 29340 人，比上年增 662 人；小学在校学生数 54706 人、全县适龄儿童入学率为 99.05%；高、中考成绩再创辉煌。向国家输送大、中专合格新生 1405 人，其中重点大学 124 人，一般院校 605 人。

文化事业进一步发展，地面卫星接收站 665 个，广播覆盖率达 93%，电视覆盖率 90%，乡镇文化站 14 个。

医疗卫生条件继续改善，卫生事业稳步发展，年末全县卫生机构 29 个，卫生技术人员 794 人，病床位数 481 张。

九、人口和人民生活

全县年末总人口 429825 人（公安年报数），比上年增加 4848 人。全县农民人均纯收入 1641 元；城乡居民储蓄存款 24725 万元，比上年末增 366 万元。年末职工工资总额 9288 万元，职工平均工资 5714 元，全体居民消费水平 2023 元，其中：农村居民消费水平 1974 元，非农业居民 2476 元。

注：公报中国内生产总值、农业总产值、工业总产值均为现价，速度为可比价计算。

2005 年

2005 年，全县各族人民在中共瓮安县委，县人民政府的正确领导下，坚持以邓小平理论和“三个代表”重要思想为指导，深入学习贯彻胡锦涛总书记视察我省时的重要讲话精神，按照科学发展观和构建社会主义和谐社会的要求，紧紧抓住国家实施西部大开发战略和新阶段扶贫开发两大机遇，积极推进产业结构调整，努力解决制约经济和社会发展的突出矛盾，胜利完成了“十五”计划，国民经济呈现出速度比较快、效益比较好、结构逐步改善、协调性逐渐增强的良好势头，各项社会事业全面进步。

一、综合

国民经济快速增长，全县生产总值 162122 万元，按可比价格计算，比上年增长 13.8%，其中第一产业增加值 58149 万元，比上年增长 5.1%，第二产业增加值 53252 万元，比上年增长 22.5%，第三产业增加值 50721 万元，比上年增加 17.05。

过去的一年，经济快速发展，各项社会事业全面进步。扶贫帮困力度加大，成绩显著，人民生活不断改善，城镇社会保障制度进一步加强，基础设施明显改善，促进了经济社会的协调发展，为全面建设小康社会和“十一五”规划的开局奠定了坚实的基础。

二、农业

按照县委、政府的要求，继续强化农业基础设施建设，坚持把农业、农村工作放在整个经济工作的首位，以稳定脱贫奔小康总揽农村工作全局，围绕农民增收、农业增效，精农业和农村稳定等目标，加快农业产业化调整步伐，加大农业科技推广力度，积极发展多种经营，狠抓农业和农村工作的落实，促进了农村经济发展。全年农作物播种面积100.8万亩，比上年增播4.32万亩，农林牧渔业总产值87158万元，按可比价格计算比上年增长5.8%。

主要农产品产量

单位：吨

	2005年	2004年	2005年为2004年的百分比（%）
粮食	182989	182972	0.01
油菜籽	15058	15928	-5.46
烤烟	6414	6128	4.67
茶叶	270	228	18.4
水果	6031	5165	16.7
蔬菜	64407	57142	12.7

畜牧业、渔业生产稳步发展，在稳固猪、牛、羊传统养殖的同时，加大重点养殖示范工程实施力度。通过实施商品猪，商品牛，商品羊等工程，发展了一大批生态养殖示范小区，形成了规模饲养的良好势头，产品产量快速增长。畜牧渔业产值达到37721万元，按可比价格计算增长11.26%。

畜牧业主要产品产量

名称	单位	2005年	2004年	2005年为2004年的百分比（%）
肉类产品	吨	38585	27753	139.0
其中：猪肉	吨	35280	25545	138.1
牛肉	吨	1669	1029	162.2

续上表

名称	单位	2005 年	2004 年	2005 年为 2004 年的百分比（%）
其他	吨	1636	1179	138. 8
禽蛋产品	吨	1184	940	125. 9
生猪存栏	头	323975	286100	113. 2
生猪出栏	头	400120	300526	133. 1
大牲畜存栏	头	90469	86060	105. 1
大牲畜出栏	头	22219	21471	103. 5
山羊存栏	只	18612	9163	203. 1
山羊出栏	只	12096	14800	81. 7

农业水利设施继续改善，农田水利基础建设进一步加强，完成以工代赈坡改梯 2000 亩。恢复和新增改善灌溉面积 14000 亩，新增水浇地 1000 亩，新增节水灌面 3500 亩，加固小水库 1 座，完成渠道防渗 92 千米，解决人畜饮水 1. 36 万人/0. 98 万头，农田有效灌溉面积 15 万亩，水土流失治理面积 15 平方千米，新建沼气池 6850 口。

乡镇企业稳步发展。全年完成乡镇企业总产值 192947 万元，实现营业收入 186989 万元，分别比上年增 11. 2%和 7. 8%。

三、工业和建筑业

工业生产快速增长，效益进一步提高。全年完成工业增加值 52631 万元，比上年增长 22. 6%，其中规模工业 31968 万元，与上年同比增长 31. 5%。国有企业增加值 20747 万元，与上年同比增长 42. 1%。

主要工业产品完成情况如下：

名称	单位	2005 年	2004 年	2005 年为 2004 年的百分比（%）
原煤	万吨	170	186	91. 39
焦炭	万吨	62	64. 3	96. 42
发电量	万千瓦时	11640	10152	114. 66
化肥（折纯）	万吨	2. 2	1. 9	115. 78
磷矿石	万吨	97	54. 7	177. 33
饮料酒	万吨	1. 28	1. 81	70. 7

续上表

名称	单位	2005 年	2004 年	2005 年为 2004 年的百分比（%）
水泥	万吨	25	19.01	131.51
黄磷	吨	18542	18886	98.18
生铁	万吨	2.5	0.6	416.67

建筑业稳定发展，完成增加值 621 万元，同比增长 16.4%，房屋建筑面积 10.35 万平米，房屋竣工面积 4.39 万平方米。

四、固定资产投资

固定资产投资继续增长。按照“加快新区开发，稳步实施旧城改造，全面推进小城镇建设”的总体思路，全年完成全社会固定资产投资 36455 万元，同比增长 30%，其中国有单位投资 4803 万元，集体经济单位投资 6864 万元，其他经济单位投资 18751 万元。

五、交通运输和邮电

交通运输和邮电通信业全年完成增加 11084 万元，同比增长 15.5%，运输能力提高，年末公路通车里程 1096 千米，货物运输量 138 万吨，货物周转量 9151 万吨千米；邮电业务总量 426 万元，与上年同比增长 40.7%，年末固定电话用户 25686 户，与上年同比增长 5.96%，其中农村 15013 户；小灵通 7056 户，移动电话 45625 户。

六、财政税收和金融保险

财政收支增长较快，全年完成财政收入 16338 万元，比上年增长 40.62%，其中地方财政收入 8470 万元，比上年增长 16.55%。在财政总收入中，工商各税完成 14329 万元，农业税收类 1663 万元，其他非税收入 346 万元。财政支出 29873 万元，比上年增支 7383 万元，增长 32.83%。

金融业务进一步扩大，年末全县金融各项存款余额 158166 万元，同比增长 33.1%，各项贷款余额 47816 万元，同比增长 13.8%。保险事业继续发展，全年保险公司保险费收入 2007 万元，其中财保收入 681 万元，人寿保险收入 1326 万元，分别比上年增长 9.3%和 10.86%。

七、国内贸易

消费品市场继续保持稳定发展良好态势。全年实现社会消费品零售总额 29825 万元，比上年增长 17.7%，其中县以下为 10394 万元。

八、科技、教育，文化和卫生

继续实施“科技兴县”战略，加大科技投入力度，全年科技三项费支出 121 万元。充分发挥了科学技术是第一生产力的重要作用。

教育事业继续稳步发展，基础设施得到进一步改善，教学质量进一步提高；普通中学在校学生31388人，小学在校学生46985人，适龄儿童入学率为99.6%，高、中考成绩显著，向国家输送大学专科以上新生2092人，其中“211”及同批录取181人，一般本科727人，专科1184人。

文化事业进一步发展，年末地面卫星接收站3420座，有线闭路电视用户20500户，广播覆盖率94.17%，电视覆盖率92.72%，乡镇文化站22个。

九、人口、人民生活和环境保护

年末总人口46.85万人（抽样调查情况），比上年增0.35万人，其中农业人口42.18万人，非农业人口4.67万人，人口自然增长率7.39‰。人均生产总值3473元，农民人均纯收入2006.86元，城镇居民人均可支配收入6801元，职工工资总额19330万元，职工年平均工资15900元，全县人均消费水平2368元（农村居民消费水平2205元、非农业居民消费水平3850元）。

社会保障事业进一步加强。全年社会保障支出361万元，比上年多208万元，抚恤和社会福利救济支出124万元，比上年增长75.4%。

环境保护工作力度加强，综合治理取得新成绩。

2005年国民经济和社会发展取得了新的成绩，但发展中仍然存在一些突出的矛盾和问题。如农民增收难度大，生产资料价格涨幅高等。

（说明：公报中，生产总值和各产业增加值绝对数用当年价格计算，增长速度用可比价格计算）

2010年

2010年，全县人民在县委、县政府的正确领导下，坚持以邓小平理论和“三个代表”重要思想为指导，深入贯彻落实科学发展观，全面贯彻中央和省州的各项决策部署，努力克服各种自然灾害带来的不利影响，国民经济保持平稳较快增长，社会事业全面进步，小康社会建设进程取得新进展。

一、综合

2010年全县生产总值为409236万元，比上年增长15.9%。分产业看，第一产业增加值84420万元，增长7.1%；第二产业增加值167314万元，增长22%，其中工业增加值160453万元，增长21.1%；第三产业增加值157502万元，增长13.9%，其中，批发和零售业增长11.5%，住宿和餐饮业增长7.5%，交通运输、仓储和邮政业增长14.2%。

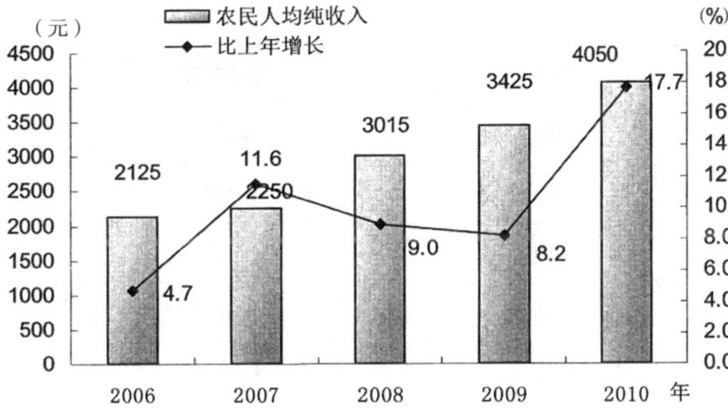

图 1　2006—2010 年农民人均纯收入及其增长速度

第一产业、第二产业、第三产业增加值占生产总值的比重分别为 20.6%、40.9%和 38.5%。与上年相比，第一产业、第三产业比重分别下降 1.1 个和 1.1 个百分点，第二产业比重上升 2.2 个百分点。

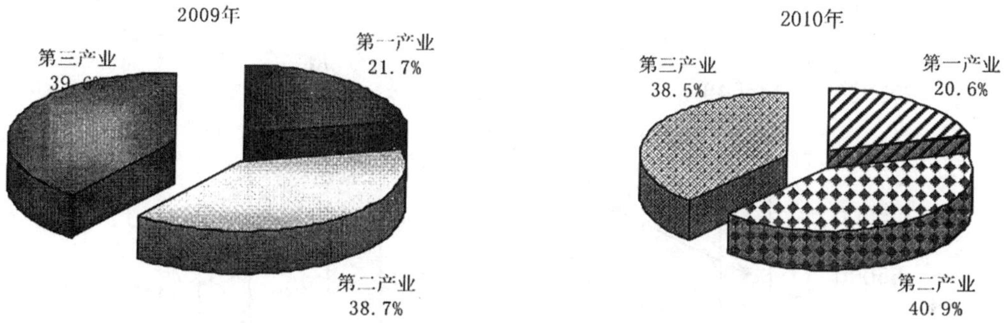

图 2　2009 年及 2010 年三次产业增加值构成

二、农业

农业生产形势总体稳定。全年农业实现增加值 84420 万元，比上年增长 7.1%。主要农作物种植面积继续扩大，全年粮食作物种植面积 46935 公顷（70.4 万亩），增长 3.74%；油料种植面积 11197 公顷（16.8 万亩），增长 3.83%；蔬菜种植面积 8050 公顷（12.1 万亩），增长 3.14%。年末，果园面积 1826 公顷（2.7 万亩），比上年增长 1.95%；茶园面积 2861 公顷（4.3 万亩），增长 34.4%。主要农产品中，茶叶、蔬菜产量增长较快，分别比上年增长 10.13%和 80.0%。全年粮食总产量比上年增长 1.87%，油料作物产量减产 7.65%。其中油菜籽产量减产 11.6%。

表 1　　　　2010 年主要农产品产量及其增长速度

产品名称	单位	绝对数	比上年增长（%）
粮食	吨	212081	1.87
其中：稻谷	吨	78860	2.94
玉米	吨	71780	1.07

续上表

产品名称	单位	绝对数	比上年增长（%）
小麦	吨	4202	-14.9
马铃薯	吨	32671	-9.54
油料	吨	15686	-7.65
其中：花生	吨	1360	74.8
油菜籽	吨	14326	-11.60
烤烟	吨	7748	-2.23
蔬菜	万吨	22.73	10.13
茶叶	吨	1215	80.0
水果	吨	17172	58.76

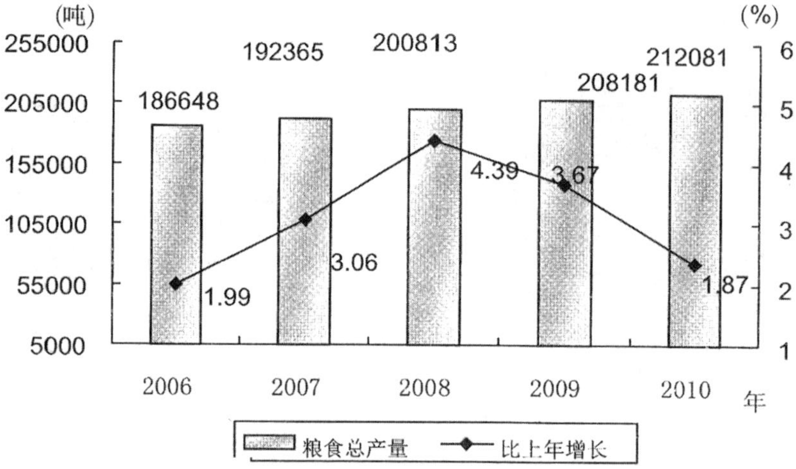

图 3　2006—2010 年粮食总产量及增长速度

林业稳步发展。全年实现增加值 1575 万元，比上年增长 22.6%。棕叶、板栗等主要林产品产量增长较快。

表 2　　2010 年主要林产品产量及其增长速度

产品名称	产量（吨）	比上年增长（%）
油桐籽	4	持平
五倍子	15	-16.0
棕片	29	163.6
核桃	25	-19.35
板栗	26	51.85
花椒	5	持平

畜牧业稳定发展。全年畜牧业实现增加值 27527 万元，比上年增长 4.5%。主要牲畜存栏数继续增长，肉类总产量达到 36330 吨，比上年增长 3.6%。

表 3　　2010 年主要畜产品产量及牲畜存栏情况

指标名称	单位	绝对数（万元）	比上年增长（%）
肉类总产量	吨	36330	3.6
其中：猪肉	吨	31522	3.93
牛肉	吨	1713	3.5
羊肉	吨	362	0.6
禽肉	吨	2417	0.7
禽蛋产品	吨	1450	6.07
生猪存栏	万头	34.2	1.54
牛存栏	万头	6.11	2.94
山羊存栏	万只	2.33	1.66
家禽山羊出栏	万只	119.09	1.91

渔业继续保持增长。全年水产品产量 866 吨，比上年增长 18.47%。

农业生产条件继续改善。全县新增有效灌溉面积 933.3 公顷（1.4 万亩），有效灌溉面积达 7760 公顷（11.6 万亩）。农用机械总动力达 35.1 万千瓦，增长 6.36%。

三、工业和建筑业

工业经济较快发展。全年实现工业总产值 516363 万元，比上年增长 32.01%。其中规模以上工业总产值 325107 万元，比上年增长 44.07%。实现全部工业增加值 160453 万元，比上年增长 21.1%（可比价速度）。其中规模工业增加值 106958 万元，比上年增长 22.0%。

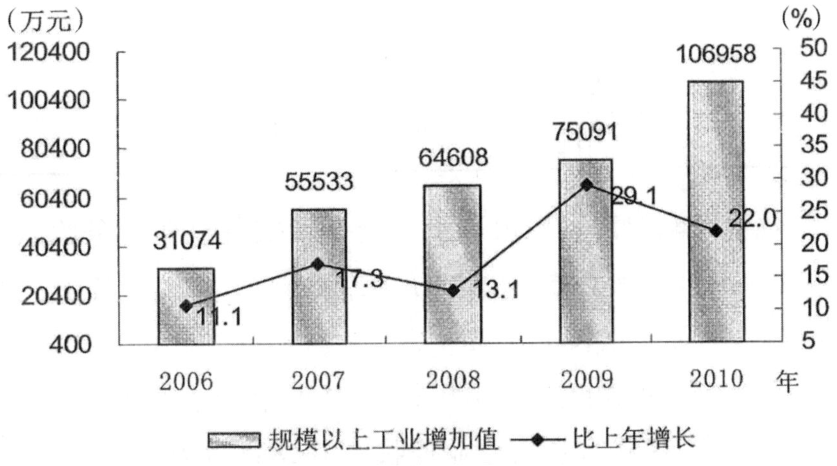

图 4　2006—2010 年规模以上工业总产值及其增长速度

主要工业行业产值中，煤及煤化工、磷及磷化工行业增长较快，产值达 11. 13 亿元和 12. 19 亿元，分别比上年增长 39. 52%和 42. 64%。

表 4　　2010 年规模以上工业总产值和增长速度

指标名称	绝对数	比上年增长%
规模以上工业总产值	325107	44. 07
其中：国有及国有控股企业	139128	34. 89
其中：国有企业	90154	29. 27
集体企业	18070	14. 58
股份制企业	161756	48. 87
外商及港澳台投资企业	8998	—
其中：轻工业	3400	5. 74
重工业	321107	37. 29

主要工业产品增长较快，焦煤、磷矿石等，分别比上年增长 12. 28%、38. 16%。产销衔接情况好于上年，全年规模以上工业企业产品销售率为 98. 35%，比上年提高 0. 4 个百分点。

表 5　　2010 年规模以上工业主要产品产量及其增长速度

指标名称	单位	绝对数	比上年增长（%）
原煤产量	万吨	164. 91	-5. 25
焦煤	万吨	46. 98	12. 28
发电量	万千瓦时	5178. 98	-20. 12
化肥折纯	万吨	0. 92	8. 23
磷矿石	万吨	302. 2	38. 16
水泥	万吨	26. 83	0. 03
黄磷	万吨	4. 03	20. 30

工业企业经济效益大幅提高。规模以上工业企业实现主营业务收入 319927. 4 万元，比上年增长 42. 24%。利润总额为 58570. 4 万元，增长 79. 52%。其中，国有及国有控股企业实现利润 22343. 8 万元，增长 119. 35%。

非公有制工业经济较快增长。全年规模以上工业中，非公有制经济实现总产值 185379 万元，比上年增长 51. 23%；主营业务收入 182885. 6 万元，增长 52. 32%；利润总额 36226. 6 万元，增长 61. 44%；税金总额 20907. 3 万元，增长 199. 56%。

建筑业快速发展。全年实现建筑业增加值 6861 万元，比上年增长 56.6%。资质内建筑企业施工房屋面积 45013 万平方米，减少 17.6%；房屋竣工面积 29836 万平方米，减少 20.33%，其中，住宅竣工面积 13617 万平方米，增长 50.46%。

四、固定资产投资

固定资产投资保持快速增长。全年全社会固定资产投资完成 262635 万元，比上年增长 73.07%，其中，城镇固定资产投资 209117 万元，增长 136.6%。在城镇固定资产投资中，基本建设投资完成 82539 万元，增长 150.1%，更新改造投资完成 72899 万元，增长 65.9%，房地产开发投资完成 53679 万元，增长 369.3%。

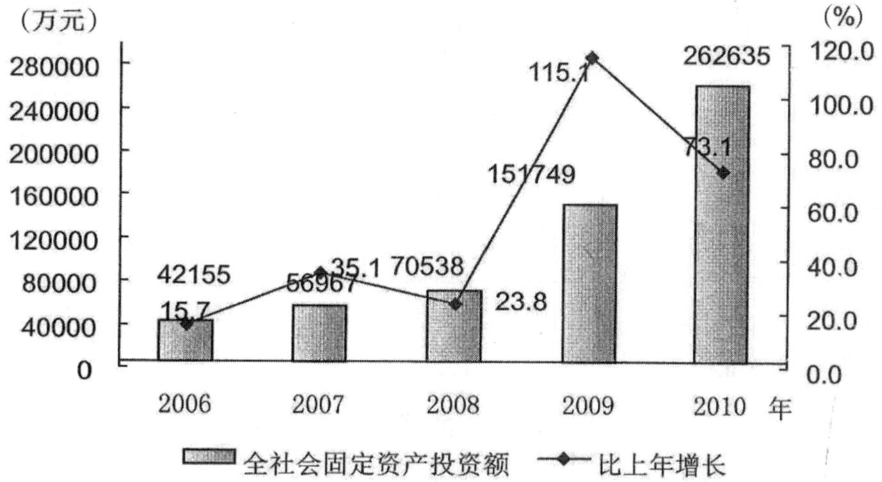

图 5 2006—2010 年全社会固定资产投资及其增长速度

表 6　　2010 年固定资产投资情况

指标名称	绝对数	比上年增长（%）
全社会固定资产投资额	262635	73.1
其中：城镇固定资产投资	209117	136.6
其中：基本建设	82539	150.1
更新改造	72899	65.9
房地产开发	53679	369.3
农村固定资产投资	7000	-20.4

以交通和水利为重点的基础设施建设急需快速推进。全年城镇固定资产投资中用于交通运输投资 6253 万元，比上年增长 13.7%；用于水利、环境和公共设施管理业的投资 18171 万元，比上年减少 24.0%，其中用于水利管理业的投资 370 万元。

社会事业和民生领域薄弱环节投资快速增长。全年城镇固定资产中用于教育事业的投资 17078 万元，比上年增长 161.3%；用于卫生的投资 2537 万元，增长 63.7%。

五、国内贸易和旅游

消费品市场保持活跃。全年实现消费品零售总额 74618 万元，比上年增长 20.6%。按经营地统计，城镇消费品零售额 63841.9 万元，增长 21.3%；乡村消费品零售额 10775.9 万元，增长 17.4%。分行业看，批发业 17704.9 万元，增长 27.1%；零售业 51814.4 万元，增长 18.9%；住宿业 250.8 万元，增长 17.7%；餐饮业 4847.1 万元，增长 16.5%。

表 7　　2010 年城乡消费品市场情况

指标名称	绝对数（万元）	比上年增长（%）
社会消费品零售总额	74617.8	20.6
其中：城镇	63841.9	21.3
乡村	10775.9	17.4
其中：批发业	17704.9	27.1
其中：限额以上批发业	12563.3	33.6
零售业	51814.4	18.9
其中：限额以上批发业	4675.8	9.8
住宿业	250.8	17.7
餐饮业	4847.7	16.5

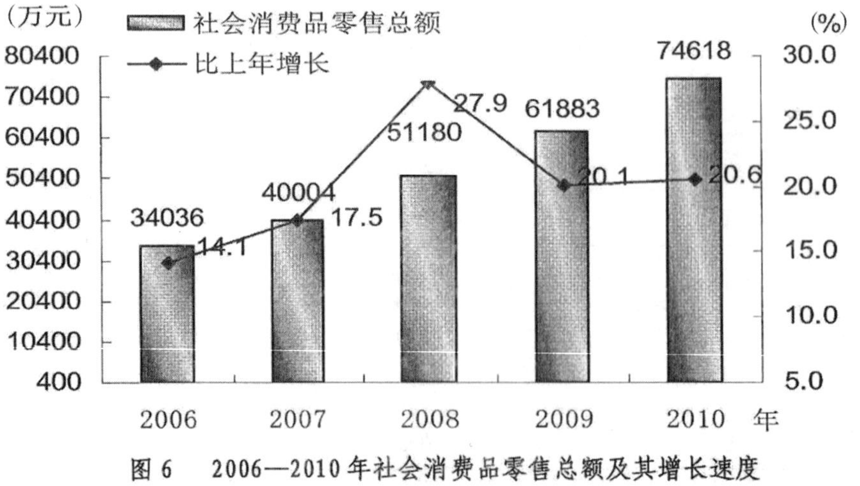

图 6　2006—2010 年社会消费品零售总额及其增长速度

旅游业继续保持快速增长。据县旅游局统计，全年接待旅游总人数 119 万人次，比上年增长 25.0%。实现旅游总收入 6.3 亿元，增长 25.0%。

六、交通运输和邮政通信

交通运输业平稳较快发展。全县拥有客运车 336 辆，营运货车 1927 辆，分别比上年增长 11.3%和 2.0%；全年公路完成客运量 725 万人次，旅客周转量 30358.8 万人千米，分别比上年增长 36. 0%和 35. 0%；货运量 467 万吨，货物周转量 78064 万吨千米，分别比上年增长 35. 1%和 35. 6%。

邮政电信业持续快速发展。全年实现邮电业务总量 3321 万元，比上年增长 16. 74%。其中，电信业务总量 2198 万元，增长 15. 68%；邮政业务总量 950 万元，增长 14. 83%。

七、财政和金融

财政收入继续较快增长。全年财政总收入 58137 万元，比上年增长 28. 01%。其中一般预算收入 33817 万元，增长 39. 16%。一般预算支出 124707 万元，增长 35. 64%，其中，医疗卫生、农林水事务、社会保障和就业等方面的支出增长幅度较大。

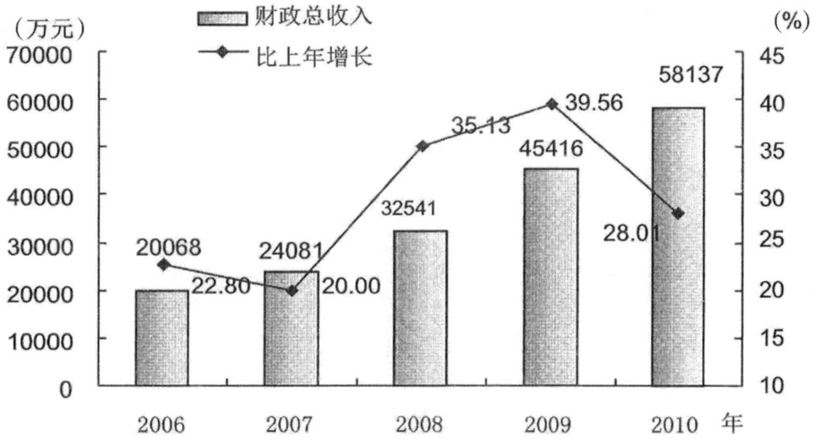

图 7　2006—2010 年财政总收入及其增长速度

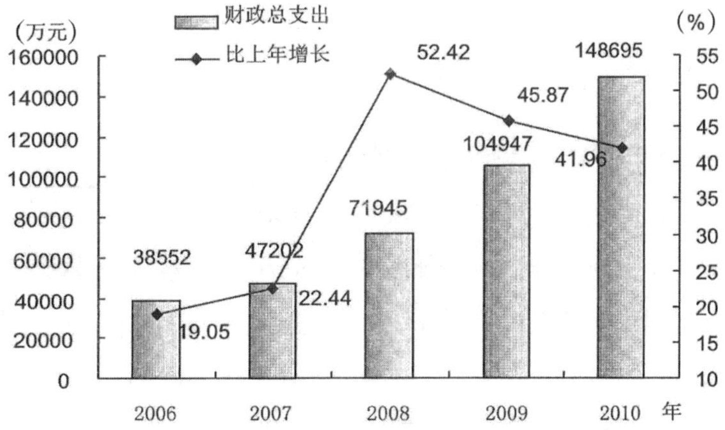

图 8　2006—2010 年财政总支出及其增长速度

表 8　　2010 年财政收支情况

指标名称	绝对数（万元）	比上年增长（%）
财政总收入	58137	28. 01
其中：一般预算收入	33517	39. 16

续上表

指标名称	绝对数（万元）	比上年增长（%）
其中：税收收入	26691	24.20
其中：增值税	2977	23.99
营业税	8272	113.85
企业所得税	2205	-1.56
个人所得税	2185	-12.60
城市维护建设税	1558	—
非税收入	7126	153.50
一般预算支出	124707	35.62
其中：一般公共服务	21623	33.34
教育	26809	36.67
科学技术	879	23.62
社会保障和就业	9508	-32.01
医疗卫生	12708	89.16
环境保护	3088	-8.42
农林水事务	21812	75.35
交通运输	1460	157.04
住房保障	10090	—

说明：一般预算收入即为地方财政收入，一般预算支出即为地方财政支出

金融业稳步发展。全年实现金融业增加值6526万元，比上年增长12.3%。存贷款规模继续扩大。年末，全县金融机构各项存款余额440388万元，比年初增加55931万元。其中城乡储蓄存款282774万元，比年初增加38288万元；各项贷款余额160704万元，比年初增加60498万元。全县金融机构存贷比为36.99%（剔除财政性存款5912万元）。各种商业保险市场运营良好。

表9　　　　2010年金融机构信贷收支情况

指标名称	绝对数（万元）	比上年增加（万元）
各项存款余额	440388	55931
其中：企业存款	57193	3425
财政存款	5912	1900
机关团体存款	38017	-2346

续上表

指标名称	绝对数（万元）	比上年增加（万元）
储蓄存款	282774	38288
其中：活期	162541	26000
定期	120233	12288
农业存款	54010	13784
各项贷款余额	160704	60498
其中：短期贷款	14411	127
其中：个人贷款及透支	9906	444
其中：个人消费贷款	1943	135
单位贷款及透支	4505	213
其中：经营贷款	4505	513
中长期贷款	146113	60610
其中：个人贷款	76917	24979
其中：个人消费贷款	30701	12085
单位贷款	50594	29181

八、教育和科学技术

教育事业继续发展。全年全县财政一般预算支出中用于教育事业的支出达到 26809 万元，比上年增长 36.67%。师资力量进一步加强，各级各类学校专任教师达到 3675 人，比上年增长 3.7%。全县小学适龄儿童入学率达 99.82%，比上年上升 0.0. 个百分点；初中阶段毛入学率 112.6%，比上年下降 0.4 个百分点；高中阶段毛入学率 60.18%，比上年提高 0.18 个百分点。

表 10　　　　2010 年教育事业情况

指标名称	计量单位	绝对数	比上年增长（%）
全县各级各类学校	所	172	新增 5 所
其中：在校学生（含幼儿园）	人	79730	-1.6
教职工	人	4041	4.1
其中：专任教师	人	3675	3.7
中等职业教育学校	所	2	持平
招生数	人	1742	24.4
在校生	人	4270	20.6
毕业生	人	1013	4.3 倍

续上表

指标名称	计量单位	绝对数	比上年增长（%）
普通中学	所	28	持平
其中：完全中学	所	3	持平
高级中学	所	2	持平
初级中学	所	18	持平
九年一贯制学校	所	5	持平
高中	—	—	—
招生数	人	3415	3.1
在校生	人	9413	4.1
毕业生	人	2712	27.1
初中	—	—	—
招生数	人	7688	0.3
在校生	人	22638	-1.2
毕业生	人	7188	0.3
普通小学	所	128	减少1所
招生数	人	5156	0.6
在校生	人	34485	-7.9
毕业生	人	7758	-0.5
适龄儿童入学率	%	99.82	0.02个百分点
幼儿园	所	14	新增6所
幼儿园在幼儿园数	人	8924	10.5

科技事业取得新成就。不断加大科技投入，全年全县财政一般预算支出中用于科学技术的经费879万元，比上年增长23.62%。

九、文化、卫生

文化艺术、电视广播等各项事业继续发展。基层文化建设逐步得到加强，各种文化生活不断丰富。2010年县图书馆运营良好，全年共接待读者15000余人次；22个乡镇综合文化站建设工程已全面启动；已建成和运行村级农家书屋30个；全年举办了“纪念猴场会议75周年”为主题的大型文艺晚会和红色瓮安·和谐嘉苑“福明之夜”大型文艺晚会，吸引了县内外数万观众到场观看。并开展了“农民文体活动月”暨“新大奇特优”农产品展示比拼活动。举办“感恩党、淳民风、构和谐”全县文艺汇演。积极选派文艺骨干深入基层开展文艺辅导和组织开展送文化下乡活动达到40场次以上。农村2131电影放影工程得到进一步落实，全年在各乡镇巡回放影2279场，观众达23万余人次。广播电视覆盖率96.8%，比去年提高0.8个百分点。正在实施“县乡光纤联网工程”“乡镇调频广播”“县城及乡镇数字电视整转”等项目极大地推动全县广播电视事业的发展。

医疗卫生服务能力继续提高。全县财政一般预算支出中用于医疗卫生的支出达到 12708 万元，比上年增长 89.16%。新型农村合作医疗惠民政策得到进一步落实。2010 年全县共有 363972 人参加新型农村合作医疗，参合率为 95.59%，全县参加合作医疗的乡（镇）及行政村覆盖率达 100%。医疗基础设施不断增强。2010 年全县获“省级专项资金建设村卫生室”58 个，年末有 1 个已完成建设投入使用，26 个新建村卫生室主体完工，31 个村卫生室正在建设中。药品安全检查和卫生执法力度得到全面提升，全年没有发生过重大病疫情事故。

十、人口计生与人民生活

人口计生工作得到进一步加强。2010 年，全县出生率为 11.25‰；死亡率为 4.15‰；人口自然增长率 7.10‰；出生人口性别比为 116.13。

年末，户籍人口 466793 人，其中农业人口 419925 人，非农业人口 46868 人。2010 年常住半年平均人口 41.53 万人。

人民生活水平进一步提高，人均生产总值为 9854 元，比上年增长 25.6%。城镇化率为 32.5%。

城镇居民生活水平稳步提高。2010 年，全县城镇居民人均可支配收入 11090 元，扣除物价因素，比上年实际增长 9.8%。城镇居民人均消费性支出 6825.79 元，比去年减少 0.48%。分支出类别看，食品增长 0.85%，衣着减少 6.42%，居住减少 9.61%，家庭设备用品及服务增长 43.61%，医疗保健增长 7.79%，交通和通信减少 17.48%，教育文化娱乐服务减少 4.60%。年末，城镇居民家庭拥有家用汽车、家用电脑、摄像机等耐用消费品的数量与去年持平。城镇居民人均住房建筑面积达到 22.33 平方米。

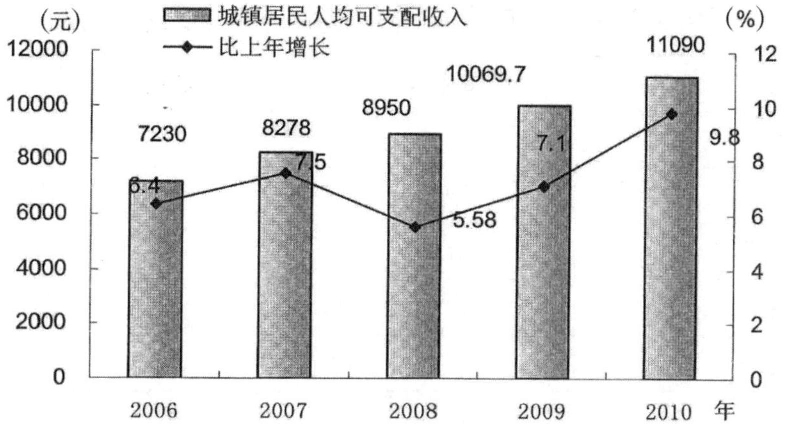

图 9　2006—2010 年城镇居民人均可支配收入及其增长速度

表 11　　2010 年末每百户城镇居民家庭耐用消费品拥有量

指标名称	计量单位	绝对数	比上年增长%
沐浴热水器	台	43.3	15.47
家用电脑	台	40	持平
移动电话	部	166.6	1.04
彩色电视机	台	120	持平
电冰箱	台	93.3	-3.4
摩托车	辆	16.6	持平
家用汽车	辆	3.3	持平

农民人均纯收入大幅度提高。2010 年，全县农民人均纯收入 4050.62 元，扣除物价因素，比上年实际增长 17.7%；人均生活消费支出 2587.4 元，实际增长 3.54%。年末，农村居民家庭拥有电冰箱、移动电话和洗衣机数量分别增长 12.5%、3.57% 和 4.76%。农村居民人均住房面积 44.14 平方米，增长 3.18%。

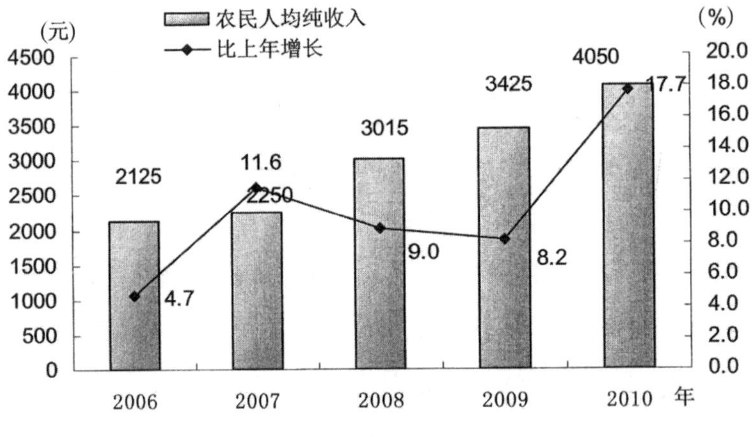

图 10　2006—2010 年农民人均纯收入及其增长速度

表 12　　2010 年每百户居民家庭年末耐用消费品拥有量

指标名称	计量单位	绝对数	比上年增长%
洗衣机	台	21	4.76
摩托车	辆	8	持平
彩色电视机	台	26	3.85
热水器	台	3	持平
移动电话	部	29	3.57
电冰箱	台	9	12.5

年末在岗职工 11136 人，在岗职工年平均工资 31118 元，比上年增长 0.85%。其中：国有经济单位 31629 元，比上年减少 1.06%；集体经济单位 24608 元，比上年增长

46.28%；其他单位25725元，比上年增长9.73%。

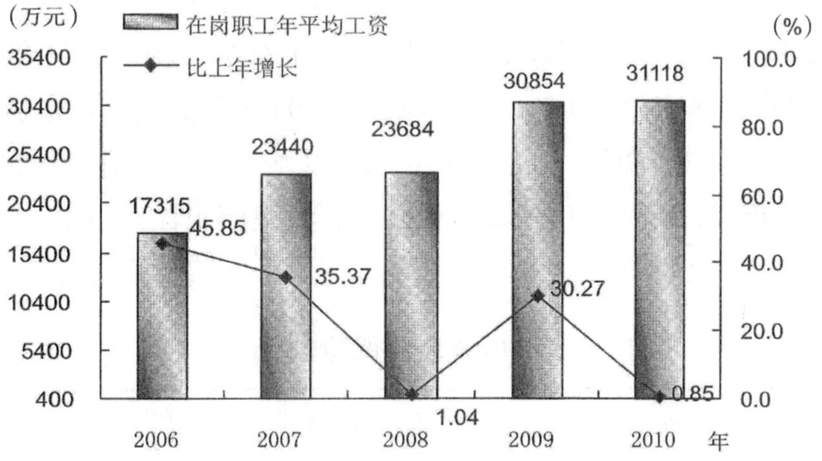

图11 2006—2010年在岗职工年平均工资及其增长速度

十一、劳动就业与社会保障

年末，全县从业人员26.51万人。就业人员继续增加。城镇新增就业人数1560人，比上年增长12.47%，其中下岗失业人员再就业540人，比去年减少10人。年末，城镇人口登记失业人数699人，比去年增加77人，城镇登记失业率3.4%，比去年上升0.3个百分点。

表13　　2010年从业人员情况

指标名称	计量单位	绝对数	比上年增长（%）
从业人员	万人	26.51	0.18
其中：城镇从业人员	万人	1.17	1.74
按行业分：			
第一产业	万人	13.43	-4.95
第二产业	万人	2.07	4.02
第三产业	万人	11.01	6.47
从业人员结构：			
第一产业	%	50.6	-2.8个百分点
第二产业	%	7.8	0.3个百分点
第三产业	%	41.6	2.5个百分点
年末城镇人口登记失业人数	人	662	-1.04
年末城镇登记失业率	%	3.4	0.3个百分点

社会保险参保人数继续增加，覆盖面进一步扩大。全县参加基本养老保险人数比上年增长 10.33%，基本医疗保险参保人数增长 7.49%，工伤保险参保人数 6.37%，生育保险参保人数增长 37.57%，失业保险参保人数增长 1.60%。新型农村合作医疗参合农民 36.39 万人，农民参合率达 95.59%，比上年提高 0.98 个百分点。城市低保动态管理下的应保尽保、分类施保进一步巩固，共有 6076 人享受城市低保。农村居民低保人数 38019 人，比上年增长 0.05%。廉租住房建设步伐加快，新建廉租住房 1617 套，新增租赁补贴 310 户。

表 14　　2010 年社会保险情况

指标名称	绝对数（万元）	比上年增加（万元）
基本养老保险参保人数	8813	10.33
基本医疗保险参保人数	37110	7.49
工伤保险参保人数	5379	6.37
生于保险参保人数	2314	37.57
失业保险参保人数	8218	1.60

社会福利和救助失业健康发展。年末各类收养性社会福利单位拥有床位数 175 张，全年收养人数 113 人，分别比上年增长 34.2%和 17.7%。城镇各种社区服务设施 6 个，社区养老服务站 5 个。筹集社会福利资金 101.9 万元。民政部门资助参加农村合作医疗人数 2822 人，农村大病救助 3754 人次。

十二、生态环境和安全生产

生态建设力度进一步加强。积极推进退耕还林（还草）、天然资源林保护、石漠化治理、自然保护区建设等重点工程，以退耕还林、石漠化治理为重点的生态建设取得新成绩。全年完成营造林面积 2370 公顷（3.55 万亩），石漠化治理面积 1626.7 公顷（2.44 亩），综合治理水土流失面积 300 公顷（4200 亩）。共有自然保护区 2 个，面积 3515.5 公顷。年末，森林覆盖率达 47.9%。

环境保护工作取得新进展。县城污水处理厂运行良好，年末县城污水日处理能力达 4921 立方米；城镇污水集中处理率 98.0%，城镇生活垃圾无害化处理厂正在建设中。全年化学需氧量、二氧化硫排放量分别为 1529.37 吨和 11256.4 吨，分别比上年削减 8.2%和 7.3%，全面完成“十一五”主要污染物减排目标任务。节能降耗成效显著，经初步核算，完成州下达的节能降耗目标任务。

以煤矿、交通为重点的安全生产基础工作进一步推进。安全生产专项整治力度加大，实现生产安全事故起数和死亡人数“双降”。全年发生各类生产安全事故26起，死亡26人。同比事故起数减少6起，死亡人数减少7人，全县安全生产事故起数和死亡人数分别比上年下降16.1%和18.8%。其中，道路交通生产安全事故18起，比上年减少1起，死亡18人，与上年持平；煤矿生产安全事故6起，比上年下降14.3%，死亡6人，比上年下降30.0%；非煤矿山生产安全事故1起，比上年下降75.0%，死亡1人，比上年下降66.7%；其他事故1起，死亡1人。消防火灾、建筑施工、烟花爆竹、农业机械等行业未发生生产安全事故。全年亿元生产总值安全生产事故死亡人数为0.63人/亿元，比上年下降32.97%。

2010年，全县经济继续保持平稳较快发展，社会各项事业全面进步，成绩来之不易。但经济社会发展中仍存在不少矛盾和问题。主要是：经济总量小、发展速度慢、发展方式粗放；工业化和城镇化水平低，农业基础薄弱，人民生活水平还不高；教育事业发展滞后等。

说明：

1. 生产总值和各产业增加值绝对数按当年价格计算，增长速度按可比价格计算
2. 规模以上工业统计口径为全部年产品销售收入500万元及以上的全部工业企业

2015年

2015年，在县委、县政府的坚强领导下，全县上下认真贯彻落实习近平总书记系列重要讲话精神和中央、省、州各项决策部署，坚持“两加一推”主基调，大力实施“工业强县、城镇化带动”主战略，以科学发展为主题，以全面建成小康社会和建设“一中心、三基地”为目标，积极主动适应新常态，进一步解放思想，抢抓机遇，克难奋进，乘势而上，全县经济社会保持良好的发展态势。

一、综合

全年县内生产总值97.19亿元，比上年增长14.6%。其中，第一产业增加值18.38亿元，增长6.5%；第二产业增加值36.35亿元，增长14.2%；第三产业增加值42.46亿元，增长17.4%。

全县人均地区生产总值24997元，同比增长14.4%。

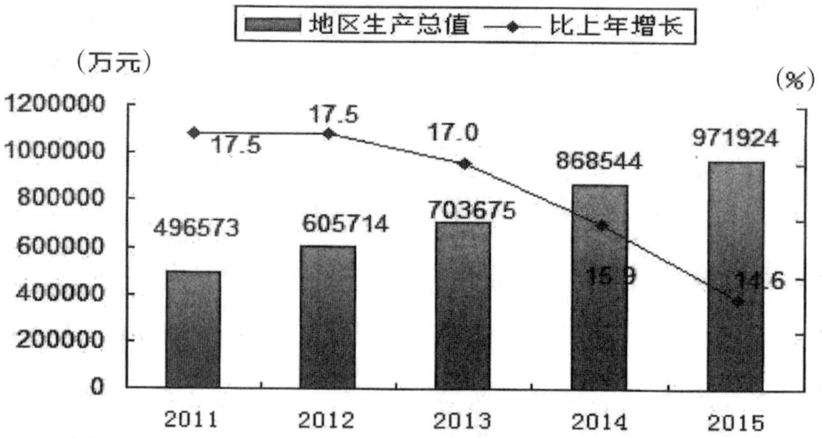

图 1　2011—2015 年全县生产总值及其增长速度

第一产业、第二产业、第三产业增加值占生产总值的比重分别为 18.9%、37.4% 和 43.7%。与上年相比，第一产业比重下降 1.2 个百分点；第二产业比重下降 0.3 个百分点；第三产业比重上升 1.5 个百分点。

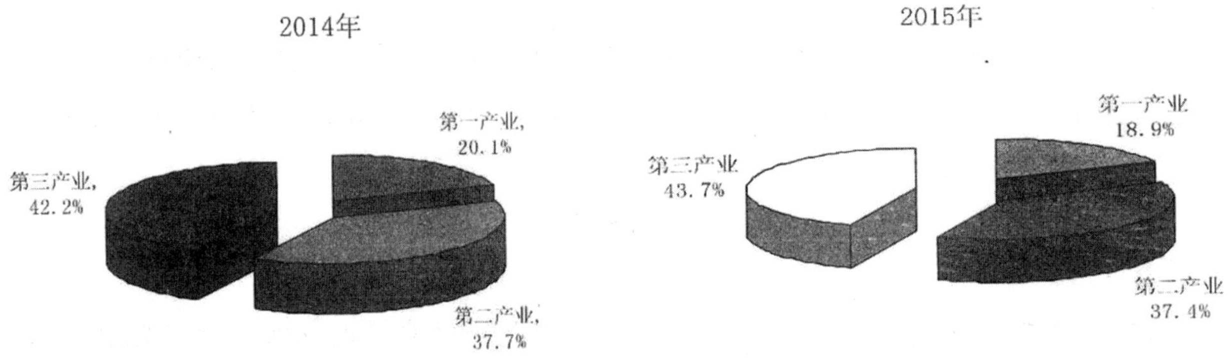

图 2　三次产业增加值占地区生产总值比重

二、农业

全年实现农业总产值 30.9 亿元，比上年增长 7.8%；实现农业增加值 18.38 亿元，比上年增长 6.5%。

全年粮食作物种植面积 45586 公顷（68.38 万亩），比上年减少 604 公顷（0.91 万亩）；油料种植面积 11275 公顷（16.91 万亩），比上年减少 312 公顷（0.47 万亩）；蔬菜种植面积 14884 公顷（22.33 万亩），比上年增加 798 公顷（1.20 万亩）。年末，果园面积 1899 公顷（2.85 万亩），比上年增加 182 公顷（0.27 万亩）；茶园面积 12222 公顷（18.33 万亩），比上年增加 665 公顷（1.0 万亩）。

全年粮食总产量 184818 吨，比上年增加 3078 吨，增产 1.69%。其中，夏粮产量 46495 吨，增产 5.8%；秋粮产量 138323 吨，增产 0.38%。主要粮食品种中，稻谷产量

71863 吨，减产 0.07%；玉米产量 53650 吨，增产 3.21%；小麦产量 4570 吨，减产 10.81%。油料 18603 吨，减产 1.11%。

表 1　　2015 年主要农产品产量及其增长速度

指标名称	计量单位	绝对数	比上年增长（%）
粮食	吨	184818	1.7
其中：稻谷	吨	71863	-0.7
玉米	吨	53650	3.2
小麦	吨	4570	-10.8
马铃薯	吨	41020	7.9
红薯	吨	10060	-1.6
油料	吨	18603	-1.1
其中：花生	吨	786	-7.7
油菜籽	吨	17817	-0.8
烤烟	吨	6480	-14.6
蔬菜	万吨	30.74	2.8
茶叶	吨	3709	16.5
水果	吨	21766	-3.6

全面实现林业增加值 0.38 亿元，比上年增长 7.7%。主要林产品油桐籽、五倍子、粽片、花椒产量分别为 8 吨、19 吨、39 吨、10 吨。

表 2　　2015 年主要林产品产量及其增长速度

指标名称	绝对数（万元）	比上年增加（万元）
油桐籽	8	持平
五倍子	19	持平
粽片	39	-2.5
核桃	67	-1.5
板栗	67	-1.5
花椒	10	持平

全年畜牧业实现增加值 4.87 亿元，比上年增长 1.5%。肉类总产量 40110 吨，比上年增加 225 吨，增长 0.6%。

表 3　　2015 年主要畜产品产量及牲畜存栏、出栏情况

指标名称	计量单位	绝对数	比上年增长（%）
肉类总产量	吨	40110	0.6

续上表

指标名称	计量单位	绝对数	比上年增长（%）
其中：猪肉	吨	34897	持平
牛肉	吨	2027	0. 3
禽肉	吨	2241	2. 3
禽蛋产量	吨	1623	-9. 8
生猪存栏数	万头	30. 28	持平
牛存栏数	万头	5. 96	3. 8
羊存栏数	万只头	3. 19	1. 9
家禽存栏数	万只	127. 23	0. 8
生猪出栏数	万头	42. 53	持平
牛出栏数	万头	1. 71	持平
羊出栏数	万只	2. 32	4. 0
家禽出栏数	万只	136. 89	0. 9

全年渔业实现增加值 0. 85 亿元，比上年增长 17. 0%。

年末有效灌溉面积 26120 公顷（39. 18 万亩）。农用机械总动力达 41. 42 万千瓦，比上年增长 1. 0%。

三、工业和建筑业

全年工业增加值 32 亿元，比上年增长 14. 0%。规模以上工业总产值 138. 66 亿元，比上年增长 21. 0%：其中，轻工业总产值 4. 52 亿元，比上年增长 60. 3%；重工业总产值 134. 15 亿元，比上年增长 20. 1%。

在规模工业总产值中，按经济类型分，国有企业工业总产值 26. 19 亿元，比上年下降 2. 5%；股份制企业总产值 89. 74 亿元，比上年增长 33. 7%；其他经济类型企业总产值 10. 64 元，比上年下降 11. 3%。

2011—2015 年工业增加值及其增长速度

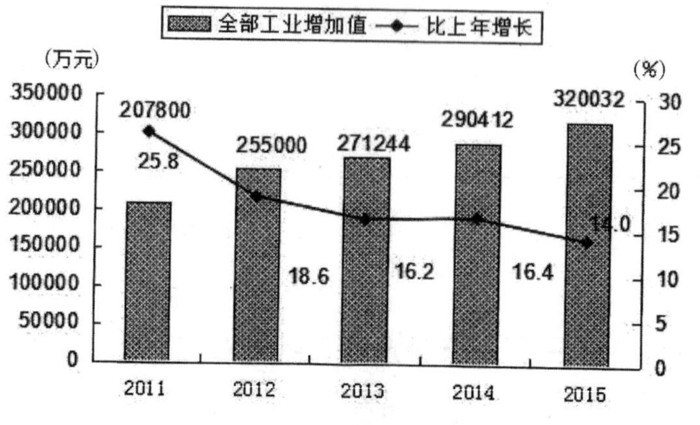

图 3

表 4　　　　2015 年规模以上工业分行业总产值及其增长速度

指标名称	绝对数（亿元）	比上年增加（万元）
规模以上工业总产值	138.66	21.0
其中：国有控股企业	29.33	-2.4
其中：国有企业	26.19	-2.5
股份制企业	89.74	33.7
外商及欧泰商投资企业	12.11	40.5
其他经济类型工业	10.64	-11.30
其中：重工业	134.15	20.1
轻工业	4.52	60.3
其中：非公有工业	107.96	30.1
其中：大中型工业企业	92.85	22.4

在规模工业产品产量中，原煤 356.68 万吨，比上年下降 2.0%；焦炭 23.78 万吨，比上年增长 5.9%；磷矿石 1250.95 万吨，比上年增长 11.5%；水泥 111.67 万吨，比上年增长 11.8%。

表 5　　　　2015 年规模以上工业产品产量及其增长速度

指标名称	计量单位	绝对数	比上年增长（%）
原煤	万吨	356.68	-2.0
焦炭	万吨	23.78	5.9
化肥折纯	万吨	1.56	13.0
磷矿石	万吨	1250.95	11.5
水泥	万吨	111.67	11.8

全年建筑业增加值 4.35 亿元，比上年增长 18.2%。

四、固定资产投资

全年 50 万元以上固定资产投资 147.56 亿元，比上年增长 24.7%。其中：500 万元以上固定资产投资 103.01 亿元，比上年增长 23.6%；房地产开发投资 19.69 亿元，比上年增长 109%。

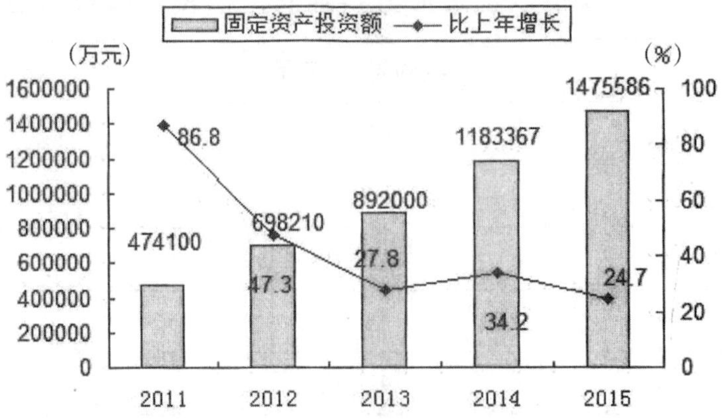

图 4　2011—2015 年固定资产投资及其增长速度

表 6　　2015 年固定资产投资情况

指标名称	绝对数（万元）	比上年增加（万元）
固定资产投资	1475586	24. 7
其中：500 万元以上固定资产投资	1030116	23. 6
房地产开发	196942	109

五、商贸、旅游和招商引资

全年实现社会消费品零售总额 18. 84 亿元，比上年增长 12. 0%。

分地域统计，城镇 13. 56 亿元，比上年增长 13. 5%；乡村 5. 28 亿元，比上年增长 8. 0%。

表 2　　2015 年城乡消费品市场情况

指标名称	绝对数（万元）	比上年增加（万元）
社会消费品零售总额	188398. 3	12
其中：城镇	135624. 9	13. 5
乡村	52773. 4	8. 0

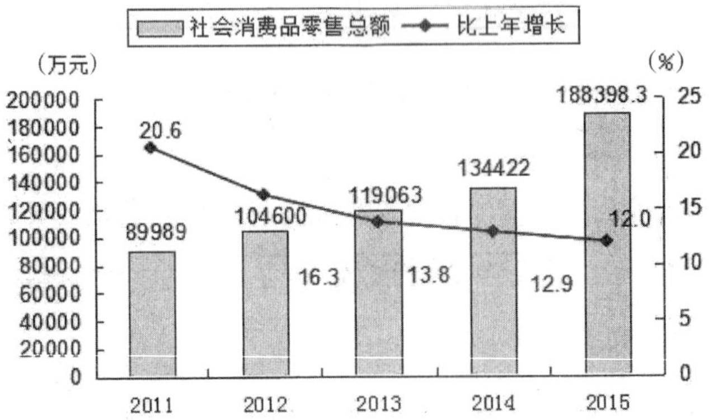

图 5　2011—2015 年社会消费品零售总额及其增长速度

全年接待旅游总人数 277.16 万人次，比上年增长 26.1%。

全年旅游总收入 22.45 亿元，比上年增长 26.1%。全县共有国家 AAAA 级景区 1 个、国家 AAA 级景区 1 个、国家 AA 级景区 1 个。

全年引进招商引资到位资金 157.5 亿元，增长 15.1%。其中，省外 3000 万元到位资金 78.02 亿元。

六、交通运输和邮政通信

年末全县拥有客运车 267 辆，比上年下降 15.5%；营运货车 2757 辆，比上年增长 3.5%。

全年公路完成旅客周转量 320898 万人千米，比上年增长 25020；货物周转量 416937 万吨千米，比上年增长 40.7%。

全年邮政业务总量 1898.09 万元。全年电信业务总量 39896.76 万元。其中：电信公司 3481.46 万元，移动公司 33889 万元，联通公司 2526.3 万元。

七、财政和金融

全年财政总收入 20.15 亿元，比上年增长 14.7%。其中，公共财政收入 11.62 亿元，比上年增长 18.1%。全年公共财政支出 32.44 亿元，比上年增长 19.6%。

表 8 **2015 年财政收支情况**

指标名称	绝对数（万元）	比上年增加（%）
财政总收入	201479	14.7
其中：公共财政收入	116192	18.1
其中：税收收入	83261	25.4
其中：增值税	5672	5.2
营业税	16285	-15.0
企业所得税	4032	2.5
个人所得税	943	-9.4
城市维护建设税	3045	3.7
非税收入	32931	2.9
公共财政支出	324397	19.6
其中：一般公共服务	35530	12.1
教育	71869	19.9
科学技术	6678	39.8
社会保障和就业	25032	9.3

续上表

指标名称	绝对数（万元）	比上年增加（%）
医疗卫生	35022	31.1
节能环保	10438	27.6
农林水事务	42072	24.7
交通运输	3201	-1.1
住房保障	45242	9.3

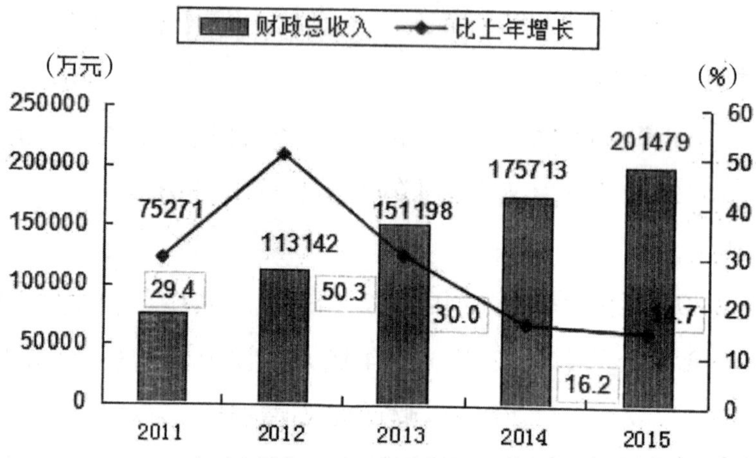

图6　2011—2015年财政总收入及其增长速度

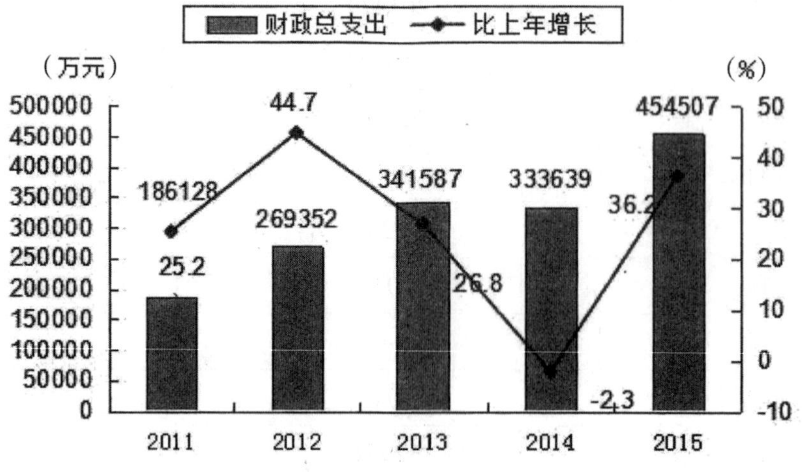

图7　2011—2015年财政总支出及其增长速度

年末，全县金融机构各项存款余额119.03元，比上年增长27.9%，比年初增加25.99亿元。各项贷款余额87.29亿元，比上年增长40.7%，比年初增加25.25亿元。

表 9　　2015 年金融机构信贷收支情况

指标名称	年末数（万元）	比年初增加（万元）
各项存款余额	1190250	259899
其中：住户存款	710378	39905
非金融企业存款	292281	88688
机关团体存款	175002	128497
各项存款余额	871990	252582
其中：境内贷款	871990	252582
其中：住户贷款	436738	83565
非金融企业及机关团体贷款	435252	169017

表 10　　2015 年教育事业情况

指标名称	计量单位	绝对数	比上年增长（%）
全县各级各类学校	所	200	16. 3
其中：在校学生（含幼儿园）	人	80045	10. 9
教职工	人	4703	9. 0
其中：专职教师	人	4198	8. 9
中等职业教育学校	所	2	持平
招生数	人	3175	50. 3
在校生	人	6552	9. 2
毕业生	人	1854	26. 7
普通中学	所	28	减少 1 所
其中：完全中学	所	3	持平
高级中学	所	2	持平
初级中学	所	16	持平
九年一贯制学校	所	7	减少 1 所
高中	—	—	—
招生数	人	3609	−2. 9
在校生	人	11109	−2. 1
毕业生	人	3639	2. 2
初中	—	—	—
招生数	人	5216	−4. 2
在校生	人	16553	−5. 4
毕业生	人	6150	−3. 8
普通小学	所	95	减少 2 所

续上表

指标名称	计量单位	绝对数	比上年增长（%）
招生数	人	6440	7.3
在校生	人	32957	6.3
毕业生	人	4964	-4.0
适龄儿童入学率	%	99.82	持平
幼儿园	所	74	增加31所
幼儿园在园幼儿数	人	12800	4.4
特殊教育学校	所	1	持平
在校学生	人	74	32.1

全年全县财政一般预算支出中用于科学技术的经费0.67亿元，比上年增长39.8%。

九、文化、卫生和体育

年末，全县共有艺术表演团体94个，文艺服务基地3个，群众艺术馆1个，收藏馆1个，全国县级一级文化馆1个，全国县级一级图书馆1个，纪念馆1个，艺术表演场所3个，农家书屋99个。全县深入实施“瓮水长歌——文化精品乡村行”国家公共文化体系建设项目，演出110场次；开展“文企联动”品牌活动19次，获中国文联认可并向全国推广；结合地方特色举办书画摄影展览、山歌赛、广场舞大赛等文艺活动13余场次，开展词赋论谈、文艺培训等培训活动19余期。全年约有39个文艺作品获州级以上奖项，其中国家级奖4项，省级奖15项，州级奖20项。

年末，全县各级各类医疗卫生机构380个、综合医院14个（含12个民营医院）、民营医院12个、乡镇卫生院22个、社区卫生服务中心2个、诊所（卫生所、医务室）20个、村卫生室314个（含6个社区卫生服务站）、疾病预防控制中心1个、卫生监督所（中心）1个、妇幼保健院1个、精神病院1个、监狱医院2个。卫生技术人员2027人。其中执业医师和执业助理医师共850人，卫生防疫人员65人，注册护士930人。医疗卫生机构床位2200张。其中：医院1660张，乡镇卫生院540张。

2015年完成全民健身活动中心项目建设，跻身全省体育基础设施建设一流行列；完成11个乡镇级农民体育健身工程建设，覆盖率达84.6%；完成村级农民体育健身工程建设72个村，路径工程10条，覆盖率72.7%。成功举办重大赛事共2个：2015年中国·瓮安全国山地户外运动锦标赛和黔南州第四届运动会，黔南州第四届运动会中，全县取得金牌46枚、银牌18枚、铜牌25枚。

十、人口计生与人民生活

年末，全县户籍总人口48.1万人。年末常住人口（常住半年以上）38.94万人，年平均常住人口38.88万人。

表 11　　　　　　　　**2015 年年末人口数及构成**

单位：人

指标名称	年末数	比重（%）
全县总人口	481048	100
其中：男性	251347	54
女性	229701	49

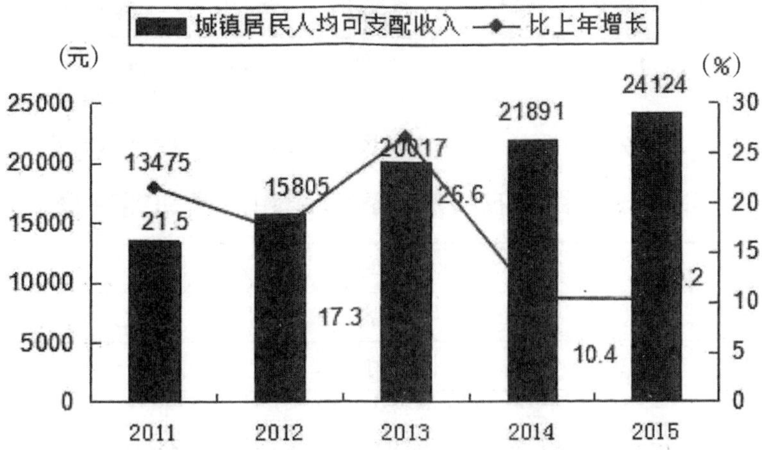

图 8　2011—2015 年城镇居民人均可支配收入及其增长速度

表 12　　　　　　**2015 年末每百户城镇居民耐用消费品拥有量**

指标名称	计量单位	数量
热水器	台	79. 3
洗衣机	台	104. 8
计算机	台	54. 73
移动电话	部	271. 23
彩色电视机	台	96. 75
电冰箱	台	86. 52
摩托车	辆	25. 00
家用汽车	辆	15. 38

全县农村居民人均可支配收入 8324 元，比上年增长 10. 7%。人均生活消费支出 8132. 88 元。按支出类别分，食品支出 2489. 51 元，衣着支出 469. 64 元，居住支出 1537. 41 元，生活用品及服务支出 425. 75 元，医疗保健支出 421. 35 元，交通和通信支出 1533. 03 元，教育文化娱乐服务支出 1198. 23 元。农村居民家庭恩格尔系数 30. 61%。农村居民人均住房面积 50. 6 平方米。

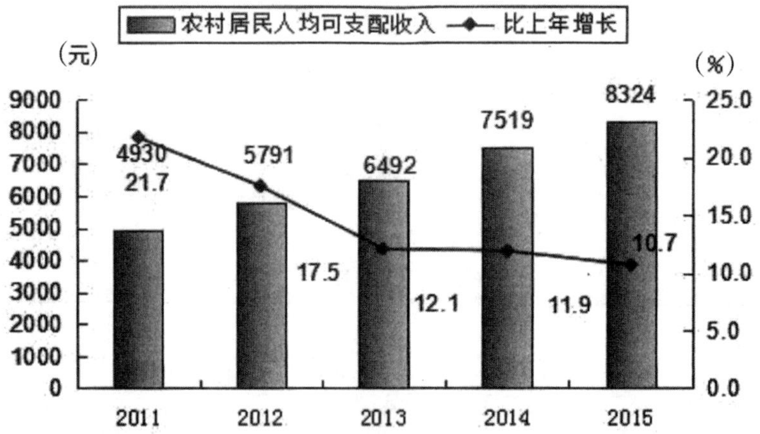

图 9 2011—2015 年农村居民人均可支配收入及其增长速度

表 12 2015 年每百户农村居民家庭耐用消费品拥有量

指标名称	计量单位	数量
计算机	台	9.34
摩托车	辆	81.93
彩色电视机	台	110.95
移动电话	部	301.32
电冰箱	台	75.03
家用汽车	台	17.67
洗衣机	台	99.32

年末在岗职工 22017 人。在岗职工年均工资 56322 元，比上年增长 12.9%。其中：机关单位 62377 元，增长 19%；事业单位 66335 元，增长 15.7%；企业单位 47633 元，比上年增长 8.7%。

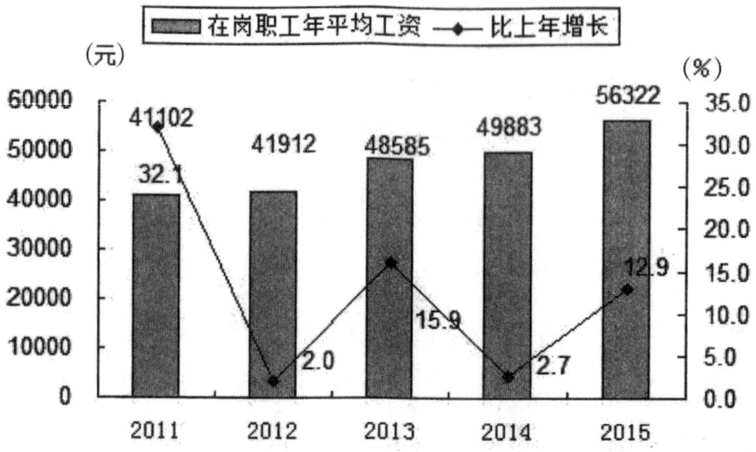

图 10 2011—2015 年在岗职工年平均工资及其增长速度

十一、劳动就业与社会保障

年末，全县城镇人口登记失业人数800人。城镇登记失业率3.8%。农村劳动力转移就业15055人，其中失业人员再就业955人。

年末，全县城镇职工基本养老保险参保人数43744人，比上年增长14.9%。城乡居民养老保险参保人数244827人，比上年增长7.8%。城镇职工及城镇居民基本医疗保险参保人数63681人，比上年增长13.6%。工伤保险参保人数30752人，比上年增长14.4%，其中参加工伤保险的农民工8595人，增长5.4%。生育保险参保人数24305人，比上年增长15.9%。失业保险参保人数24564人，比上年增长15.5%。

表14　　　　　　　　　　**2015年社会保险情况**

指标名称	绝对数（人）	比上年增长（%）
基本养老保险参保人数	43744	14.9
基本医疗保险参保人数	63681	13.6
工伤保险参保人数	30752	14.4
生育保险参保人数	24305	15.9
失业保险参保人数	24564	15.5

2015年全年农村居民最低生活保障人数8357人，比上年下降72.1%。累计发放农村低保金1733.95万元，比上年下降60.0%。城市居民最低生活保障人数2160人，比上年下降66.3%，累计发放城市低保金1783.1万元，比上年下降27.9%。

2015年以村组为单位新农合覆盖率达100%，应参合389528人，实际参合385253人，参合率达98.90%，比2014年净增参合人数3527人。至2015年12月止，到位资金17336.39万元，到位率100%。

说明：

1. 生产总值和各产业增加值绝对数按当年价格计算，增长速度按可比价格计算
2. 规模以上工业统计口径为全部年产品销售收入2000万元及以上的全部工业企业

编后记

瓮安自明万历建县以来，曾有康熙《韩志》、乾嘉《桑梓述闻》、民国3年（1914年）《瓮安县志》，志中除田亩、丁粮统计外，无任何数字记录。

解放后，1994年、2015年《瓮安县志》连续付梓，书中统计仅为节目。

盛世修志，为落实国家、省、州、县方志办指示，2012年12月启动《瓮安县统计志》相关工作，建立领导小组，多次召开编纂会议，按计划依次开展。几经周折，终成一家之言而刊印。

编目设置是志书筋骨。部门方志以特殊性和专一性而见长，且别于他志。鉴于体制辖治，统计数字中除涉及重大国计民生外，几乎遍及各行政和企事业单位。为达到全方位反映共和国成立后统计事业发展对国民经济的重要作用，三易编目，终于厘清管理体制与各时期各类报表脉络，形成成书编目。

瓮安统计局在政府职能部门中，分合多次。无论分合，均用详尽之笔，使之统计业务及其政策连续贯通。真正达到存史、借鉴、资料利用之目的。

去粗取精、去伪存真、资料筛汰是修志过程必经之途。本志不但沿用2015年基本成形基础材料，并运用共和国成立后两修瓮安县志资料，挖掘解放初期统计资料以部门为主，职能部门为辅，主报重大国民经济数据之大整合。覆盖域内凡数据调查、统计工作一切活动，再现统计各个时期统计面貌，使之臻美。

统计工作以各种数字体现一个地区、一个企事业或单位的发展。在编纂中仅用点睛数字，各种表式名称，架构章节并编年叙事逻辑。用数据、表式以至言、药言，为来者作为借鉴、补齐叙事之功。《瓮安县统计志》以图文并茂，纳影像方志之内涵，以达到可读、可存、资料利用之功效。

该志自2017年8月在原基础上重修，两番呈稿修改，最终于2018年2月送稿终审。

上报终审，幸得史志办谢崇禄琢璞尽心，劳瘁拣句，建议指导和史志办诸君相帮，得以付梓。特表衷心感激。

由于编者才陋学粗，加之单位分合频繁，管理交叉，史料缺失，错误在所难免。恳盼专家、学者并读者斧正。

编　者

2018年5月28日